池田 靖 編著

民事再生法の実務

銀行研修社

はしがき

　民事再生法は、平成11年12月に制定され、平成12年4月1日に施行された。

　民事再生法は、時宜を得た優れた立法であったが、それと同時に各地の裁判所の運用も人々の期待に応えたすばらしいものであり、再建型倒産法制の基本法として、大いに利用されている。

　本書の前身は、平成12年1月に発行された初版の「民事再生Q&A」と、平成17年9月に、これを改訂した「第二版民事再生法Q&A」であり、これらの執筆者の方々は、後記のとおり、実務の第一線で活躍されている錚錚たる弁護士の方々である。

　本書は、これらの方々の執筆を前提として、民事再生法施行後10年を契機として、その間の会社更生法、破産法等の改正に伴う改正と、判例と運用を含む実務の進展を踏まえ、全面的に改訂することにした。

　私が師事し、法務省法制審議会倒産法部委員として民事再生法の制定作業にも関わった三宅省三弁護士が平成12年10月に突然病に倒れてから本年で10年が経つことから、三宅弁護士が創設し、私が属する三宅・今井・池田法律事務所の若手弁護士が、後記のとおり全力をあげて執筆し、本書を三宅弁護士に献ずることにしたものである。

　経済環境が混迷する状況で、民事再生法がセーフティネットとしての役割を発揮することにより、日本が早期、迅速に本来の力を取り戻して、益々発展することを大いに期待するところであり、本書がこれにいささかなりとも寄与することができれば幸いである。

　平成22年1月

　　　　　　　　　　　　　　編著者　弁護士　池田　靖

◆本書「民事再生法の実務」の執筆者一覧◆

相羽利昭（弁護士）	池田　靖（弁護士）	市川浩行（弁護士）	小田切豪（弁護士）
岸田洋一（弁護士）	志甫治宣（弁護士）	綱島正人（弁護士）	蓑毛良和（弁護士）
矢嶋髙慶（弁護士）			

（50音順・敬称略）

◆「民事再生法Q&A」の初版と第二版の執筆者一覧◆

相澤光江（弁護士）	池田　靖（弁護士）	卜部忠史（弁護士）	岡　正晶（弁護士）
古賀政治（弁護士）	腰塚和男（弁護士）	小林信明（弁護士）	佐藤彰紘（弁護士）
佐藤正八（弁護士）	佐藤昌巳（弁護士）	須藤英章（弁護士）	瀬戸英雄（弁護士）
武井洋一（弁護士）	土岐敦司（弁護士）	富永浩明（弁護士）	永石一郎（弁護士）
永島正春（弁護士）	成田　清（弁護士）	辺見紀男（弁護士）	矢吹徹雄（弁護士）
山岸　洋（弁護士）	山田尚武（弁護士）	渡邉敦子（弁護士）	

（50音順・敬称略）

目次

第1章 再生手続の概要

第1節 再生手続の特徴
- 1 民事再生法制定の経緯と意義……………………………… 14
- 2 再生手続の特徴……………………………………………… 15
- 3 私的整理手続との相違と選択基準………………………… 18
- 4 更生手続との相違と選択基準……………………………… 20
- 5 破産、特別清算手続との相違と選択基準………………… 22
- 6 手続相互間の優劣…………………………………………… 23

第2節 再生手続の概要
- 1 手続の流れと標準スケジュール…………………………… 26
- 2 再生手続の概要……………………………………………… 26
- 3 個人再生手続の概要………………………………………… 31
- 4 再生手続の利用状況………………………………………… 35
- 5 外国債権者の地位…………………………………………… 37
- 6 破産への移行………………………………………………… 38
- 7 情報の開示…………………………………………………… 41
- 8 M&Aと再生手続…………………………………………… 43

第2章 再生手続の申立

第1節 再生手続の申立
- 1 申立の準備…………………………………………………… 48
- 2 申立権者……………………………………………………… 50

③	被申立適格	51
④	開始原因	53
⑤	管轄	54
⑥	費用の予納	56
⑦	申立代理人の役割	58

第2節　プレパッケージ・DIPファイナンス

①	プレパッケージの申立の得失	62
②	金融機関の関わり方	65
③	DIPファイナンスの注意点	67
④	スポンサーの注意点	70

第3節　保全処分

①	保全処分の特徴	73
②	他の手続の中止命令	75
③	包括的保全処分	77
④	保全管理人の選任	79
⑤	その他の処分	81
⑥	保全処分の効力	83
⑦	債権者の対応	85

第4節　申立の効力

①	強制執行と申立	88
②	申立後の担保権の処遇	89
③	申立と登記留保の抵当権	91
④	申立と通知留保の債権譲渡	92
⑤	申立後の弁済	94
⑥	申立と銀行取引	95

7　再生申立解除特約の効力 …………………………………… 97
8　保証人に対する請求 ……………………………………………… 99
9　申立の取下げ ……………………………………………………… 101

第3章　開始決定

第1節　開始決定
1. 申立棄却事由 ……………………………………………………… 104
2. 開始の審理 ………………………………………………………… 106
3. 開始時の決定事項 ………………………………………………… 108
4. 公告と送達 ………………………………………………………… 110
5. 棄却と抗告 ………………………………………………………… 111
6. 開始決定の取消 …………………………………………………… 113
7. 開始決定の効力 …………………………………………………… 114

第2節　開始決定に対する対応
1. 債務者の対応 ……………………………………………………… 117
2. 財産評定 …………………………………………………………… 119
3. 開始決定後の制限事項 …………………………………………… 121
4. 債権者の対応 ……………………………………………………… 123
5. 開始決定後の銀行取引 …………………………………………… 125
6. 取戻権の行使 ……………………………………………………… 126
7. 役員の損害賠償の査定 …………………………………………… 127

第3節　否認
1. 再生手続の否認権の概要 ………………………………………… 130
2. 詐害行為の否認 …………………………………………………… 133
3. 適正価格処分と否認 ……………………………………………… 135

4　偏頗行為の否認……………………………………………… 137
　　5　救済融資と否認……………………………………………… 139
　　6　対抗要件の否認……………………………………………… 141
　　7　否認権行使の効果…………………………………………… 143

第4節　相殺
　　1　再生手続と相殺……………………………………………… 145
　　2　相殺権行使の時間的制約…………………………………… 146
　　3　相殺の禁止…………………………………………………… 148
　　4　開始決定後の利息の相殺…………………………………… 150
　　5　振込金、取立委任手形、振込指定、代理受領と相殺……… 151

第5節　時効中断
　　1　開始後の時効中断…………………………………………… 153
　　2　保証人に対する時効中断、及び免責部分の扱い………… 155

第6節　契約関係の処理
　　1　双方未履行の双務契約の解除……………………………… 158
　　2　双方未履行解除の効果……………………………………… 160
　　3　賃貸借と双方未履行解除…………………………………… 161
　　4　相場のある商品取引と民事再生…………………………… 163
　　5　信託と民事再生……………………………………………… 166
　　6　債務者株式の扱い…………………………………………… 169
　　7　開始決定後の不動産登記…………………………………… 171
　　8　再生債務者との共有財産…………………………………… 173
　　9　再生債務者のM&A………………………………………… 174

第4章　機関

第1節　債務者の地位
- 1 再生債務者の地位……………………………………… 178
- 2 再生債務者の第三者性………………………………… 179
- 3 手続遂行義務…………………………………………… 182
- 4 再生債務者のなすべき業務…………………………… 184

第2節　手続機関
- 1 再生手続の機関………………………………………… 188
- 2 監督委員の役割………………………………………… 190
- 3 管財人と保全管理人の役割…………………………… 193
- 4 調査委員の役割………………………………………… 196
- 5 代理委員の役割………………………………………… 198
- 6 債権者委員会の役割…………………………………… 200

第5章　再生債権

第1節　再生債権の処遇
- 1 債権の分類……………………………………………… 204
- 2 別除権の意義…………………………………………… 206
- 3 一般優先債権の意義…………………………………… 207
- 4 共益債権の意義………………………………………… 208
- 5 再生債権の意義………………………………………… 211
- 6 再生債権の特徴………………………………………… 213
- 7 再生債権弁済禁止の例外……………………………… 215
- 8 過払金返還請求権の処遇……………………………… 217
- 9 取引債権の処遇………………………………………… 221

第2節　再生債権の届出と調査
- 1　再生債権調査の概要……………………………………… 224
- 2　再生債権の届出…………………………………………… 226
- 3　届出の追完………………………………………………… 228
- 4　債権届出の懈怠…………………………………………… 229
- 5　知れたる債権の扱い……………………………………… 231
- 6　認否書の役割……………………………………………… 232
- 7　再生債権の調査…………………………………………… 233
- 8　別除権者の届出…………………………………………… 234
- 9　債権届出に対する異議申立……………………………… 236
- 10　再生債権の査定の裁判…………………………………… 237
- 11　査定の裁判に対する異議の訴え………………………… 240
- 12　再生債権者表の役割……………………………………… 241
- 13　再生債権者表記載の効力………………………………… 242

第6章　担保権の処遇

第1節　担保権の処遇
- 1　開始決定後の担保権の処遇……………………………… 246
- 2　開始決定後の担保権目的物の任意売却………………… 248
- 3　開始決定後の担保権の実行……………………………… 250

第2節　担保権実行手続の中止命令
- 1　担保権実行中止命令の概要……………………………… 252
- 2　中止命令の要件…………………………………………… 253
- 3　中止命令の手続…………………………………………… 255
- 4　中止命令の効果…………………………………………… 256
- 5　非典型担保と中止命令…………………………………… 257

第3節　担保権消滅請求

- 1 担保権の消滅請求 ……………………………………… 260
- 2 担保権消滅の手続 ……………………………………… 262
- 3 許可に対する抗告 ……………………………………… 264
- 4 価額を定める裁判 ……………………………………… 265
- 5 価額配当の手続 ………………………………………… 266
- 6 配当表に対する異議 …………………………………… 267
- 7 非典型担保と担保権消滅請求 ………………………… 268

第4節　個別担保権の処遇

- 1 抵当権の処遇 …………………………………………… 271
- 2 根抵当権の確定 ………………………………………… 273
- 3 集合債権譲渡担保 ……………………………………… 274
- 4 商事留置権の扱い ……………………………………… 278
- 5 譲渡担保手形の扱い …………………………………… 281
- 6 集合動産譲渡担保の扱い ……………………………… 282
- 7 有価証券担保の扱い …………………………………… 284
- 8 預金担保の扱い ………………………………………… 286
- 9 リース契約の扱い ……………………………………… 287
- 10 取立代り金による弁済 ………………………………… 291
- 11 担保建物の火災保険 …………………………………… 292
- 12 デリバティブの扱い …………………………………… 293
- 13 ABS所有者の立場 ……………………………………… 295

第7章　再生計画

第1節　再生計画の概要

- 1 再生計画の概要 ………………………………………… 300

2　再生計画の条項……………………………………………… 302
　　3　再生計画が満たすべき条件………………………………… 304
　　4　清算を目的とする再生計画………………………………… 306
　　5　再生計画検討時の注意点…………………………………… 308

第2節　再生計画の内容
　　1　再生計画の類型……………………………………………… 311
　　2　再生債権の弁済方法………………………………………… 313
　　3　ゴルフ会員権の処理………………………………………… 315
　　4　債務免除益の処理…………………………………………… 317
　　5　別除権者への対応…………………………………………… 321
　　6　未確定再生債権への対応…………………………………… 323
　　7　敷金・保証金の処理………………………………………… 325
　　8　過払い金の処理……………………………………………… 328
　　9　株主構成の変更……………………………………………… 330

第3節　再生計画の決議
　　1　再生計画案の提出…………………………………………… 333
　　2　付議決定……………………………………………………… 335
　　3　決議の方法…………………………………………………… 337
　　4　議決権………………………………………………………… 339
　　5　社債権者の議決権の扱い…………………………………… 341
　　6　議決権の行使方法…………………………………………… 343
　　7　再生計画案に対する反対意見の表明……………………… 345
　　8　可決要件……………………………………………………… 346

第4節　再生計画の認可
　　1　再生計画の認可……………………………………………… 349

|2| 清算価値保障原則……………………………………………… 351
|3| 認否の決定に対する異議……………………………………… 352
|4| 認可決定確定の効力…………………………………………… 354
|5| 再生計画に反対した債権者の処遇…………………………… 356
|6| 保証人等に対する権利の行使………………………………… 358
|7| 債権届出の失念と再生債権の扱い…………………………… 360

第5節　認可決定確定後の手続
|1| 再生計画の遂行………………………………………………… 362
|2| 再生手続の終結………………………………………………… 364
|3| 再生計画の取消し……………………………………………… 365
|4| 再生手続廃止の要件と効力…………………………………… 367
|5| 履行確保の手続………………………………………………… 369
|6| 破産手続への移行……………………………………………… 371

第6節　簡易再生・同意再生
|1| 簡易再生の概要………………………………………………… 374
|2| 同意再生の概要………………………………………………… 376

第7節　二次破綻への対応
|1| 二次破綻の要因………………………………………………… 378
|2| 二次破綻への措置……………………………………………… 380
|3| 債権者の二次破綻への対応…………………………………… 382

凡例

参照条文番号の表記

例：民事再生法 13 条 2 項 3 号→民再 13②Ⅲ

法令名略語

会社　会社法

会更　会社更生法

仮登　仮登記担保に関する契約

商　　商法

借地借家　借地借家法

信託　信託法

破　　破産法

民再　民事再生法

民再規　民事再生規則

民訴　民事訴訟法

民訴費　民事訴訟費用等に関する法律

民保　民事保全法

民　　民法

和　　和議法

第1章 再生手続の概要

第1節　再生手続の特徴

1　民事再生法制定の経緯と意義

　当初、古くなった倒産五法の改正作業を進める中で、バブル崩壊後の景気低迷の長期化により、中小企業の再建手続の整備が急がれ、問題の多かった和議法の改正作業がまず着手され、民事再生法が1999（平成11）年に成立した。

　民事再生手続（以下「再生手続」という）は運用の妙もあって、大いに利用され信頼されて、再建型倒産法制の基本手続となり、その後の会社更生法、破産法等他の法律の改正にも多大な影響を与えることになった。

1.　民事再生法制定の経緯

　日本の倒産法制は、いわゆる倒産五法があったが、1952（昭和27）年に成立した会社更生法を除いて、1921（大正11）年の破産法及び和議法、1938（昭和13）年の特別清算及び会社整理と、いずれもそれらの成立から相当の年数が経過していて、しかもその立法思想も異なり整合性がないので、全面改正が望まれていた。そこで、1996（平成8）年に法務大臣の諮問を受け、法制審議会が倒産法部会を設けて、倒産法制の全面改正作業が開始された。

　その後、バブル崩壊後の景気の低迷の長期化により、企業倒産が増加している中で、中小企業の再建手続の整備が緊急の課題となり、自主的で柔軟ではあるものの、履行確保制度も不十分であるなどの問題が多かった和議法の改正作業がまず着手された。

民事再生法は、法制審議会の諮問を経て、1999（平成11）年秋の臨時国会で成立し、直ちに公布され、2000（平成12）年4月1日から施行され、和議法は廃止された。

2. 民事再生法制定の意義

成立した民事再生法による手続は、使いやすく、破綻前処理が可能で、履行確保ができ、透明性の高い自主的後見的な再建型法的手続であり、株式会社のみならず、自然人を含む全ての法人格が利用できる。

再生手続は、その後の裁判所の柔軟で、スケジュール表を示すなどの予見可能性に富む、適切な運用もあって、大いに利用され、履行率も透明性も高い、信頼される手続となり、民事再生法は再建型法的倒産法制の基本法となった。

そして、民事再生法の立法及び運用の成功は、その後の2002（平成14）年の会社更生法の改正、及び2004（平成16）年の破産法の改正と否認権等の倒産実体法の改正に多大な影響を及ぼした。

また、民事再生法も2000（平成12）年に改正され、小規模個人再生、給与所得者等再生及び住宅資金貸付債権に関する特則を設け、前記会社更生法の改正に伴い少額債権の弁済規定の改正（民再85⑤）等を、破産法の改正に伴い否認権制度の改正（同127以下）等を、2005（平成17）年の会社法の制定に伴い募集株式を引受ける者の募集に関する再生計画についての改正（同154④）等がなされ、ますます利用されやすくなり、合理性と機能性等も増加させ、進化している。

2 再生手続の特徴

再生手続の特徴は、自主的後見的な手続であり、利用しやすく柔軟であって迅速かつ機能的で、履行確保が期待でき、公正衡平で透明性が高い、再建型倒産法制の基本法ということである。

1. 再建目的の基本法

再生手続は、経済的に窮境にある債務者の事業または経済生活の再生を図ることを目的とする再建目的の手続である。ただし、清算を目的とする申立も、事業譲渡後の再生債務者の清算の場合にはもちろんのこと、しばらく事業を継続した後に清算する場合など、直ちに破産清算するより債権者等にとっても有利な配当が見込まれる場合には、再生手続の利用が認められている。また、再生手続は株式会社しか利用が認められない更生手続とは異なり、株式会社のほか、社団、組合等の法人だけではなく、自然人も含む、すべての法人格を対象とする、再建型倒産法制の基本法である。

2. 自主的後見的な手続

再生手続においては、再生債務者は手続開始決定後も財産の管理処分権を失わない、いわゆるDIPを原則とする。そして、開始決定後の登記登録は無効で、訴訟の中断、双方未履行制度などに示されるように、再生債務者は第三者性を有している。そのため再生債務者には、債権者に対する公平誠実義務が課せられている。ただし、例外的に管財人、保全管理人が選任されると、再生債務者（法人である場合に限る）は財産の管理処分権を失う。また監督命令がなされるのが一般的であるが、その場合には、再生債務者は、一定の行為について、監督委員の同意を得ないとすることができなくなる。

3. 利用しやすく柔軟な手続

手続の対象は自然人及び全ての法人である。また担保権、租税公課、労働債権などを手続にとりこまず、これらを再生手続に拘束しない簡便な手続である。そして、可決要件のうち、議決権の総額の2分の1以上として、4分の3であった和議手続よりはるかに成立しやすくなってい

る。再生計画による株式の全部取得、募集株式を引受ける者の募集の制度があり利用しやすい手続である。

4. 迅速かつ機能的な手続

申立原因は、破産原因が生ずるおそれがあるときなど、破綻前処理が可能で、株主総会の決議を経ないで裁判所の許可があれば事業譲渡をすることができ、担保権消滅制度があり、書面による債権調査制度を設けるなど、迅速かつ機能的な手続である。

5. 履行確保に優れ、公正公平で透明性の高い手続

和議では和議認可決定確定と同時に裁判所の手を離れ履行確保に難点があった。再生手続では、監督委員選任の場合には3年間裁判所の監督が続けられ、実体上の債権調査がなされて、債権者表に基づく強制執行

▶ 再生手続キーワード ◀

ＤＩＰ（Debtor In Possession）

アメリカ連邦倒産法における概念。直訳すれば占有（する）債務者。倒産後も経営権を失わず事業の継続にあたる債務者をいう。破産や会社更生の場合、管財人が選任され、従前の経営者は、事業の経営権および財産の管理処分権を失う。これに対して、再生手続においては、再生債務者は、再生手続が開始された後も、原則として、業務遂行権および財産の管理処分権を有するものとされる。そのため、再生手続においては、原則として、従前の債務者が、経営権を失わず事業の継続にあたることになる。その意味で、再生手続は、ＤＩＰ型の倒産処理手続と言える。ただし、再生手続においても、裁判所は、再生債務者の財産の管理または処分が失当であるときその他再生債務者の事業の継続のために特に必要があると認めるときは、管財人による管理を命ずる処分をすることができる。この場合には、業務遂行権および財産の管理処分権は、管財人に専属し、再生債務者は経営権を失うことになる。

ができ、不履行の場合の再生計画の取消しが容易になるなど、履行確保の手段に優れている。また、双方未履行、否認、相殺の時期的制限、担保権消滅などの制度により債権者間の公正衡平が確保され、情報開示を広く認め、役員に対する損害賠償の査定、株主総会の決議を要さない再生計画による株式の全部取得などの制度により透明性の高い手続となっている。

3 私的整理手続との相違と選択基準

　私的整理手続による再建は、早期、穏便、回収が多いなどのメリットが大きいが、他方で、加入を強制することも、不同意者を拘束することもできず、不公平、不公正に陥りやすく、抜本的根本的な解決ができない場合もあるので、公正公平で透明性が高い再生手続によるべき事案もある。

1．私的整理の意義と再建手法

　私的整理手続とは、再生、更生、特別清算、破産などの法的倒産処理手続以外による手続であり、具体的な再建手法としては、①借入金等のリスケジュール、②DDS（Debt Debt Swap、債務の種類の変更）、③DES（Debt Equity Swap、債務の株式化）、④再建目的の債権譲渡、⑤事業譲渡または、会社分割後の特別清算、などがある。
　これらは、債務者が個別の債権者との相対の交渉で行うこともあるが、多数の債権者と集団で交渉することもあり、私的整理の成立を支援するシステムとしては、①私的整理ガイドライン、②事業再生認証認定ADR、③中小企業再生支援協議会、④整理回収機構、⑤企業再生支援機構、などの再生スキームがある。

2. 私的整理の特徴

　私的整理は、その対象債権者を、原則として金融債権者に限り、取引債権者に負担を求めないので、事業の毀損が少なく、早期に再建でき、債権者の回収率も高く、また、その分経営者個人等に対する責任追及も穏やかになるなど、多大なメリットが期待できる。特に商社、ゼネコン、旅館などは、法的手続によった場合には信用とブランドの毀損により再建が困難になるので、私的整理によった方がよい場合が多い。

　他方で、私的整理では、不公正、不公平に陥りやすく、抜本的・根本的再建ができないことがあり、債権者を強制的に手続に拘束することができず、また、債権者全員の同意が必要で、反対者がいると成立しない。事業再生認証認定ADR等の支援システムは、これらの公正公平な第三者の関与によってこれらの難点を克服して、成立し易くしている。ただし、メインバンクの積極的な協力がないと成立が難しい。

3. 手続の選択

　私的整理は、ある程度、金融機関から同意を得られる状況で、メインバンクの積極的な協力支援のもとで、事業の毀損の程度がそれほど深刻ではない場合には、非常に有効かつ早期処理が可能となる。債務者の窮境の程度が大きくなってしまってからでは、私的整理の成立は、商社、他ゼネコンなど、法的手続によっては再建が期待できない場合で、かつ社会的影響が大きい場合などの例外的な場合に限られてしまう。

　これに対して、再生手続は、一般債権者全てを手続に参加させ、多数決によって反対者を拘束し、否認、相殺禁止、役員の損害賠償の査定などの制度があり、また裁判所の監督もあって、公正公平で透明性が高い手続なので、複雑で比較的多数の債権者を抱え、窮境の程度が大きい債務者の再建に向いている。しかし、再生手続は取引債権者も対象とするので、再建は難しくなり、担保権者を手続に拘束しないので、その同意

第1章 再生手続の概要

を得る必要がある。

4 更生手続との相違と選択基準

　更生手続は、担保権及び優先債権も手続に取り込み、原則管財人が選任され、株主総会の決議なしで合併・会社分割等が行える、株式会社を対象とする管理型の法的再建手続であり、これに対して再生手続は自主的後見的な法的手続である。

1．更生手続の特徴

　更生手続では、担保権及び公租公課・労働債権等の優先債権も手続に取り込み、手続外での権利行使をすることができず、更生計画に従ってしか弁済を受けられない。

　また更生開始決定がなされると必ず管財人が選任され、ほとんどの場合、開始前の取締役は管財人に選任されない。ただし、平成20年から東京地裁では、債権者等の反対がない等の条件付で、取締役が管財人に選任される、いわゆるDIP型更生の運用が開始されたので、その帰趨が注目される。

　そして、更生計画により、株式の取得・消却等及び募集株式を引き受ける者の募集のみならず、合併・会社分割・株式交換等の組織変更も、株主総会の特別決議等の会社法の規定によらないで行うことができる。

　このように更生手続は、株式会社を対象とする組織変更を予定する管理型の法的再建手続である。

2．更生手続の選択基準

　更生手続を選択すべき場合としては、①重大な不公正・不公平な行為があり信用を失い、または再建への意欲を失っているなど旧取締役に問題がある、②再建に不可欠な資産に関わる担保権者からにわかには協力

を得られない、③延滞している公租公課、退職金等の労働債権が多額にのぼる、④合併等組織変更を行う必要がある、⑤株主間、または株主と旧取締役との間で内紛がある、⑥債権者が申立てる、ときなどである。

なお、規模が大きく、海外に進出し多数の関連会社を有するなど、複雑な事案の場合には、再生手続でも処理可能であるが、公平・公正な管財人が処理する更生手続を選択すべきであろう。

3. 再生手続の選択基準

これに対して再生手続は、①旧取締役に重大な不公正・不公平な行為がなく、経営に意欲がある、特に中小企業で旧経営者の能力・人格に依存している、②多少の反対はあっても、担保権者の強い反対がない、③公租公課の滞納がそれ程多くはなく、従業員との間で退職金等の処理につき大方の同意が得られる見込みがある、④医療法人、学校法人、一般財団法人等株式会社以外の法人格である、⑤資金繰りの目途はつかないが、直ちに破産することはできず、ソフトランディングで清算をする必要がある、⑥スポンサーの目途がついている、特に早期一括処理ができる、などの場合に適しているといえる。

これらの選択をするのは、最終的にはガバナンスを持つことになる債権者であるが、破綻直後は、とりあえずは破綻した債務者の旧取締役、旧経営陣であり、旧経営者は、原則DIP型で自主的・後見的な再生手続を選択することが多い。最初に再建型法的手続の基本法である再生手続の可否を検討し、例外的にこれを許さない状況にあるときに、更生手続を選択することになろう。

5 破産、特別清算手続との相違と選択基準

　破産は、全ての法人格に適用され、原則として破産管財人が選任され、否認等の制度を有する、公平・公正で透明性が高い管理型で、清算型法的処理手続の基本法であり、特別清算は、解散した株式会社に適用され、原則旧経営者が選任する清算人によって進められる、自主的・後見的な清算型法的処理手続であり、いずれも清算を目的としているのに対し、再生手続は原則再建を目的とする。

1．破産の特徴

　破産は、株式会社、医療法人、学校法人、一般財団法人等の法人のみならず、自然人も含む全ての法人格を対象とし、原則として開始決定と同時に破産管財人が選任され、否認権制度を有する、公平・公正で透明性が高い、管理型の、清算型倒産処理手続の基本法である。なお、破産財団をもって費用を支弁するのに不足するときは、開始決定と同時に廃止決定がなされる（同廃）。また個人については、免責の手続がある。

2．特別清算の特徴

　特別清算は、解散して清算状況にある株式会社を対象とし、開始決定後も原則旧経営者が選任した清算人が清算業務を遂行し、協定という多数決制度を備える、自主的後見的な清算型法的倒産処理手続である。

3．破産の選択基準

　破産は、経済的窮境に陥った債務者が、再建できないとき、それが、特別清算が失敗に陥ったときだけではなく、私的整理、民事再生、会社更生等による再建手続が破綻した場合も含め、清算をする場合の窮境の手続である。

4．特別清算の選択基準

　清算人に、公正・公平で有能な人を得ることができれば、破産よりはるかに高配当で早期の処理ができ、また法的手続申立前に事業譲渡あるいは会社分割して事業を高額で承継させ、その後の処理を特別清算手続で行えば、債権者の理解も得やすく、自主的後見的な手続のメリットを享受できる。

　しかし、否認制度がなく、清算人に人を得ることができないと手続が失敗する可能性があり、株主総会で解散を決議する必要があって、なによりも株式会社以外の法人格には利用できないなどの弱点があり、利用は限定されざるを得ない。

5．再生手続の選択

　事業譲渡等の再建計画につき、債権者、株主などの同意が得られないので、破産開始後、破産管財人による事業譲渡が行われることもあるが、破産後の事業劣化の程度とスピードは想像以上に厳しいのが現実であり、また、破産、特別清算は清算を目的としているので、再建またはしばらくの事業継続は、ほとんど無理と考えた方がよい。

　開始後の事業譲渡、またはソフトランディングを目指す場合には、破産、特別清算を避け、再生手続によるべきであろう。

6　手続相互間の優劣

　更生手続と再生手続では、裁判所の選任した管財人が裁判所の監督の下ですすめる強力な再建手続である更生手続が優先する。

　破産と再生手続では、再建型の手続である再生手続が優先する。

1. 更生手続との関係

　再生手続と更正手続とでは、原則は、更正手続が優先するが、再生手続によることが債権者の一般の利益に適合するときは再生手続による（会更41①Ⅱ）。現経営陣に任せられない不公正・不公平な行為がなく、債権者の多数が再生手続に賛成し、再生計画案が可決・認可された場合には再生手続によることになる。

　再生手続が行われている会社について会社更生の申立をすることは可能である。再生手続の管財人も裁判所の許可を得て会社更生の申立をすることができる（同248）。また、会社更生の申立があっても開始決定があるまでは、再生手続の申立はできる。

　しかし、会社更生の申立を受けた裁判所は会社更生手続開始決定があるまで再生手続を中止できる（同24①）。また、裁判所は、この中止命令を変更し、取消すことができる（同24④）。

　会社更生手続開始の決定があったときは、再生手続の申立はできず、すでに申立てられていた再生手続は中止する（同50①）。なお、会社更生手続開始決定で中止する再生手続で既に債権届出がなされていた場合、改めて届出を要しないことにすることができる（同249）。また、再生手続における共益債権（共益債権については第5章第1節③参照）は更生手続においても共益債権となる（同50⑨）。

　更生計画認可決定があったときは、中止していた再生手続は、その効力を失う（同208）。

2. 破産等との関係

　再生手続と破産手続または特別清算手続とでは、原則再生手続が優先するが、破産手続または特別清算手続によることが、例えば破産手続が相当進行しているなどして、破産手続または特別清算手続によることが債権者の一般の利益に適合するときには、これらの手続による（民再

25Ⅱ)。

　破産手続が開始しているときでも民事再生の申立は可能であり、破産管財人も裁判所の許可を得て民事再生の申立をすることができる（民再246①）。また、民事再生の申立があっても再生開始決定があるまでは破産手続開始申立をすることが可能である。しかし、再生手続の申立があると、裁判所は必要があると認めるときは開始決定があるまで破産手続の中止を命ずることができる（同26）。再生手続開始決定があると破産手続開始の申立もできなくなるし、破産手続は中止する（同39①）。裁判所は、再生手続の開始決定をするに際して、中止される破産手続で既に債権届出をしている債権者は債権届出を要しないという決定をすることができる（同247）。再生計画認可決定が確定すると中止していた破産手続は効力を失う（同184）。

　破産手続開始決定前の債務者について再生手続開始申立棄却、再生計画不認可、再生計画取消または再生手続廃止の決定があった場合は、その決定の確定前でも破産手続開始の申立ができる（同249）。また、決定が確定したときは、裁判所は職権で破産手続開始決定をすることができる（同250①）。

　破産手続開始決定後の債務者について再生手続開始申立棄却、再生計画不認可、または、再生計画認可前の再生手続廃止の決定が確定した場合は、破産手続が進行することとなる。

　再生認可決定により、破産手続が効力を失った後に再生手続廃止または再生計画取消の決定がなされたときは、裁判所は職権で破産手続開始決定をしなければならない（同250②）。

第2節　再生手続の概要

1　手続の流れと標準スケジュール

　再生手続の流れは、次頁の表のとおりである。

　また、東京地裁における開始決定後の標準スケジュールは次々頁の「開始決定後のスケジュール」のとおりであり、東京地裁では、申立て後約5カ月で債権者集会と認可決定がなされている。認可決定の確定は、現状では官報公告の申込みから官報掲載までに約2週間かかり、その後に2週間の異議期間があるので、認可決定から確定までに約4週間位かかる。

　なお、再生計画案の提出期限は、状況によって2カ月程度伸張されることがある。

2　再生手続の概要

　再生手続は、経済的に窮境にある再生債務者について、債権者の多数の同意と裁判所の認可を受けた再生計画を定めること等により、再生債務者と債権者との間の民事上の利害関係を適切に調整し、これによって、再生債務者の事業等の再生を図る法的倒産処理手続である。

1．再生手続開始の申立（詳細は第3章を参照）

　債務者に破産原因が生ずる恐れがあるときには、債務者または債権者が、債務者が事業の継続に著しい支障を来すことなく弁済期にある債務を弁済することができないときは債務者が、再生手続開始の申立をする

第2節 再生手続の概要

再生手続きの流れ

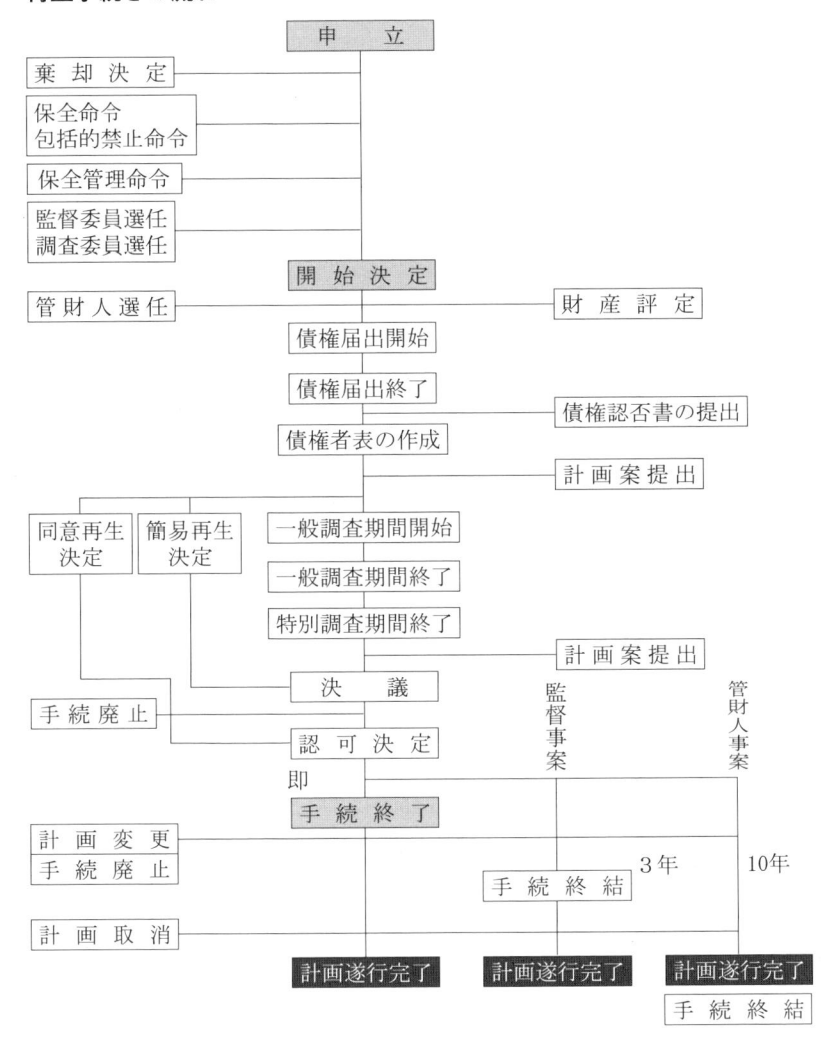

```
                         ┌─────────┐
                         │ 申  立  │
                         └────┬────┘
  ┌──────────┐                │
  │ 棄却決定 │────────────────┤
  └──────────┘                │
  ┌──────────────┐            │
  │ 保全命令     │────────────┤
  │ 包括的禁止命令│           │
  └──────────────┘            │
  ┌──────────────┐            │
  │ 保全管理命令 │────────────┤
  └──────────────┘            │
  ┌──────────────┐            │
  │ 監督委員選任 │────────────┤
  │ 調査委員選任 │            │
  └──────────────┘            │
                         ┌────┴────┐
                         │開始決定 │
                         └────┬────┘
  ┌──────────┐                │         ┌──────────┐
  │管財人選任│────────────────┼─────────│ 財産評定 │
  └──────────┘                │         └──────────┘
                         ┌────┴────────┐
                         │債権届出開始 │
                         └────┬────────┘
                         ┌────┴────────┐
                         │債権届出終了 │
                         └────┬────────┘        ┌──────────────────┐
                         ┌────┴────────┐────────│債権認否書の提出 │
                         │債権者表の作成│       └──────────────────┘
                         └────┬────────┘        ┌──────────┐
                              │─────────────────│計画案提出│
                              │                 └──────────┘
 ┌────────┬────────┐          │
 │同意再生│簡易再生│          │
 │  決定  │  決定  │          │
 └────────┴────────┘  ┌───────┴──────────┐
                      │一般調査期間開始 │
                      └───────┬──────────┘
                      ┌───────┴──────────┐
                      │一般調査期間終了 │
                      └───────┬──────────┘
                      ┌───────┴──────────┐
                      │特別調査期間終了 │
                      └───────┬──────────┘         ┌──────────┐
                         ┌────┴────┐───────────────│計画案提出│
                         │ 決 議   │               └──────────┘
                         └────┬────┘
  ┌──────────┐                │          監督         管財
  │ 手続廃止 │────────────────┤          事案         人事案
  └──────────┘           ┌─────┴──────┐
                         │ 認可決定  │
                         └─────┬──────┘
                             即│
                         ┌─────┴──────┐
                         │ 手続終了  │
                         └─────┬──────┘
  ┌──────────┐                │
  │ 計画変更 │                │
  │ 手続廃止 │                │          3年         10年
  └──────────┘           ┌────┴─────┐
                         │手続終結 │
  ┌──────────┐           └────┬────┘
  │ 計画取消 │                │
  └──────────┘                │
                    ┌─────────┴──────────┬─────────────┐
               ┌────┴────┐          ┌────┴────┐   ┌────┴────┐
               │計画遂行完了│       │計画遂行完了│ │計画遂行完了│
               └─────────┘          └─────────┘   └────┬────┘
                                                       │手続終結│
                                                       └─────────┘
```

第1章　再生手続の概要

事件番号　平成○○年（再）第○○号
再生債務者　　○○○○○株式会社

開始決定後のスケジュール

東京地方裁判所民事第20部合議係

手　続	予定日	申立日からの日数
申立て・予納金納付	3月15日（火）	0日
保全処分発令	3月15日（火）	0日
監督委員選任	3月15日（火）	0日
（債務者主催の債権者説明会）	3月18日AM10：00	0〜6日
第1回打合せ期日	3月18日PM3：00	1週間
開始決定	3月18日	1週間
債権届出期限	4月19日（火）	1月＋1週間
財産評定書・報告書提出期限	5月16日（月）	2月
計画案（草案）提出期限	5月16日（月）	2月
第2回打合せ期日	5月16日	2月
認否書提出期限	5月17日（火）	2月＋1週間
一般調査期間（始期）	5月24日（火）	10週間〜
一般調査期間（終期）	5月31日（火）	11週間
計画案提出期限	6月13日（月）	3月
第3回打合せ期日	6月13日（月）	3月
監督委員意見書提出期限	6月20日（月）	3月＋1週間
債権者集会招集決定	6月20日（月）	3月＋1週間
書面投票期間	8月2日（火）	集会の8日前
債権者集会期日・認否決定	8月10日（水）	5月

ことができる（民再 21）。

　管轄は、原則は、債務者の主たる営業所の所在地であるが、再生債権者の数が 1,000 人以上であるときは、東京・大阪両地裁に申立てできる、など広く認められている（同 4 ないし 6）。

　申立があると、裁判所は弁済禁止などの保全処分や（同 26 ないし 31）、監督委員による監督命令（同 54）を発令する。

2. 再生手続開始決定

　裁判所は、再生計画の可決の見込みがないことが明らかなときなど棄却事由があって棄却する場合（民再 25）を除いて、再生手続開始決定をする（同 33）。

　開始決定後も、再生債務者は、業務遂行と財産の管理処分をする、いわゆる DIP 制であり、それに伴い、再生債務者には公平誠実義務が課せられる（同 38）。ただし、例外的に、管財人が選任される場合がある（同 64）。

　開始決定後は、再生債権は再生手続によってしか弁済等をすることができず（同 85）、手続に拘束されるが、開始後の取引によって生じた共益債権、担保権である別除権及び公租公課・労働債権等の一般優先債権は手続に拘束されず、手続外で権利を行使することができる（同 121、53、122）。ただし、別除権については担保権消滅制度がある（同 148 ないし 153）。

　再生債権については、届出、調書の手続を経て、異議なく認められると、再生債権者表に記載され、これにより強制執行も可能となる（同 94 ないし 113、185、189、195）。

　再生債務者または管財人（以下「再生債務者等」という）は、事業を継続し、許可による営業等の譲渡（同 42）、双方未履行の双務契約（同 49）、取戻権（同 52）、相殺又は相殺の禁止（同 92 ないし 93 の 2）、法人の役員の責任の追及（同 142 ないし 147）などにより契約関係等を処

理しつつ、再生債務者の財産の価額を評定して裁判所等へ報告する（同124 ないし 126）。

また、詐害行為や偏頗行為の否認の制度があるが（同127 ないし 141）、否認権は、再生債務者ではなく、否認の権限を有する監督委員または管財人が行う（同135）。

3. 再生計画（詳細は第7章を参照）

再生計画は、再生債権者の権利の変更と弁済方法を中心として、一定の要件のもとで、再生債務者の株式の強制取得と、募集株式を引受ける者の募集に関する定めをすることができる（民再154 ないし 162）。

再生債務者等は、定められた期間内に再生計画を策定して裁判所に提出しなければならない（同163 ないし 168）。届出再生債権者も再生計画案を提出できるが（同163②）、募集株式を引受ける者の募集に関する条項を定めた再生計画案は再生債務者のみが提出できる（同166の2）。

裁判所は、不認可事由に該当する場合等を除いて、提出された再生計画案を決議に付する旨の決定を行うが、その決議方法は、①債権者集会を開催するものと、②開催しないで書面等によるものと、③上記両方法を併用するものと、三通りある（同169）。

再生計画の可決は集会に出席し、または書面等投票した議決権者の過半数の同意と、議決権者の議決権の総額の2分の1以上の議決権を有するものの同意の、いずれもが必要である（同172の3）。

再生計画案が可決された場合には、裁判所は、再生計画が遂行される見込みがないときなど、不認可事由がない場合には認可し、認可決定が確定すると、再生計画は効力を生じ、再生計画の定めまたは民事再生法の規定によって認められた権利を除いて、再生債務者は、すべての再生債権について、免責され、再生債権者の権利も変更される（同176 ないし 183の2）。

4. 認可決定確定後の手続（詳細は第7章第5節を参照）

再生計画認可決定が確定すると、再生債務者等は速やかに、再生計画を遂行しなければならず、監督委員が選任されているときは、再生計画が遂行されたとき、または再生計画認可決定確定後3年を経過したときに再生手続終結決定がなされて（民再188）、再生手続は目的を達成して終了する。なお、監督委員または管財人が選任されている場合を除いて、認可決定確定と同時に終結決定がなされ、管財人が選任されている場合は、再生計画が遂行されたときなどまで終結決定はなされない（同188）。

これに対して、再生債務者等が再生計画の履行を怠った等の場合には、再生計画の取り消し、再生手続の廃止がなされ（同189ないし195）、再生手続は目的を遂げずに終了することになる。その後に新たな再生または更生手続の申立がなされた場合を除いて、ほとんどの場合、破産に移行することになる（同190、248ないし254、会更248、249）。

3 個人再生手続の概要

平成12年に設けられた個人再生手続は、債権について一定額弁済をし、残額について免除を受ける手続である。破産の免責不許可事由がある場合、破産をすると資格を失う場合、住宅資金貸付債権特則と組み合わせて住宅を維持しながら債権を整理するのに役立つ手続である。個人再生には小規模個人再生と給与所得者等個人再生がある。

1. 個人再生の目的

平成12年の改正で、小規模個人再生および給与所得者等再生に関する特則が設けられた。これは、多重債務を負担した自然人を破産によらないで多重債務から解放するための制度で、特に住宅資金貸付債権に関

第1章　再生手続の概要

する特則とあいまって、住宅を維持しながら生活の再建を図ることを目的としている。

2. 小規模個人再生

　個人再生には、小規模個人再生と給与所得者等再生がある。小規模個人再生は、将来において継続的にまたは反復して収入を得る見込みがあり、再生債権の総額（住宅資金貸付債権額を含まない）が5,000万円を超えない自然人が使うことのできる手続である（民再221②）。

　この手続では申立人が申立時に再生債権の額等を記載し、かつ小規模個人再生を利用する旨を記載して申立てる（同221）。申立書に記載された債権者は、その記載額が正しいときは債権届出する必要がない（同225）。しかし、記載されていなかったり、記載された金額が正しくないときは、届出しないと手続内で弁済を受けられなくなる。

　届出に対し、他の再生債権者または再生債務者が再生計画を裁判所に提出し、裁判所はこれを決議に付す。裁判所の定める期間内に再生計画案に同意しない旨を書面で回答した議決権者が議決権総数の半数に満たず、かつ、その議決権の額が議決権者の議決権の総額の2分の1を超えないときは、再生計画案の可決があったものとみなされる（同230⑥、消極的同意）。

　再生計画案は、少額の再生債権者の弁済の時期等について別段の扱いをする場合を除いては、再生債権者間で平等であり（同229①）、3月に1回以上の分割払いで3年以内である（同229②）。ただし特別の事情があるときは3年の期間を5年まで延長することができる。支払うべき金額は、無異議債権の額および評価債権の額の総額（以下「債権総額」という）が3,000万を超え5,000万円以下の場合は計画弁済総額が債権総額の10分の1以上であること（同231②Ⅲ）、3,000万円以下の時は5分の1または100万円のいずれか多い額、5分の1が300万円を超えるときは300万円、債権総額が100万円を下回っているときはその総額

以上で（同 231 ②Ⅳ）、現在の財産の総額以上であればよい。残額は免除となる。

　しかし、再生債務者が悪意で加えた不法行為に基づく損害賠償請求権等については、債務の減免その他権利に影響を及ぼす定めをすることができない（同 229 ③）。再生計画の遂行が困難になったときは、再生計画で定められた債務の期限を 2 年を超えない範囲で変更できる（同 234）。変更後の基準額、変更の対象となった債権者の責めに帰すべき事由なく届出できなかった債権、229 条 2 項各号に定める債権の 4 分の 3 以上の弁済を終えているときは、ハードシップ免責（計画遂行が極めて困難となった場合の免責）をすることができる（同 235）。

　なお、個人再生手続では個人再生委員という制度がある（同 223）。届出債権または債権者一覧に記載された債権について異議が出され、再生債権の評価をするときは必ず個人再生委員が選任される（同 223 ②、227 ⑥）。しかし、それ以外の場合に個人再生委員が選任されるか否かは裁判所により扱いが異なっている。

3．給与所得者等個人再生

　小規模個人再生を申立てうる債務者の内、給与または給与に準ずる定期的な収入を得る見込みがある者であって、その額の変動幅が小さいと見込まれる者は、給与所得者等個人再生も利用することができる（同 239 ①）。ただし、ハードシップ免責を受けたことがある者等は、一定期間給与所得者等個人再生手続を利用できない（同 239 ②）。

　小規模個人再生を利用するか給与所得者等個人再生を利用するかは債務者の選択に任されている。申立後の手続については小規模個人再生と同じである。再生計画で定める弁済額は、小規模個人再生の最低弁済額の基準のほかに、給与から政令で定める額を控除した 2 年分を 3 年間で支払う旨の要件がある（同 241 ②Ⅶ）。この政令で定める額は債務者の居住地域、年齢、家族構成等により異なっている（同 241 ③）。裁判所

は再生債務者から再生計画案の提出があったときは、債権者の意見を聞く必要がある（同240）が、債権者の決議に付すことなく、計画案が法律の要件を満たしている限り認可の決定をする（同242①）。

4．住宅資金貸付債権に関する特則

　破産では、破産手続開始決定を受けた者は、住宅を失うこととなるし、住宅ローン債権者も住宅を競売しても全額回収できるわけではない。そこで、債務者に住宅を維持させながら、再生を図るために、住宅資金貸付債権に関する特則が設けられた。この特則は、個人再生手続でも利用できる。住宅に住宅ローン債権（住宅ローンの保証会社の求償権でもよい）を被担保債権とする抵当権のみが設定されている場合、個人再生申立時に住宅資金貸付債権に関する特則を利用することを明らかにして申立てることによりこれを利用することができる（同221③Ⅳ）。住宅資金特別条項の内容は

(1) 再生計画認可の決定の確定時までに弁済期が到来する住宅資金貸付の元本及びこれに対する利息、損害金を再生計画期間中に支払い、再生計画認可の決定の確定時までに弁済期の到来しない元本については約定通り元利金を支払う、

(2) (1)ができない場合は、住宅資金貸付債権の元本、約定利息、再生計画認可確定時までの利息、損害金を約定弁済期間を10年を超えない期間延長し（ただし延長後の債務者の年齢が70歳を超えないこと）、かつ約定弁済と同じような弁済間隔、弁済額で支払う、

(3) (2)も困難であるときは(2)に加えて再生計画で弁済期間中は元本の一部及び元本支払い猶予中の約定利息のみを支払うこととする、

(4) 住宅資金貸付債権者の同意があるときは(1)から(3)と異なる定めをすることもできる（同199）。

　なお、債務者の中には、住宅資金貸付債権については滞納なく支払っているが、他の債権者の債権について支払ができないために住宅資金貸

付債権特別条項を利用して個人再生を申立てる債務者もいる。その場合、債務者が再生手続申立後も住宅ローンを支払い続けたいと希望することもあり、裁判所の許可を得て再生債務者は住宅ローンの支払を続けることができる（同197③）。

4 再生手続の利用状況

　再生手続は、和議の3.39倍、会社更生の21.18倍の申立があり、大いに利用されている。また、東京地裁における再生手続開始申立件数に対する、開始決定率は95.3％、認可率は78.0％で、再生手続成功予想率は76.3％と、履行が確保されていて、信頼できる手続である。

1．再生手続の申立状況

　民事再生法は、平成12年4月1日から、個人再生を定めた改正民事再生法は平成13年4月1日から、それぞれ施行された。これらの施行以後の通常民事再生、個人再生と、平成12年度以後の破産及び更生の各手続開始申立件数は、司法統計年報によると次頁図表のとおりである。

2．再生手続の履行率

　東京地裁における、平成12年度から平成18年度までの通常民事再生手続の申立件数の合計は1,835件で、開始決定数は1,746件、開始率は95.3％で、認可件数は1,353件、申立件数に対する認可率は78.0％で、再生手続成功率（192条廃止件数と終結件数に履行監督中の件数に履行率（終結件数を認可件数から履行監督中の件数を控除した残数で除した率、88.5％）を乗じた件数との合計額を申立件数で除した率）は69.2％（法人に限ると71.1％）であるとの資料がある（民事再生実務合同研究会編『民事再生手続と監督委員』（商事法務）2008年5月、314頁）。

　また、大阪地裁では、申立の590件に対して、開始決定が539件で

第1章　再生手続の概要

図表　各手続開始申立件数の推移

年度（平成）	破産	通常民事再生	個人再生	会社更生
12	145,858	662	—	25
13	168,811	1,110	6,210	47
14	224,467	1,093	13,498	88
15	251,800	941	23,612	63
16	220,261	712	26,346	45
17	193,179	646	26,048	44
18	174,861	598	26,113	14
19	157,889	654	27,672	19
累計	1,337,126	7,078	149,499	345
年平均	167,140.75	913.29	22,148	43.13

91.4％、認可が416件で74.0％、履行率についても8割台ということである（前同書316頁）。

　これに対して、和議の平成5年1月1日から平成12年3月31日までの、申立件数は1,955件で、開始決定数は1,107件、開始率は56.6％で、認可件数は1,031件、申立に対する認可率は52.7％である。また、近畿公認会計士協会の行った調査によると認可決定を受けた和議条件で履行しているのは4分の1だという資料もあるようであり、そうなると和議の申立件数に対する履行率はわずか13.2％だったということになる。もっとも、和議の履行率はもう少し高かったように思われ、また、民事再生法施行直前の和議手続は例えば平成12年度においては、既済件数186件に対し、開始決定数は139件、開始率は74.7％で、認可件数は116件、認可率は62.4％と相当程度、開始率や認可率も高まった。

　和議手続が、和議認可決定確定と同時に手続が終了し、裁判所の手を離れ、しかも債権者の賛成を得るためにかなり多めの弁済率を定めて、ハードルが高かったこともあって、その後の和議条件の履行が十分になされず、履行がされなかったときの対応策も不十分で、履行されないまま放置されていた状況から、和議法ではなく、詐欺法と揶揄されていて

信用されない手続であり、そのため申立に対する裁判所の運用も厳しいものとなり、あまり利用されなくなっていた。

和議法の利点を生かし、欠点を克服すべく制定された再生手続は、実際に大いに利用され、また、履行率も高く信頼される、真に法的再建手続の基本法としての地位を運用でも、確立しているといえるのである。

5 外国債権者の地位

外国人または外国法人は、再生手続に関し、日本人または日本法人と同一の地位を有すると定められている。批判の多かった和議法のような相互主義を採用せず、会社更生法と同様、無条件平等主義を採用している。

1. 外国法人も同一の地位を有する

民事再生法3条は、外国人・外国法人の地位に関して、無条件の平等主義を採用しているから、当該外国債権者に適用される外国倒産法において日本人債権者がどのように扱われるかにかかわりなく、外国法人である債権者も日本法人である債権者と同一の地位を有することとなる。したがって、日本人債権者と同様に手続参加が認められ、不利益に扱われることはない。

なお、外国債権者の有する債権が、外国裁判所により発生した懲罰的損害賠償債権である場合や当該外国の租税債権等の公的な債権である場合について、どのように取り扱われるべきかについて争いがあるが、これらの債権の有効性を認めることは日本国の公序に反するとして、これらの債権の権利行使を認めないのが多数説のようである。

2. 再生債務者には適切な配慮が求められる

もっとも、不利に扱われることもないかわり、特別の便宜も規定され

ていないから、特に、外国債権者が日本に住所や営業所を持たない場合、手続参加の機会を逸してしまう危険性が日本人債権者に比べて大きい。また、債権者集会への参加なども困難な場合が多い。

民事再生規則18条1項1号は、知れている債権者のなかで外国債権者がいる場合は、2週間以上4月以下という通常の債権届出期間ではなく、4週間以上4月以内の期間で定めるものとして、外国債権者に対して手続的な配慮をしている。

とくに規定はないが、再生債務者等としては、外国にいる債権者が権利行使の機会を失しないように英文等で適切に通知を行うなどの配慮をする必要があろう。

なお、東京地方裁判所破産再生部においては、破産事件の場合においては、通知内容に英訳を付して、外国債権者に通知するという運用が行われているとのことである（西 謙二／中山孝雄編『破産・民事再生の実務』［新版］（きんざい）中289頁）。

なお、外国人債権者が手続開始を知ることできなかったなど、やむをえない理由で届出期間内に債権の届出ができず、また届出の追完もできなかった場合には、その債権は失権することなく、再生計画によって変更されたものとして扱われる（民再181①Ⅰ）。

6 破産への移行

破産手続開始決定前に再生債務者につき、再生手続開始の申立があり、再生計画が失敗したときは裁判所は破産手続開始決定をすることができるが、破産手続開始決定をしないことも可能である。その場合は、再生債務者もしくはその債権者が破産手続開始の申立をしない限り何ら手続がなされていない状態になる。破産手続開始決定後に債務者につき再生手続の申立があり、再生手続が失敗したときは破産手続が進行するか、破産手続開始決定をし直す。

1. 破産手続開始決定前

　破産手続開始決定前の債務者について再生手続開始の申立がなされたが、再生手続申立の棄却、再生手続廃止、再生計画不認可または再生計画の取消の決定（再生手続申立棄却決定等という）があったときは、その決定の確定前でも破産手続開始の申立ができる（民再249①）。この場合でも、破産手続開始決定は再生手続申立棄却決定等が確定した後でなければできない（同249②）。また、再生手続申立棄却決定等が確定した場合において、再生債務者に破産原因があると裁判所が認めるときは、職権で破産手続開始決定することもできる（同250①）。なお、破産手続開始決定の申立と民事再生の申立が相前後してなされ、民事再生法26条、民事再生法39条で破産手続の審理が中止していた場合は再生手続申立棄却決定等の確定により破産手続開始決定ができることとなる。再生棄却決定等の時期からその決定が確定するまでの間に時間的ずれがあるので、必要なときは裁判所は破産手続開始決定前の保全処分を行うことができる（同251）。

　なお、この場合の破産手続における破産法の否認権、相殺禁止等の規定の適用にあたっては、再生手続申立前に破産手続開始申立があった場合を除き、再生手続申立時に破産手続開始の申立があったものとみなす（同252）。また、再生手続廃止、再生計画不認可、再生計画の取消の場合のように既に再生手続債権届出がなされている場合、裁判所は、破産手続での債権届出を不要とする決定を行うことができる（同253）。

2. 破産手続開始決定後

　破産手続開始決定後に再生手続の申立があると、民事再生法26条の中止命令により再生手続開始決定まで破産手続は中止し、再生手続開始決定があると民事再生法39条1項で破産手続は中止する。破産手続中止後再生計画認可決定確定により破産手続が効力を失う前に再生手続開

始申立棄却決定が確定したときは、中止していた破産手続が進行することとなる。

再生計画認可決定確定により破産手続が効力を失った後に民事再生法193条もしくは194条の規定による再生手続廃止または再生計画取消決定があった場合は、その確定前に破産手続開始申立を行うことができる。その決定は、再生手続廃止または再生計画取消決定確定後でないとできない（民再249①後段）。また、再生手続廃止または再生計画取消決定が確定したときは、既に破産手続開始申立がなされていない限り裁判所は職権で破産手続開始決定をしなければならない。なお、この場合も、再生手続廃止または再生計画取消決定とその確定までの間に時間的ずれがあるので、決定時に破産手続開始前の保全処分を行うことができる（同251①）。

3. 移行の際の取り扱い

破産法の否認権、相殺禁止の適用にあたっては、民事再生法193条もしくは194条の規定の適用による再生手続廃止もしくは再生計画取消決定が確定したことにより破産手続開始決定がなされた場合は、再生計画確定により効力を失った破産手続開始申立時を破産手続開始申立時とみなし、それ以外の理由による再生計画取消決定確定の場合は再生計画取消の申立があったときに破産手続開始申立があったものとみなされる（民再252③）。この破産手続開始決定に際しても債権届出を要しないとする決定ができる（同253）。

なお、民事再生から破産に移行した場合、再生手続での共益債権は破産手続で財団債権として扱われる（同252⑥）。

7 情報の開示

再生債務者・債権者を含む利害関係人は、原則として裁判所に提出された文書や裁判所が作成した文書などの閲覧・謄写を請求することができる（民再16①）。ただし、時期に制限があるほか、一定の文書については債務者の再生に悪影響を及ぼす恐れのあるような場合には裁判所が開示を制限できる。

1．民事再生法は情報開示を原則とする

倒産手続においては、債権者等の関係者の利益が大きく関わっているのであるから、適切な判断ができるよう、債務者についての情報が開示されるべきである。

しかし、民事再生法が制定される以前の従来の実務では、情報の開示についての規定が整備されておらず、裁判所によって扱いがまちまちであった。民事再生法は情報開示を原則とし、時期的制限を設けたほか、一部の文書については開示を制限できることとして、これらについての手続を整備した。

まず開示を請求できる時期であるが、次のいずれかがなされていれば、債権者は裁判所において申立書をはじめとする記録の閲覧・謄写を求めることができる。すなわち、

①他の倒産手続または強制執行手続の中止命令

②包括的禁止命令

③仮差押・仮処分その他の保全処分

④保全管理命令

等である。

大部分のケースにおいて、申立後まもなく、少なくとも③の弁済禁止等の仮処分がなされていると考えられる。

その場合、債権者等の利害関係人は申立書に添付されて裁判所に提出

されている再生債務者の決算書、その他の資料の写しを入手して内容を検討することができる。

2. 裁判所が情報開示を制限する場合がある

営業譲渡等について裁判所の許可を得るために提出された文書等は、一定の場合には裁判所は開示を制限することができる。開示を制限できる場合とは、文書を提出した再生債務者（管財人または保全管理人が選任されている場合にはそれらの者）または監督委員、調査委員のいずれかが、裁判所に対して、文書を開示すると、事業の維持再生に著しい支障が生じるか、財産に著しい損害を生じる部分があるということを疎明した場合である（民再17①）。

開示の制限を申立てるには、文書の提出と同時にする必要があり（民再規10②）、またその際文書から支障部分を除いた文書を作成して提出しなければならない（同10③）。

したがって、**債務者としては開示すると支障が生じる危険がある部分を限定したうえで、開示の制限を申立て、支障が生じる事情を裁判所によく説明すべきである。**

3. 開示制限できる文書

なお、開示を制限することができる文書は、以下のとおりである。

これ以外の文書は制限の対象にならないから、すべて開示されると解される。

①次の場合に許可申請のために裁判所に提出された文書等
　イ．裁判所が再生債務者（管財人または保全管理人が選任されている場合にはそれらの者）の一定の行為について裁判所の許可を要するとした場合
　ロ．営業または事業の全部または重要な一部の譲渡をしようとする場合

ハ．監督委員が否認権行使をするに際して、否認の訴えを提起したり、和解等の行為をするのに裁判所の許可を必要とするとされた場合
　　ニ．保全管理人が再生債務者の常務に属しない行為をする場合
　②再生債務者、監督委員、調査委員、個人再生委員が裁判所に提出した報告書

　なお、開示を制限する理由がなくなったような場合には制限は解除されるべきである。そこで、開示を求める利害関係人は、制限の要件がなくなったことを理由として決定の取消しを求めることができる（民再17③）。

　債権者としては、適切に情報を入手して判断に役立て、一方債務者としては、情報開示により再生に支障を来たさないよう開示制限の制度を活用すべきこととなろう。

8　M&A と再生手続

　民事再生法は倒産企業の経営資源を維持し、裁判所の許可による営業または事業（以下「営業等」という）譲渡や再生計画による株式の取得、募集株式を引き受ける者の募集（以下「株式募集」という）等経営権の交代を行いやすい規定を設けた。

　債務超過の場合、これらの行為に株主総会の特別決議は不要である。

1．倒産企業の M&A

　倒産企業の事業を再生するために、スポンサー等への営業等譲渡、会社分割による事業承継、株式募集による株式の割当て（以下「募集株式割当」という）の手法がある。このように、倒産に伴い実質的に事業の経営権がスポンサー等に変更するケースを総称して、倒産企業の M&A と呼ぶ。倒産企業の場合、通常の M&A と比べ倒産ゆえの特殊性がある。

2. 営業等譲渡

(1) 営業等譲渡の選択

　スポンサー等が再生債務者の事業の経営権を取得する手法としては、まず営業等の譲渡を検討することになる。というのは、再生債務者の株式等を取得した場合には、知れたる再生債権で届け出なかったが失権しないものなど（民再178、181）、簿外債務が存在する危険があるので、この危険を遮断する必要があるからである。

　また、事業譲渡よりも会社分割の方が不動産の移転登記費用等が安くて済むが、会社分割をするには株主総会の特別決議等、会社法の手続によらねばならず、裁判所の許可による事業譲渡と比較して時間がかかり、再生申立後の事業劣化毀損のスピードに耐えられない場合があるからである。

(2) 営業等譲渡の手順

　倒産企業が営業等譲渡を選択するとしても適切な時期・譲受先に適正な価額で譲渡され、結果的に弁済条件が有利になることが債権者にとって重要であることから、十分な説明が必要となる。

　営業等譲渡の結果、債務者を実質的に清算する必要がある場合、清算を内容とする再生計画の可決と裁判所の認可を得るか、他の清算手続（特別清算または破産手続）に移行するかいくつかの手法がある。

(3) 再生計画外での営業等譲渡

　再生手続開始申立後、再生債務者の事業の再生のために必要なときは、裁判所の許可を得て営業等譲渡ができる（民再42①）。この場合には、再生債権者や労働組合等の意見を聴かなくてはならない（同②、③）。

　再生債務者が株式会社で、債務超過状況にあり、事業譲渡が事業の継続のために必要であるときは、株主総会の決議による承認に代わる裁判所の許可を得て行うことができる（同43）。

(4) 再生計画での営業等譲渡

　再生手続では、当然のことながら再生計画において営業等譲渡について定め、債権者の法定多数による承認を得て営業等譲渡を実行することも可能である。

　株主総会の承認については、再生計画外での事業譲渡と同様に、承認の特別決議を得るか、民事再生法43条の代替許可を取得する必要がある。

(5) 申立後開始決定前の営業等譲渡

　民事再生法においては、旧和議法のような通常の業務に属しない行為の禁止規定（和31）は存在していない。再生債務者の行為は、申立後の保全処分等によってのみ制限される。したがって、裁判所より保全処分等の一部解除を受ければ、会社法等の規定に則って営業等譲渡をすることは可能であると解される。

3. 会社分割

　スポンサーが得られた場合に、債務者会社から事業を切り離す方法としては、株式会社の場合には、事業譲渡の外に会社分割（会社757以下）がある。会社分割は組織法上の手続なので、分割によって承継される契約上の地位や債権譲渡等について相手方の同意や対抗要件を具備する必要がなく、不動産登録免許税が軽減され、不動産取得税が課せられないなど事業譲渡と比較して多大のメリットがあるので、会社分割を利用することが多くなっている。

　ただし、会社分割については、事業譲渡と異なり、民事再生法上の特別の手当てはされていないので、会社法の手続をとる必要がある。再生計画に株式の全部取得と解散後の清算人就任予定者などへの募集株式割当てを定め、再生計画の可決と認可決定の確定後に、この少数の株主によって株主総会の決議を得ることもある。

　しかし、これらの手続には時間を要するので、事業劣化のスピードが

早い場合には、許可による事業譲渡の方法によらざるを得ない。

4．スポンサーによる株式取得

　スポンサーが再生債務者の株式等を取得する手法も用いられる。

　前記のとおり、株式等を取得しても、再生債務者の法人格の変更はないので、簿外債務が存在する危険があるが、その危険の少ない場合、許認可事業で許認可の取得に時間がかかる場合、または、事業譲渡では費用がかかる場合などには、この手法がとられる。

　スポンサーが再生債務者の株式を取得するについて、監督委員の同意を必要とする規定は見当たらないが、再生債務者の株主構成を大幅に変更するという重要事実について裁判所と監督委員に事前に説明して、了解を得ておくべきなのは当然であろう。

　再生債務者が株式会社であり、債務超過状況にあるときには、裁判所の許可を得て、再生計画に株式の取得に関する条項を定めることができ（民再154③、166）、この再生計画の認可決定が確定したときには、再生債務者は、会社法の手続によらないで、当該株式を取得する（同183①）。

　また、再生債務者が株式会社であり、債務超過状態にあり、かつ、事業の継続に欠くことができないものである場合に限り、裁判所の許可を受けて再生計画に譲渡制限株式の株式募集に関する条項を定めることができるが、この再生計画案は再生債務者のみが提出でき（同154④、166の2）、再生債権者や管財人はこれを提出できない。そして、この再生計画の認可決定が確定したときには、取締役会の決定によって募集事項（会社199②）を定めることができる。なお、公開会社においては、もともと上記募集事項は取締役会で定めることができるので（同201）、民事再生法で特則を定める必要がない。

第2章

再生手続の申立

第1節　再生手続の申立

1　申立の準備

　申立の準備は、一部役員及び財務・経理担当者を中心に極秘裏に進める。運転資金の確保が不可欠なので、申立予定日は入金の多い日の直後とする。債権者数が多い場合は、高等裁判所所在地、東京または大阪の地方裁判所に対する申立を検討する。

1．秘密の保持

　申立の準備は極秘裏に進める必要がある。申立準備をしていることが事前に漏れると、取付騒ぎが生じて、申立自体が困難となり、または準備不足のまま申立をせざるを得なくなる。

　従って、再生債務者の中で申立準備に当たる者は、社長その他の一部役員と財務・経理担当者に限られる場合が多い。また、会社内で勤務時間中に、日常業務に用のないはずの申立書の添付書類を作成したりコピーするなどすれば、他の役員・従業員に申立準備を察知されて、外部にその情報が漏れる危険が高いから、準備は、夜間・休日または申立代理人事務所などの会社外で行うほかない。

　しかし、財務・経理担当者等だけで、財産保全や各種通信連絡、従業員説明会、債権者説明会などの作業を行うことはできない。申立直前にはこれら作業の責任予定者をも打合せに加え、申立後直ちに作業担当予定者に対し、適切な指示ができるようにしておく。

2. 申立をする時期と資金の確保

　申立に伴う保全命令によって申立前日までの原因に基づく債権の弁済を棚上げされた取引先債権者との取引を継続し、速やかに再開できなければ、顧客先に対する供給もできなくなるから、再生は挫折に至る危険がある。債権者は、申立後の取引について現金引換や前払を要求する。受けられる与信もごく短期に過ぎず、顧客先は手形払を現金払に変更してはくれないから、申立前に最低でも1カ月分程度の運転資金を確保する必要がある。

　そのため、入金の多い日の直後に申立をする。その後の支払日直前に申立をすると、債権者は自らの資金手当をする時間的余裕がなく、連鎖倒産の危機にも瀕し、その怒りから取引自体や短期与信を拒絶されるなど、再生上の障害となることも少なくない。

　売掛金等は借入先金融機関に振込まれることが多い。そのままでは、借入金と相殺されて運転資金として使えない。そこで、疑いを招かぬ程度の額を残して、申立前に預金払戻を受け、相当の準備期間があれば、振込先を借入のない金融機関に変更する。逆に、大口の振込みが予定されている前に申立をして、保全命令を得て、その後に入金された預金との相殺をできなくして（民再93①Ⅳ）、資金を確保することもある。

3. 申立をする裁判所

　平成16年6月改正（平成17年1月施行）によって、再生債権者数500人以上の場合、管轄高等裁判所の所在地を管轄する地方裁判所にも管轄が認められ、同1,000人以上の場合、東京・大阪地方裁判所にも管轄が認められ（民再5⑧、⑨）、これら裁判所への職権移送の規定が設けられた（同⑦Ⅳ）。人的・物的施設が整備され、事件処理のノウハウを蓄えた裁判所に、中・大規模事件の迅速・適正な手続進行をさせるためである。

しかし、再生債権者数が管轄要件に欠け、東京に従たる営業所や連絡場所があるだけの場合にも、東京地方裁判所に申立がされることがある。手続進行上の不安がないこと、東京に人的・物的施設があれば、主たる営業所か否か拘泥せずに受付がされること、開始決定が確定すれば、管轄が事実上創設されることなどが理由である。法律の予定外の申立であるが、関係者が東京近辺に多い場合など、一考に価する。

2 申立権者

再生手続開始の申立権者は、原則として債務者と債権者である（民再21①、②）。しかし、通常の再生手続の特則である小規模個人再生手続及び給与取得者等再生手続については、債務者にのみ申立権が認められており、債権者が申立をすることはできない（同221①、239①）。

1. 債務者

申立をできる債務者には、自然人及び公益法人を含むすべての法人が含まれる。

和議法は、法人の場合には理事や取締役の全員の同意を申立時に要求していたが、民事再生法はこれを採用せず、法人の通常の意思決定手続により申立ができるようになった。なお、権利能力のない社団、財団も申立権はある。

2. 申立は債権者もできる

民事再生法は、手続開始の申立権を債務者のみでなく、債権者にも認めた（民再21②）。

和議法では申立権者は債務者のみであった。ちなみに、会社更生法では、資本の10分の1以上にあたる債権を有する債権者も申立ができる（会更17②Ⅰ）。

民事再生法が債権者にも申立を認めたことは、和議に比べて申立が広く行われることになるばかりでなく、債務者に対する監視役を債権者に与えることになり、債務者の自発的申立をうながす効果があるといえる。

債権者が申立をする場合、会社更生法のように債権額の要件は不要である。ただし、「債務者が事業の継続に著しい支障を来すことなく弁済期にある債務を弁済できないとき」という申立原因では、債権者は申立できない（民再 21 ②）。

3. 外国人・外国法人にも申立権がある

民事再生法は、会社更生法 3 条にならい、外国人または外国法人にも、再生手続に関し、日本人または日本法人と同一の地位を認めた（同 3）。したがって、外国人または外国法人は、再生債務者となれるし、債権者として申立権を有する。また、外国管財人にも申立権を認めた（同 209 ①）。

4. その他の申立権者

他の法律の規定により法人の理事またはこれに準ずる者がその法人に対して破産手続開始または特別清算手続開始の申立をしなければならない場合においても、再生手続の申立をすることができる（民再 22）。また、破産管財人も、当該破産者に再生手続開始の原因があるときは、再生手続開始の申立をすることができる（同 246）。

3 被申立適格

1. すべての法人と個人が対象となる

民事再生法は、後見型の再建型倒産手続の一般法として、会社に限らず、医療法人や学校法人など私法人の全て（法人ではない社団または財

団で代表者または管理人の定めがあるものを含む）が対象となる。公法人や国家や地方公共団体のような本源的統治団体については争いがあり、前者については再生手続における被申立適格を肯定し、後者については否定する見解が有力である（伊藤眞『破産法・民事再生法（第2版）』（有斐閣）578頁）。

　また個人（自然人）も対象となり、事業者に限らない。外国人および外国法人も対象となる（民再3）。

2．他の法的倒産手続法との比較

　和議法においても、民事再生法と同様、被申立適格には制限がなかった。しかし、履行確保が不十分であるなど欠陥の多い法律であったため、廃止となり、民事再生法に取って代わられた。

　会社更生法は、株式会社にしか適用されない。会社更生は、経営者の交代が伴う管理型であるため、実際上も大会社の再建を目的としたものである。ただ、会社更生は、現在では、中企業にも利用されている。また、東京地方裁判所においては、事業によって経営者の交代をしないDIP型（後見型）の扱いも認められている。

　商法上の会社整理は後見型の会社再建手続であるが、民事再生法の成立により、その存在意義は失われ、平成17年6月会社法が成立して廃止された。

3．民事再生法は、大企業にも利用できる

　民事再生法は、原則として経営者の交代のない後見型の企業再生手続であるので、中小・零細企業を主たる目的としたものである。

　しかし、例外的に管理命令により、管財人や保全管理人も置くことができるので、大企業にも利用できるものとなっている。ただ、事業譲渡や減資、新株発行はできるが、その他の組織変更等の手続きはないので、利用は限定される。

4 開始原因

　民事再生法は、破産原因がなくても再生手続開始の申立ができることになった。したがって、支払停止や支払不能に至らなくても、資金繰りが苦しくなり、支払停止のおそれがあれば、再生手続開始の申立は可能である。

1．申立原因は二つある

　申立原因には二つある。
　第一は、債務者に破産の原因たる事実の生ずるおそれがあるとき、第二は、債務者が事業の継続に著しい支障を来すことなく弁済期にある債務を弁済することができないとき、である。
　債権者が申立できるのは、第一の場合だけである（民再21②）。外国管財人も同様である（同209①）。
　申立原因は、会社更生法にならったもので、和議法が破産原因を必要としていたのを改めたものである。
　なお、再生債務者につき、外国倒産処理手続が開始している場合には、申立原因があるものと推定される（同208）。

2．法人の場合には、債務超過のおそれがあれば申立可能

　破産原因事実は、債務者の支払不能と支払停止であるが、法人の場合（合名・合資会社にあっては存立中の場合は除く）には、**債務超過も破産原因となる**（破16）。そこで、債務者または債権者は、債務者に債務超過のおそれがあれば申立ができることになった。

3．事業者は早期の申立が可能となった

　上記第二の申立原因は、会社更生法の開始原因を取込んだもので、破産原因が生ずるよりかなり以前の状態を意味する。すなわち、債務者は

資金繰りが苦しくなった段階で、再生手続開始の申立が可能である。事業者にあっては、いわゆる商工ローンなどに手を出す前に、再生手続開始の申立を考えるべきである。

5 管轄

1．従来と同様の管轄

　民事再生法は、事物管轄を地方裁判所とし、土地管轄については、再生債務者が営業者であるときはその主たる営業所の所在地、外国に主たる営業所を有するときは日本における主たる営業所の所在地、営業者でないときまたは営業所を有しないときはその普通裁判籍の所在地を管轄する地方裁判所を原則とした（民再5①）。補充的に、再生債務者の財産の所在地（債権については、裁判上の請求をすることができる地）を管轄する地方裁判所とした（同5②）。

　以上は、和議法や平成16年改正前の破産法で認められていた管轄である（和3、旧破105、107）。

2．管轄の規定は大幅に緩和された

　民事再生法は、以上に加えて、以下のとおり和議法や改正前の破産法に比べて大幅に管轄権を拡大した。

　この結果、二つ以上の地方裁判所が管轄権を有するときは、再生事件は、先に再生手続開始の申立があった地方裁判所が管轄することとなった（民再5⑩）。

　①親子法人（子会社は株式会社であるが、親法人は会社に限定されていない）のいずれかに、再生事件または更生事件（以下「再生事件等」という）が係属している場合に、他方もその係属地方裁判所に再生手続開始の申立ができる（同5③）。

親子関係とは、親会社が株式会社の総株主の議決権の過半数を有する場合である（同5③）。また、いわゆる孫会社についても親会社の子会社とみなして、民事再生法5条3項が適用される（同5④）。
②会計監査人設置会社が最終事業年度について当該株式会社と他の法人について連結決算書を作成し、かつ、当該株式会社の定時株主総会でその内容が報告された場合には、当該株式会社と他の法人との間に、3項と同様の関連事件管轄を認める（同5⑤）。
③①の管轄の規定と同様の規定は、法人と法人の代表者間、連帯債務者間、主たる債務者と保証人間および夫婦間にも置かれた（同5⑥、⑦）。
④再生債権者の数が500人以上の場合は、民事再生法5条1、2項による管轄裁判所の所在地を管轄する高等裁判所の所在地を管轄する地方裁判所にも、再生手続開始の申立ができる（同5⑧）。
⑤再生債権者の数が1,000人以上である場合は、東京地方裁判所または大阪地方裁判所にも、再生手続開始の申立ができる（同5⑨）。

また、民事再生法は、会社更生法にならい、否認の訴えなど各種の訴訟につき、管轄権を再生裁判所に集中させた（同106②、135②、145②など）。

以上の管轄は、専属管轄である（同6）。

3. 移送についても拡大された

裁判所は、著しい損害または遅滞を避けるため必要があると認めるときは、職権で、当該再生事件を以下に定める地方裁判所のいずれかに移送できる（民再7）。

①再生債務者の主たる営業所または事務所以外の営業所または事務所の所在地を管轄する地方裁判所
②再生債務者の住所または居所の所在地を管轄する地方裁判所
③第5条2項に規定する地方裁判所

④第5条3項から9項までに規定する地方裁判所
⑤第5条3項から9項までの規定により地方裁判所に再生事件が係属する場合には、第5条1、2項に規定する地方裁判所

6 費用の予納

　申立人は、再生手続の費用として裁判所が定める金額を予納する義務を負う。手続の進行過程で費用の見込額が増加したときなどには、裁判所は、追加納付を命じる場合がある。

1．費用の予納義務

　再生手続開始の申立をするときは、申立人は、申立手数料（貼用印紙額）1万円を納付する（民訴費3①）ほか、再生手続の費用として裁判所の定める金額を予納しなければならない（民再24①）。この費用の予納がない場合には、裁判所は、申立を棄却しなければならない（同25Ⅰ）。再生手続においては、監督委員の選任に伴う報酬等の発生が見込まれる等、手続の遂行のために相当額の費用を要することが定型的に予測され、また手続の遂行が停滞することを防ぐため、申立人に手続費用の予納義務を負わせ、その予納がない場合には、再生手続開始の申立を棄却することとしたものである。

2．予納すべき費用の額

　申立人が予納すべき費用の額は、再生債務者の事業の内容、資産及び負債その他の財産の状況、再生債権者の数、監督委員その他の機関の選任の要否その他の事情を考慮して定められる（民再規16①前段）。申立人（通常は再生債務者）としては、予納金額がどの程度になるかについて重大な関心を抱いており、再生手続を利用するか否かを判断する際の重要な要素ともなっている。そこで、東京地方裁判所や大阪地方裁判所

では、主に負債総額を基準とした予納金基準額の表（関連会社申立、代表者申立等につき特別の基準がある）を作成して、申立窓口に備え置いているので、これを見ることによって、予納すべき費用の概算額を予測することができる。東京地方裁判所の法人申立の場合の基準表は、下記図表のとおりである。

また、東京地方裁判所では、①申立時に予納金の6割、開始決定後2カ月以内に残りの4割（2回までの分納を認める）の分割納付を認めており、②予納金の納付方法として、現金納付、口座振込または電子納付の各方法が可能である。

なお、再生債権者が申立をした場合には、再生手続開始後の費用については、再生債務者財産から支払うことができる金額をも考慮して予納金額を定めなければならないとされている（同①後段）。

3. 費用の追加予納

再生手続の進行過程で、費用の見込額が増加し、予納した費用が不足する場合があり得る。具体的には、会社の計算書類、資金の流出等の調査などのため、監督委員やその補助者（公認会計士）の負担が予想以上

図表　法人申立時の予納費用の基準表（東京地方裁判所）

負債総額	基準額
5千万円未満	200万円
5千万円～1億円未満	300万円
1億円～5億円未満	400万円
5億円～10億円未満	500万円
10億円～50億円未満	600万円
50億円～100億円未満	700万円
100億円～250億円未満	900万円
250億円～500億円未満	1000万円
500億円～1000億円未満	1200万円
1000億円以上	1300万円

に大きいとき、監督委員において否認の請求や異議の訴え追行のための負担が大きくなったとき等が考えられる。

　開始決定前であれば、裁判所は決定により費用の追加納付を命じることができ（民再規16②）、この納付がないときは、申立を棄却することができる。これに対し、開始決定後に追加予納を必要とする事情を生じた場合にも、裁判所は予納命令をすることができるが、その金額の納付がないときには、当該費用を要する行為を行わないことができるに留まることになる（民再18、民訴費12②）。

4．不服申立

　費用の予納に関する決定に不服があるときは、申立人は即時抗告をすることができる（民再24②）。費用の予納がないことを理由としてなされた再生手続開始の申立の棄却決定について、その即時抗告の中で予納金額の不当性を抗告理由とすることもできる。

7　申立代理人の役割

　会社の経営者は、原則として会社経営を続行でき、再生手続の中心的役割を担う。ただし、再生手続開始後はその立場が変り、会社経営者は「再生債務者」の機関として、その業務の遂行や財産の管理処分にあたるとともに、これらの職務の執行について、債権者に対し公平誠実義務を負うことになる。

　したがって、申立代理人は、再生手続の申立のみでなく、手続開始後においても、手続遂行の主導的役割を担わねばならず、債権者に対しても、公平誠実にその職務を遂行しなければならない。

1．再生債務者の立場

　民事再生法は、債務者の自主再建の意欲を尊重して事業の再建を図る

ことを目指した法律であり、いわゆる DIP 型再建手続といわれている。

このため、会社経営者は、手続開始後においても、引き続き業務の遂行ができ、また、財産の管理処分をすることができる（民再38①）。この点、原則として、裁判所より管財人が選任される会社更生とは異なる。ただし、再生手続においても、例外的に管財人が選任される場合がある（同64）。また、近時、東京地方裁判所において、会社更生においても、管財人を選任せず、DIP 型で手続を進める試みがなされている。

民事再生法は、従前の会社や個人を「再生債務者」と呼び（同2①）、手続開始後は従前の債務者と異なった立場を与えている（同38②）。この立場は、次のように説明されている。すなわち、株式会社の取締役などは会社の機関であると同時に手続の主体である再生債務者の機関としての地位を併有し、すべての利害関係人の利益を調整統合しつつ、収益価値の最大化とその公平な配分を図る立場となるとする（伊藤眞「再生債務者の地位と責務（上）」金法1685号16頁）。

そして、民事再生法38条2項により再生債務者に課せられた公平誠実義務は、信認義務ともいわれ、善管注意義務とは異なり、受益者の利益のために財産管理の主体となった受託者に課せられる義務である。

再生債務者には、いわば「管財人」に代わる働きが期待されているから、債務者自身のみの利益を追求することは許されず、財産管理を委ねられた管理機関として、債権者に対しても公平誠実に職務を遂行するとともに、利益相反行為となるような行為は慎まなければならない。

2. 申立代理人の地位

再生手続において、再生債務者が上記で述べた立場を有することを前提に、申立代理人は、再生事件を受任し、その職務を行う必要がある。通常の民事事件のように、依頼者の利益を図れば良いという訳にはいかないのである。

つまり、申立代理人は、手続開始後は、債務者企業の管理機関である

再生債務者の代理人としての立場となり、再生債務者が債権者との関係においても公平誠実にその職務を遂行するように導く責務を有する。これが受任者としての善管注意義務となる。もし再生債務者が公平誠実義務に違反すれば、裁判所による管理命令の発令や損害賠償責任の発生のおそれがあるからである。

　また、申立代理人自身においても、公平誠実義務に違反すれば、損害賠償責任の発生や弁護士法に基づく懲戒請求を受ける可能性が生ずることに注意をはらう必要がある。

3. 申立代理人の役割

　民事再生は自主再建手続であるから、再生債務者が再生手続の主導的役割を果すことになる。したがって、申立代理人の役割は、広範囲に亘り、その責務は重大である。

　申立代理人の役割を全て述べることはできないが、以下に重要な点を掲げる。

　①すでに述べた再生債務者の立場を経営者に良く説明し、納得してもらう必要がある。

　②再生手続は、基本的には、財産評定、債権調査、債権者集会の開催、再生計画案の提出、計画の履行などであるが、事案によっては、営業等の譲渡、担保権消滅請求、損害賠償の査定、否認権の対応などが入る、広範かつ複雑な手続である。民事再生は、これらの専門的知識を有する弁護士の介入を当然の前提とする手続であるので、専門的知識が不足する債務者に代って主導的に遂行しなければならない。

　③申立の準備段階で、スポンサーの必要性、営業等譲渡の必要性などを含め、再生の見込みの判断をするとともに、申立後数カ月の資金繰りの確保が必須であるので、会社の経理部門の担当者に確認作業を行う。

④東京地裁においては、全件につき監督委員が選任されるので、監督委員との連絡を密にする必要がある。

⑤債権者に対し、早い段階で説明会を開催し、情報開示を図る必要がある。

⑥担保権者は別除権者とされ、再生手続外で権利行使ができるので(民再53①、②)、当該事業に適切な担保協定の締結をする交渉をすべきである。多くの事案において担保権の対象物件が営業用不動産であり、このような場合に担保権の実行をされてしまうと、再生債務者の事業が継続できなくなってしまうからである。

第2節 プレパッケージ・DIPファイナンス

1 プレパッケージの申立の得失

プレパッケージの申立を行った場合、企業価値の毀損が防止できるメリットがある。しかし、スポンサーには、法的手続において、スポンサーとしての地位を維持出来なくなる危険性が存在する。

1．プレパッケージの申立

プレパッケージの申立の内容については様々な見解があり、その明確な定義は存在していない。経済産業省が平成15年2月に公表した「早期事業再生ガイドライン」においては、「プレパッケージ型の事業再生」について、「経営者が財務再構築と事業再構築が一体となった適切な再建計画を作成した上で、少額債権者への全額弁済を確保した上で、主要債権者との間で合意形成を目指し、仮に一部債権者の反対により合意が得られない場合などには、法的整理によって最終決着を行うという」ものとしている。

この考えに従えば、プレパッケージの申立は、経営者の作成した再建計画が一部債権者の反対により合意が得られない場合などに、法的整理によって最終決着を行うための申立ということになると考えられる。しかし、実際には、ある程度の再建計画を策定し、予めスポンサー候補等を決めた申立、いわゆるプレネゴシエートの申立をプレパッケージの申立と称している。

2. プレパッケージの申立のメリット

(1) 再生債務者のメリット

プレパッケージの申立は、早期に再建計画を策定し、スポンサー候補を決めた上での申立となる。そのため、再生債務者としては、再生手続開始申立に伴う信用等の毀損が比較的小さく抑えられ、取引先との取引の継続の可能性も高まり、事業価値の毀損を防止することが可能となる。

(2) スポンサー側のメリット

スポンサーにとっても、支援する事業の事業価値の毀損が防止できることはメリットである。また、法的手続等による再建が成功するかどうか不明の段階でスポンサー候補になるのであるから、事業の倒産リスクを考慮して比較的低い金額でスポンサーとなれる可能性も考えられる。さらに、他にスポンサー候補がいないような場合には、ある程度時間をかけて、再生債務者の経営成績及び財政状態等を調査し、事業価値の適正評価手続（デュー・デリジェンス）を行ったり、スポンサー契約の内容を交渉したり出来る可能性も考えられる。

3. プレパッケージのデメリット

(1) 再生債務者のデメリット

申立前の時点では、窮状を知られないようにする必要性等の事情で、広くスポンサーを求めることが出来ない可能性も考えられる。また、スポンサーが事業の倒産リスク等を大きく見積もった場合、事業価値より相当低い金額でスポンサーに事業を取得される可能性も考えられる。さらに、事前に決定したスポンサー候補者が何らかの事情で撤退した場合、混乱と信用不安を招いて、当初よりスポンサーがいない場合以上に事業価値が大きく毀損される危険性も考えられる。

(2) スポンサーのデメリット

スポンサーのデメリットとしては、再生債務者とスポンサーとの間の

スポンサー契約等が維持出来ず、スポンサーからの撤退を余儀なくされる可能性があることが大きいと考えられる。

①監督委員または管財人の選任

　再生手続の申立を行えば、実務上は、監督委員が選任されることが多い。監督委員は、再生債務者の業務及び財産の状況につき報告を求め、再生債務者の帳簿、書類その他の物件の検査を行うことが出来る（民再59①）。裁判所から権限を付与されて否認権を行使することも出来る（同56）。また、再生手続であっても、法人である再生債務者の財産の管理または処分が失当であると認めるとき等は、裁判所は、管財人を選任することが出来る（同64①）。

　管財人は、再生債務者の業務の遂行並びに財産の管理及び処分をする権利を有し、否認権の行使及び双方未履行の双務契約の解除等を行うことが出来る（同66、135①、49①）。

②スポンサー契約に対する影響

　そのため、再生手続において選任された監督委員または管財人が、再生債務者とスポンサーとの契約が相当でないと判断した場合には、再生債務者とスポンサーとの間のスポンサー契約が維持されなくなる可能性がある。契約が維持された場合でも、スポンサー支援によって事業価値の毀損が防止されているような場合、毀損を防止された企業価値に鑑みると、スポンサー契約での企業価値の評価が低いとして、評価の見直しを求められる可能性も考えられる。

③再生手続開始申立前の資金融資

　再生債務者とスポンサーとの間のスポンサー契約が効力を維持できなくなれば、スポンサーは撤退することとなる。この場合、スポンサーが**再生手続申立「前」**に資金を融資しているときは、担保権を取得していなければ、**融資金は一般再生債権**となり、再生計画で定められた配当を受領するだけとなって損失が生じることが考えられる。

　再生手続開始申立「後」・再生手続開始前の資金の借入れ等については、

裁判所の許可を得て、共益債権とすることが可能である（同120①）。しかし、再生手続開始の申立「前」の借入金を共益債権とすることは、条文の規定から見ると極めて困難と考えられる。ただし、実質共益債権化される場合があることについては本節③2.①を参照されたい

2 金融機関の関わり方

　金融機関が取引先から再生手続開始申立につき相談を受けた場合、申立に応ずるかどうかは申立会社の弁済計画案を見たうえで判断すべきであるが、その判断基準は次のとおりである。

①経済合理性があること

　経済合理性とは、破産配当より再生手続による方が配当率が高いこと（清算価値保障の原則のクリア）、破産手続より手続終結までの期間が短いこと、である。

②事業計画の妥当性

　事業計画が再生手続開始申立による影響を勘案した内容となっているか。

③弁済計画の妥当性、公平性が認められること

　申立会社の資産の評価が適正に行われ、別除権者への弁済が妥当な額になっていること、また、債権者間の弁済率、弁済期間に公平の観点から配慮がなされていること。

④再生計画の実現性が高いこと

　商品力等の事業価値があり、破綻原因の除却が可能で減価償却前営業利益は黒字化でき、資金繰りは廻わり、大多数の債権者の同意が得られるか。

⑤経営者に人を得ることができるか

　DIPであるから、再生計画実現に向けての経営者の再建への意欲倫理観、経営能力に信頼が置けることがその前提となる。

⑥株主責任、経営者責任が全うされる内容となっているか

　株主に対する株式の全部取得（100パーセント減資）、経営者の退陣が予定されているか、その履行の可能性があるか（ややもすれば再生手続開始決定が出され、債権者からの追及が一段落すると、株主責任、経営者退陣という当初の意思の翻意がなされがちである）。

⑦金融機関のその後の与信費用追加の計画となっていないか

　金融機関は、再生手続開始申立後どのような協力を予定されているのかを明確に申立会社から把握しておくべきである。追加の与信費用が必要な計画であれば原則反対し、早速担保権実行の手続に入るべきであろう。

　以上が再生手続開始申立の相談を受けた金融機関の判断すべき事項であるが、近時は以上の事項に加えてCSR（企業の社会的責任）の観点から以下の点の配慮も必要となる。

・申立会社が環境関連事業の場合は、できるだけ再生手続開始申立による企業再建が可能となるよう協力すること。
・申立会社が土壌汚染対策法などの責任逃れのために、再生手続開始の申立を行っていないかどうかをチェックすること。もし、そのような意図の下に申立を行っているのであれば、金融機関のCSRの観点から経営者に対して適切な指導をすべきである。
・上記の場合、債権者に対する配当より、土壌汚染対策費の支出を優先させる計画案作成を指導すること。
・申立会社の経営者が、上記のような金融機関の指導を煩わしく思い、企業の再建より煩わしさからの解放を求めて破産管財人に丸投げすべく破産の申立に切り替えようとする場合は、その阻止のための手立てを採るべきであろう。

3 DIP ファイナンスの注意点

　まず、法的観点から、会社に対する融資が、再生手続において、共益債権の扱いを受けるか、かりに再生手続が破産手続に移行した場合に、財団債権となるかにつき、確認をする。つぎに、会社の事業存続の可能性、再生計画の認可の見通し、担保の確保の可能性などにつき、十分調査する必要がある。

1．DIP ファイナンスの意義

　DIP ファイナンスは、再生手続においても、現在では相当広く利用されている。もともと、DIP ファイナンスは、アメリカ連邦倒産法第 11 章の再建手続に入った企業に対する融資のことである。

　わが国においては、会社更生および民事再生の再建型法的倒産手続中の企業のみならず、事業再生 ADR 手続等による再生手続中の企業に対する融資を、広く DIP ファイナンスと呼んでいる。

　現在では、企業において再生（再建）の可能性があれば、DIP ファイナンスは、相当行われているといえる。特に、スポンサーがついた場合においては、DIP ファイナンスは容易である。

　DIP ファイナンスは、再生手続申立直後（資金繰りなど）、再生計画許可時（リストラ資金・設備資金など）、および再生手続終結時（一括弁済資金など）のそれぞれの進行時期に応じた必要な資金の調達のために行われる。融資先としては、日本政策投資銀行、商工中金、都市銀行、外資系金融機関など現在では幅広く行われている。

2．DIP ファイナンスに必要な法的手続

①申立前

　申立前の DIP ファイナンスに係る貸付金は、再生手続が開始されても、原則として共益債権にならず、再生債権となり、回収できなくなる

危険の大きいものなので、避けるべきであり、実行する場合には、十分な担保の徴求をすべきである。

ただし、例外的に、弁済しないと事業の継続に著しい支障を来すときとして、少額債権の弁済として許可される場合があり（民再85①）、再生計画で、DIPファイナンスに関わる貸付けに係る再生債権を他の再生債権との間の権利の変更の内容に差を設けても、衡平を害しない場合に該当するとして許可される場合がある（同155①但書）。

また、企業再生支援機構及び、事業再生ADRの支援する私的整理において行われたDIPファイナンスについて、裁判所は、再生計画において権利の変更に差を設けても、衡平を害しない場合に該当するかどうかを判断する旨の法的手当てがされている（株式会社企業再生支援機構法36、産業活力の再生及び産業活動の革新に関する特別措置法53）。

②申立後開始決定前

融資・担保設定については、監督委員の同意または裁判所の許可（監督委員が選任されない場合）が必要であり、融資については、共益債権となる（民再54①、120①ないし③）。

③開始決定後認可前

融資・担保設定については、監督委員の同意または裁判所の許可が必要である（民再54②、41①Ⅰ・Ⅲ）。融資については、自動的に共益債権となる（民再119⑤）。

④認可決定確定後

融資・担保設定は、原則として自由に行うことができる。東京地裁においては原則どおりであるが、他の裁判所によっては許可事項とするところもあるようである。

⑤再生手続の途中で破産に移行した場合

DIPファイナンスが実行されて後、再生申立棄却（民再25）、再生手続廃止（同191）などで、再生債務者に対し破産開始決定がなされた場合、共益債権であったDIPファイナンスによる貸付債権等は、財団債権と

なる（同252⑥）。
⑥再生手続の途中で更生手続に移行した場合
　この場合については、現行法に規定はないが、民事再生法252条6項および、会社更生法257条の規定が類推適用され、DIPファイナンスにおける貸付債権等は、共益債権になると思われる。

3. DIPファイナンスにおける調査の主要事項

①事業の存続可能性
　これは一番大事な視点である。会社の資金繰り確保の見通し、破綻原因の除去可能性、償却前営業黒字の実現性などを調査・検討する必要がある。
②事業継続価値が事業清算価値を上回ること
　再生計画の不認可の重要な要件として、再生計画が遂行される見込がないときおよび再生計画の決議が再生債権者の一般の利益に反するときがある（民再174②Ⅱ・Ⅳ）。前者は、上記①に関係する。後者が本項の場合である。事業継続価値が事業清算価値を上回る場合としては、一般的に再生計画による弁済率が破産手続による配当率を上回る場合といわれているので、この点を確認する。
③債権の担保の確保
　この点については、とくに流動性の高い手形や売掛金等を担保として十分に取得することが必要である。
④経営者や従業員の士気の調査
　DIPファイナンスを行う場合には、会社に出向き、できるだけ経営者や従業員に面会し、士気を調査する必要がある。
⑤誓約事項(コベナンツ)による事業遂行およびキャッシュフローの監視
　再生手続中の会社は、不安定な状態にあるので、融資契約上、各種の書類の提出義務などを定め、会社の事業遂行状況やキャッシュフローを常時監視する必要がある。

4 スポンサーの注意点

　再生手続中の会社（以下「再生会社」という）のスポンサーとなる場合には、再生会社の企業価値を正確に把握することが必要となる。また、どのような方式でスポンサーとなるか、債権者等の利害関係人等の理解を得られるか等の検討も必要となる。

1．支援する企業の企業価値の把握

　スポンサーとなる場合、第一に必要となるのは、スポンサーとして支援する再生会社の企業価値を正確に把握することである。

　通常の場合、再生会社の内容について、いわゆるデューデリジェンス（資産の適正評価）を行って、企業価値を把握することとなる。

　デューデリジェンスにおいては、再生会社の経営成績及び財政状態を中心として調査することとなる。再生会社であるので、再生手続申立による事業価値の毀損の状態、取引先との取引継続の状況等の調査分析も必要となる。負債については、簿外負債等の有無等の調査も重要である。保証債務、リース債務等が簿外となっていないか、退職給付引当金等が適正に計上されているか、過去勤務債務がないか等の調査も必要である。また、不動産について土壌汚染の危険性がないか、処理に費用のかかるポリ塩化ビフェニル（PCB）等の保有はないか、将来損害賠償請求を起こされる可能性ある事項はないか等の調査も必要となる。土壌汚染は、調査だけでも相当程度の費用が必要となり、対策が必要な場合には多額の費用と時間が必要になることがある。

　さらには、スポンサーとしての当面の資金支援等の必要性を判断するため、キャッシュフローの状況、当面必要となる修繕費の状況、設備投資の必要性等についての調査も必要となる。加えて、従業員及び労働組合から再建等に対する理解と協力を得られるかの判断も必要となる。

　その他、支援する再生会社の事業と現在の自分の事業との提携等によ

る相乗効果があるのかどうか、あるいは減殺しあう要素がないかどうかの検討も、場合によっては必要となると考えられえる。

2. 支援方式の検討

　支援する再生会社の企業価値の把握とともに、どのような方式でスポンサーとなるかの検討も必要となる。スポンサーとなる方式としては、①再生会社の株式を取得する方式と②再生会社の営業等の譲渡または、会社分割（以下「営業等譲渡」という）による方式等が考えられる。

　再生会社の事業部門の一部についてのスポンサーとなる場合には、営業等譲渡の方式をとることが通常と考えられる。ただし、再生会社の有する許認可・免許・契約関係等の移転（引継ぎ）に困難がある場合等には、スポンサーとなる事業部門を会社分割して分割会社である再生会社の有する承継会社の株式を取得する方式も考えられえる。

　再生会社の事業全体についてスポンサーとなる場合には、再生会社の株式を取得する方式が多いと考えられる。再生会社が同社の発行済株式全株を無償で取得し、募集株式を引き受ける者の募集をし、これを全株割当ててもらって、再生会社を完全子会社にする方式が一つの典型的な形であると考えられる。この場合、再生会社の株主の変更が生じるだけであるので、特段の事情がない限り、再生会社の有する許認可・免許・契約関係等の引継等の手続は必要とならない。

　再生会社の事業全体についてスポンサーとなる場合でも、再生会社について簿外債務や将来負担する債務に問題がある場合等には、営業等譲渡の方式で事業を譲り受け、商号を続用する場合の債務の責めに任じない登記（商17②）をする等して再生会社の債務を引き継がない方策を取る場合も考えられる。この場合には、再生会社の有する許認可・免許・契約関係等の引継等の手続が必要となる。また、再生会社が欠損金や財産評定損によっては債務免除益を吸収出来ず、債務免除益課税が生じるために再生会社としての存続が困難な場合にも、営業等譲渡の方式をと

らざるを得なくなる。

3. 利害関係人等の理解

　株式取得方式、営業等譲渡方式にしても、スポンサーとなるためには、債権者等の利害関係人並びに裁判所の理解を得ることが必要である。

　債務超過の株式会社の場合には、再生債務者が株式を取得するについては、予め裁判所の許可を得て、再生計画に取得する株式の数を取得期日を定めて株式取得の条項を定めることが可能である（民再154③、161、166）。また、債務超過の株式会社の場合で譲渡制限株式の募集株式を引受ける者の募集が再生債務者の事業の継続に欠くことのできないものである場合には、予め裁判所の許可を得て、再生債務者（管財人は提出できない）が再生計画に募集株式を引受ける者の募集を定めることが可能である（同154④、166の2）。再生計画は、法定多数の債権者の同意を得ることにより可決され、裁判所の認可を受け、認可決定の確定により効力が発生し（同172の3、174①、176）再生債務者は株式を取得し、取締役会の決定によって募集事項を定めることが出来る（同183①、183の2）。なお、株式の譲渡制限をしていない公開会社は、原則取締役会で募集事項を決定出来るので（会社201）、民事再生法で特則を設けなかった。

　また、営業等譲渡の場合、再生手続開始後の営業又は事業の譲渡については、裁判所の許可が必要である（同42①）。裁判所は、営業等の譲渡の許可をする場合には、知れている再生債権者等及び労働組合等の意見を聴かなければならない（同42②、③）。また、再生会社が債務超過の株式会社の場合、事業譲渡が事業の継続のために必要である場合には、裁判所の許可をもって、事業譲渡についての株主総会の特別決議に代えることが可能である（同43）。

　従って、スポンサーとなる場合には、債権者等の利害関係人及び裁判所の理解を得られるかどうかも十分考慮する必要があると考えられる。

第3節　保全処分

1　保全処分の特徴

　保全処分とは、再生手続開始の申立があった場合に、裁判所が、利害関係人の申立によりまたは職権で、再生手続開始または同申立棄却の決定までの間、再生債務者の業務および財産に関して命ずる仮差押、仮処分その他現状保全を目的とした仮の処分をいう。

1．旧債務弁済禁止等の保全命令

　保全処分は、再生債務者の業務および財産の現状を凍結して保全することを目的とする仮の処分であるから、その目的に適した内容の保全処分が求められ、また命じられる。
　再建型の法的倒産手続の開始申立において、従来から定型的に命じられてきたのが旧債務弁済禁止、財産処分禁止および借財禁止の保全処分である。
　旧債務弁済禁止は、再生手続開始申立前の（実務上は申立日前日までの）原因に基づく債務の弁済を禁止するものである。この保全処分は、再生債務者に対して、再生債権の弁済を禁止するものであって、再生債権者に対して、再生債権の取立てを禁止するものではない。したがって、開始決定があるまでは、再生債権者は再生債務者の財産に対する仮差押執行や強制執行を妨げられない。このような申立に基づく執行があったときは、中止命令（民再26①Ⅱ）または強制執行等の包括的禁止命令（同27②）によって対処するほかない。旧債務弁済禁止の保全処分が求められ、命ぜられる理由は、債権者の弁済請求を拒絶する根拠を再生債務

者に与えて、財産の目減りを防止し、同時に偏頗（へんぱ）弁済を防止することにある。

　旧債務弁済禁止の保全処分では、債務者がその財産を任意に処分して責任財産を減少させ、または借入によって債務を増大させることを防止出来ない。そこで、旧債務弁済禁止だけでは片落ちとなるので、この保全処分が発令されるときは、同時に**重要な財産の処分禁止および借財禁止の保全処分も発令される**こともある。ただし、現在の東京地方裁判所の運用では、保全処分としては、弁済禁止・担保提供禁止のみを発令しており、別途、監督命令において、再生債務者の財産・債権の処分、財産の譲受け、貸付け、金銭の借入れ（手形割引を含む）・保証、債務免除、無償の債務負担行為及び権利の放棄、別除権の目的である財産の受戻し等は、監督委員の同意を得なければならないものとしている。

2. 民事保全との相違

　民事保全法に基づく仮差押や仮処分は、本案の権利の実現を保全することを目的とするから、被保全権利が存在しなければならず、本案訴訟によって権利義務関係が確定されることを予定している（民保1、37）。

　しかし、民事再生法その他の倒産処理法上の保全処分は、本案の権利の実現を保全することを目的とするものではなく、再生手続開始またはその申立棄却に至るまでの間、**申立時の業務および財産の現状を保全する**ことを目的とするから、被保全権利は不要である。

　その意味で、民事再生法上の保全処分は民事保全法上の仮の地位を定める仮処分と類似する。しかし、後者は、争いのある権利関係について本案判決があるまで現状を放置した場合に債権者に生ずる著しい損害または急迫の危険を避ける必要から認められるものであって（同23②）、判決によって確定しうる権利関係の争いがあることが要件となっているが、前者においてはそのような争いの存在を予定していない。

3. 保全処分命令の継続性

いったん発令された保全処分は、後に裁判所がこれを変更しまたは取消すまで、その効力が存続する。したがって、再生手続開始決定があった後も、再生債務者は、重要な財産を処分しまたは借入をする必要がある場合には、裁判所の許可すなわち禁止の個別的解除を得なければならない。

なお、再生手続開始決定があると法律上、再生債権の弁済は禁止される（民再85①）。

2 他の手続の中止命令

裁判所は、開始決定前であっても、将来の再生手続に支障を及ぼす等のおそれがあると認めるときは、すでに進行中の他の破産、強制執行等の手続を中止する命令を、個別的に発することが出来る。

1. 他の手続の中止命令の趣旨

再生手続開始の申立後、開始決定がなされるまでは、再生債務者に対する破産等、強制執行等の手続が制限されるわけではないが、これらの手続がそのまま進行すると、開始決定後の再生手続の円滑な進行が妨げられたり、再生手続の目的達成が困難となる場合があるため、裁判所は、上記の手続の中止を命ずることが出来る。

2. 中止命令の対象となる手続（民再26①1号ないし4号）

中止命令の対象となる手続は、以下のとおりである。
① 再生債務者についての破産手続または特別清算手続
　　再生手続が開始されると、清算型の倒産手続より再建型の倒産手続を優先させるべきであるとの見地から、破産手続は中止し、特別清算

手続は失効するが（民再39①）、この効果を開始決定前に生じさせるため中止しうるとしたものである。

② 再生債権に基づく強制執行、仮差押・仮処分または再生債権を被担保債権とする留置権による競売の手続で、再生債務者の財産に対してすでにされているもの

これらの手続は、個別執行を制限する見地から、再生手続が開始されると中止するが、この効果を開始決定前に生じさせるため中止しうるとしたものである。なお、共益債権または一般優先債権に基づく手続、取戻権や別除権（商事留置権を含む）に基づく手続、及び物上保証人の財産に対する手続は、本条の中止命令の対象とはならない。

③ 再生債務者の財産関係の訴訟手続

この手続は再生手続が開始されると中断するが（民再40①）、駆け込み的な、またはなれ合い的な債務名義の取得を阻止し債権者間の衡平を図る見地から、必要に応じて中止しうるとしたものである。

④ 再生債務者の財産関係の事件で行政庁に係属しているものの手続

例えば租税に関する不服申立手続なども、再生債務者の再建のために必要と認められるときは、中止しうるとしたものである。

3. 中止命令の要件及び効力

中止命令は、「必要があると認められるとき」、すなわち事業の再建を図るために他の手続を中止する必要がある場合（事業価値が著しく毀損されてしまう場合、債権者間の衡平が害されるおそれがある場合など）に発令される。また、上記2.②の強制執行等の手続に関しては、申立人（再生債権者）に不当な損害を及ぼす（速やかに換価をしなければ、換価が困難になったり換価価値が下落する場合など）おそれがない場合であることも、発令の要件とされる。

中止命令が発令されると、対象となった手続は、発令の時点で進行を停止し、そのまま凍結されることになる。強制執行の手続の現実の進行

を止めるためには、強制執行の停止の手続（民執39）によって停止を求めることになる。

4. 中止命令の変更・取消し、不服申立等

　裁判所は、事情の変更があった場合や、後に発令の不当性が発見された場合などに、中止命令を変更しまたは取り消すことができ（民再26②）、また、再生債務者の事業の継続のために必要があると認めるときは、担保を立てさせて、中止した強制執行等の手続の取消しを命ずることができる（同③）。

　中止命令、その変更・取消しの決定、中止した手続の取消しの決定に対しては、即時抗告することができるが、この即時抗告には執行停止の効力はない（同④、⑤）。

3　包括的保全処分

　再生債務者に対して債務名義を有している再生債権者が多数おり、再生債務者の売掛先なども知れているとき等には、すべての再生債権者に対し、再生債務者の財産に対する強制執行等の禁止を命ずる包括的禁止命令の申立をする。

1. 強制執行等の包括的禁止命令

　執行着手後の民事執行等の手続中止（民再26①）では再生手続の目的を十分に達成することができないと認めるべき特別の事情があるときは、裁判所は、利害関係人の申立によりまたは職権で、再生手続開始の申立につき決定があるまでの間、すべての再生債権者に対し、再生債務者の財産に対する強制執行、仮差押もしくは仮処分または再生債権を被担保債権とする民事留置権による競売の手続の禁止を命ずることができる（同27①本文）。

ただし、事前に、または同時に、再生債務者の主要な財産に関する保全処分命令（同30①）、監督命令（同54①）または保全管理命令（同79①）があった場合に限られる（同27①但書）。

包括的禁止命令が発令されると、その決定は官報公告され、かつ知れている再生債権者にも送達される（同28①）。

このように包括的禁止命令の発令要件が制限されているのは、再生債権者の権利行使を個別の事情を捨象（しゃしょう）して包括的に禁止することは、再生債権者に不当な損害を与える危険が定型的に高く、かつ、再生債務者の財産が適正に保全されるべき方法を講じないでおいて、**再生債権者の権利行使のみを包括的に禁止することは片落ちになる**からである。

2. 売掛金等に対する強制執行等排除の必要性

再生手続開始の申立があった再生債務者に対して信用を供与してくれる者は通常いないから（ただし、DIPファイナンスがなされることがある）、再生手続による再建を目指す場合であっても、事業継続のための資金繰りは自らつけなければならない。事業継続のための資金繰りの頼みの綱である売掛金や棚卸商品などに対して強制執行等をされると、中止命令が発令されたとしても、それだけでは差押等の効力は消滅しないため、事業の継続にとって著しい支障となる。

そのため、民事再生法は、再生債務者の事業の継続のために特に必要があるときは、**再生債務者の申立により手続の取消を命ずることもできる**こととしたが、そのためには担保を立てなければならない（同26③）。

3. 特別の事情

公正証書などの債務名義を有する再生債権者が多数にのぼる場合には、執行を待ってから中止・取消の申立をしていたのでは、煩瑣（はんさ）に過ぎて対応が著しく困難となるばかりでなく、取消のための立担

保によって資金繰りはさらに悪化し、得意先の信頼をも失いかねない。このような場合には前記の特別の事情があるものと言うべきであろう。このような場合は、事前の禁止命令が認められる限り、再生債務者は債務名義を有する再生債権者を特定しうるので、それによって対応しうるはずであるが、民事再生法では事前の禁止命令は包括的禁止命令としてしか認められていない。

　前記のような場合のほかに、どのような場合に特別の事情ありと認められるかは明らかでない。再生債権者の数が多いというだけでは特別の事情には当たらないであろうが、仮差押が相次ぐような場合は、将来的にも同様の事態が予想しうるから、特別の事情ありと認められる可能性が高いと思われる。

4 保全管理人の選任

　法人である再生債務者の財産の管理または処分が失当である場合、その他事業の継続のために特に必要がある場合に、再生債務者の業務及び財産に関し、保全管理人が選任される。

1．和議法における選任の可否

　和議法は、和議開始申立権者を債務者に限り（和12①）、「和議開始申立ノ時ヨリ決定ノ時迄ハ債務者ハ通常ノ範囲ニ属セサル行為ヲ為スコトヲ得ス」（同31）、「和議ノ開始ハ債務者カ其ノ財産ヲ管理及処分スル権利ニ影響ヲ及ホサス」（同32①本文）として、債務者は和議開始申立後はもちろん和議開始決定後においても財産の管理処分権を失わないことを規定していた。

　そのため、債務者の取締役等が事業経営の能力に欠けまたは不誠実で債権者の信頼を失っているような場合においても、和議開始決定前の「其ノ他ノ必要ナル保全処分」（同20①）として保全管理人を選任しうるか

については、その必要性は認めながらも、和議法の定める債務者自治による管理構造から、消極的見解が支配的であった。

2. 会社更生法における保全管理人の選任

　会社更生法においては、更生手続開始決定の場合の同時処分として管財人を選任すべきこと（会更42①）、会社の事業経営権および財産管理処分権は管財人に専属すること（同72①）が定められ、会社から独立した管財人による管理構造が採用されたため、更生手続開始前における保全管理人の選任とこれによる会社の事業経営および財産管理処分（同30②本文、32①本文）も、仮開始的性格を持つものとして矛盾なく規定しえた。

　最近の東京地方裁判所（民事第8部）における更生実務では、更生手続開始申立の正式受理後、ただちに保全管理人が選任されている。ただちに保全管理人を選任することが相当でないと思われるような場合には、調査委員（会更39、125②）が選任されることが多い。

3. 再生手続における保全管理人の選任

　民事再生法は、中小企業者等が利用しやすい再建型倒産処理手続を目指したことから、債務者自治型管理の基本構造は維持したが、同じく再建型の商法の会社整理手続（商381以下）を実質的に吸収するため、**再生債権者をも再生手続開始の申立権者とし**（民再21②）、管財人による管理命令（同64）、監督委員による否認権行使（同135①）、再生債権者による再生債務者役員に対する損害賠償請求権の査定の申立（同142③）などを定めた。

　その結果、民事再生法は和議法に比べて管理上の債務者自治的要素が後退し、再生手続申立に至った原因が再生債務者の経営上の無能力や、放漫経営にあり、債権者や従業員らの信頼が失われている場合、再生手続申立前に積極的に詐害行為をしたり、財産隠匿や偏頗弁済など不公平・

不誠実な行為があった場合、職務に関連した重大な不正行為があった場合、債権者申立の場合に再生手続開始原因の存在を積極的に争うなどの不誠実により、事業再建に不可欠な再生債権者の協力を得難いような場合には、再生債務者に事業および財産の管理を任せておくことは不適当なので、保全管理人が選任される（民再79）。東京地裁では、ほとんど保全管理命令が発令されたケースはないが、他の地域で、実際に保全管理命令が発令されたケースとしては、債権者申立の再生事件に多いが、債務者申立事件の事例も存する（債権者らからの信頼回復のため、債務者自らが必要な経費を確保して、保全管理命令の発令を希望した例など）。

5 その他の処分

民事再生法では、再生手続開始申立があった場合に裁判所が命じうる処分として、担保権の実行手続の中止命令、法人の役員の財産に対する保全処分、否認権のための保全処分が定められている。

1．担保権の実行手続の中止命令

裁判所は、再生手続開始申立があった場合において、再生債権者の一般の利益に適合し、かつ、競売申立人に不当な損害を及ぼすおそれがないものと認めるときは、利害関係人の申立によりまたは職権で、相当の期間を定めて、別除権の目的である再生債務者の財産につき存する担保権の実行手続の中止を命ずることができる（民再31①）。担保権者は別除権者として、再生手続によらないでその権利を行使できるため（同53）、上記の要件を充たす場合には、再生債務者が担保権者と交渉し、被担保債権の弁済方法などについて合意による解決を図るための時間的猶予を与えるという制度である。

2. 法人の役員の財産に対する保全処分

　法人である再生債務者の役員の責任に基づく損倍賠償請求権については、査定制度（民再143ないし147）という簡易・迅速な手続が定められている。しかし、査定の裁判、異議の訴え等の手続を経て強制執行がなされるまでの間に、役員の個人財産が隠匿・費消されてしまうと査定制度の実効性を担保することができない。

　そこで、裁判所は、再生手続開始決定後には、再生債務者等の申立によりまたは職権で、「必要があると認めるとき」は、役員の財産に対する保全処分をすることができるとし（同142①）、開始決定をする前でも、「緊急の必要があると認めるとき」（緊急性の要件が付加される）は、同様な保全処分をすることができるものとした（同142②）。

3. 否認権のための保全処分

　裁判所は、再生手続開始の申立があった時から当該申立についての決定があるまでの間において、否認権を保全するため必要があると認めるときは、利害関係人の申立によりまたは職権で、仮差押、仮処分その他の必要な保全処分を命ずることができる（民再134の2）。例えば、否認されるべき行為（同127以下）がなされ、再生債務者より逸失した財産を取り戻す必要がある場合、その財産が第三者に譲渡されてしまうと、否認権行使によって目的を達成することは著しく困難になる（同134に定める要件が必要となる）。このような場合には当該財産の処分禁止の仮処分等の保全処分をする必要性があるので、開始申立時後、開始決定等があるまでの間、否認権を保全するための保全処分が認められたものである。

　この保全処分の相手方の利益が不当に害されないようにするため、①担保を立てさせて、保全処分を命ずることができること（同134の2②）、②開始決定があったとき、否認権限を有する監督委員等による手続の続

行、1月以内に手続が続行されないときには当該保全処分は効力を失うこと等が定められている（同134の3）。

4. 共益債権・一般優先債権に基づく強制執行等の場合

共益債権に基づき再生債務者の財産に対し強制執行または仮差押がされている場合、または一般優先債権に基づく強制執行・仮差押・一般の先取特権の実行の場合について、再生手続開始後においては（開始決定前には適用されない）、強制執行等の中止または取消しを命ずることができる場合がある（民再121③、122④）。

6 保全処分の効力

債務者が旧債務弁済禁止の保全処分命令を受けた場合に、債権者が、債務者に対する事業継続・再建上の影響力を行使して、旧債務弁済禁止命令に反する弁済を受けても、その命令があったことを知っていたときは、弁済は無効となり、後に返還を請求される。

1. 弁済禁止命令違反の弁済の効力

和議法については、保全処分は和議債務者に対する命令であって、和議債権者に対するものではないから、和議債権者は、弁済禁止命令に反する弁済であっても、これを受けてしまえば、その弁済は有効であるとの考え方もあった。

しかし、そのような考え方では、債権者は裁判所の命令を無視して、何とかして債務者から弁済を受けようとし、債務者は債権者の協力を得るために命令違反をすることになり、命令の実効性を保ち難いことから、**債務者に対して弁済禁止命令があったことを知って債権者が弁済を受けた場合には、弁済は無効である**との考え方が有力であった。

民事再生法は、再生手続との関係において、後者の考え方を採用した

(民再30⑥)。したがって、再生債務者は、再生手続開始後は、弁済禁止命令を知って弁済を受けた再生債権者に対し、弁済額相当の不当利得の返還を請求できる。

2. 否認権との関係

弁済禁止命令後における再生債権の弁済は、再生手続開始後は、監督委員または管財人による否認権行使の対象ともなる（同127①Ⅱ、135①）。管財人は再生債務者の財産の管理処分権を専有するから（同66）、その返還請求の根拠は不当利得または否認権行使のいずれでも差支えない。

3. 強制執行手続との関係

弁済禁止命令があっても、訴訟提起は妨げられず、執行認諾文言付公正証書その他の債務名義に基づいて強制執行をすることは妨げられない。債務者が強制執行手続の続行を回避するには、その旨の中止命令又は包括的禁止命令を裁判所から得る必要がある（同26①Ⅱ、27①、②）。

再生手続開始の申立があっても、その全てが開始に至るものではないから、その申立があったことによって当然に強制執行等の手続が中止となるとすれば、手続中止のみを目的とした濫用的申立によって、債権者は不当な損害を受けるおそれがある。そこで、民事再生法は自動停止（Automatic Stay）制度を採用せずに、裁判所による個別的な中止命令および強制執行等の包括的禁止命令の制度を採用した。

不当な損害を受けるおそれの有無は、再生手続開始の見込み、再生上の目的物の必要性、中止期間中の目的物減価の程度などの比較衡量によって決せられる。

再生手続開始の申立をした再生債務者が強制執行等を受けた場合に、その手続中止の申立もせずに放置することは考え難いが、執行の着手から完了までの期間が短い動産執行や債権執行について、中止命令も発令

されないまま、再生手続開始前に執行が完了した場合には、再生債権者は再生債務者から任意弁済を受けたのではなく、執行配当を受けたのであるから、これを無効とすることはできないであろう。

もっとも、再生手続開始決定後において、執行行為が否認されることがある（同130）。

7 債権者の対応

再生手続開始の申立がされたとき、債権者としては、弁済禁止の保全処分がなされていない限り、債権の回収行為を続けることが可能であるが、否認権の対象となる場合もあるので、慎重に行動すべきである。一方、債権者は、再生債務者が不正な行為をしないよう、その手続を監視すべきであり、必要によっては、再生債務者の財産に対する保全処分や、監督委員、保全管理人の選任を裁判所に申立ることができる。

1. 再生手続開始の申立後の債権回収

再生手続開始の申立後でも、再生手続開始決定前は、原則として債権者が弁済を受けたり、登記留保物件等の対抗要件を具備する行為をしたり、担保を取得することは可能である。再生手続開始の申立がなされたからといっても、再生手続が開始される保障はなく、債権者としては、必ずしも債権回収をあきらめるべきではないであろう。

ただし、再生債務者の支払不能の事実や、他の債権者を害することを知っている等一定の要件を満たした場合には、その債権回収行為が後に否認権の対象として効力を否定される場合があることに注意し、慎重に行動すべきである。

このように再生手続開始の申立がなされても債権者の債権回収は当然には禁止されるわけではないが、再生手続開始の申立をしたことにより、再生債務者の信用不安が生じると、多数の債権者が債権回収を図ろうと

して混乱するおそれがある。また、再生債務者の財産の保全が困難になるおそれもある。そこで、裁判所は、再生債務者の財産保全のため、再生手続開始の申立とともに、再生債務者が債権者に対し弁済その他の債務を消滅させる行為を禁止する旨の保全処分をすることができるとされている（民再30①、⑥）。実際にもこのような保全処分の申立が再生手続開始の申立と同時になされることがほとんどであり、この**保全処分がなされた場合は、債権者の債権回収は事実上できない**ことになる（同30⑥）。

ただし、再生債務者に対する相殺については、債権届出期間（同94①）内に限り、債権債務が相殺適状（再生債務者への債権が弁済期であれば可能）にあれば、この保全処分に関わらず有効に相殺可能である（同92①）。そのためにも、再生債務者に対する債権の期限の利益を喪失させる手続きをしておく必要がある。

2. 再生債務者に対する監視

再生手続は、再生債務者が再生手続の主体となりその手続を進める方法（DIP制度）が原則である。そのため、適正な再生手続を期待する債権者の立場からは、再生手続が平等公正に進められ、債権者の権利が保護されるよう、再生債務者の行為を監視する必要がある。

再生債務者の財産関係の不信行為については、債権者側が再生債務者の財産を保全するため、仮差押、仮処分その他の必要な保全処分を裁判所に求めることも可能である（同30）。

また、再生債務者の行為を監督させるために監督委員の選任の監督命令（同54）を、再生債務者から財産の管理権を取上げるために保全管理人の選任の保全管理命令（同79。再生債務者が法人の場合のみ）を裁判所に求めることも可能である。

これらの保全処分、監督命令、保全管理命令がなされた場合には、再生債務者は、裁判所の許可がなければ、再生手続開始の申立を取下げる

ことができなくなり（同32）、再生債務者の恣意的な申立の取下げへの対抗策ともなる。なお、保全管理人（開始決定後は管財人）が選任されていない場合は、債権者も、緊急の必要があるとき（開始決定前）または必要があるとき（開始決定後）は、法人である再生債務者について、取締役等の役員の責任に基づく損害賠償請求権を保全するため、その役員個人の財産に対し保全処分をすることを裁判所に求めることも可能である（同142①、②、③）。また、債権者は、否認権を保全するため必要があるときは、仮差押、仮処分その他の必要な保全処分をすることを裁判所に申立ることもできる（同134の2）。

第4節　申立の効力

1　強制執行と申立

　債務者につき再生手続開始の申立がなされただけでは、債権者の債務者に対する強制執行の手続きは影響を受けないが、強制執行の中止命令や、包括的禁止命令が裁判所よりなされた場合は、強制執行の手続きは中止される。

1．開始の申立は強制執行等を中止しない

　再生手続開始決定がされると、再生手続の効果として、**再生債務者の財産に対する強制執行の申立はできないこととなり、すでに申立られている強制執行等の手続は中止される**（民再39）。これは、再生債権に基づく強制執行等の手続より再生手続を優先させることとされたためである。

　しかし、再生手続開始の申立がなされただけでは、未だ、**再生手続は開始されていないので、当然には強制執行の手続は中止されず、新たに強制執行を申立ることも可能である**。

2．強制執行等の中止命令

　再生手続開始の申立後、再生債権に基づく強制執行等の手続が進み、再生手続開始決定前に配当等の債権の回収がなされると、結果的に、再生手続開始決定前に重要な再生債務者の財産が処分され、債権者間の公平が害され、再生手続に支障をきたす可能性がある。そのため、**再生手続開始の申立後は、裁判所は、再生債権に基づく強制執行、仮差押、仮**

処分等の手続の中止を命ずることができる（同26）。

したがって、裁判所からこの命令がなされた個別の強制執行等の手続は中止される。

3. 再生債務者の財産に対する包括的禁止命令

さらに、裁判所は、上記2.の個別的な中止命令では再生手続の目的を十分達成することができないおそれがあると認めるべき特別の事情がある場合は、包括的に再生債務者の財産に対する強制執行等の禁止を命ずることができる（同27）。この命令がなされた場合は、すでになされている強制執行の手続は中止され、新たに強制執行の申立をすることもできなくなる。

4. 共益債権・一般優先債権に基づく強制執行の場合

中止命令及び包括的禁止命令は、共益債権・一般優先債権に基づく強制執行を対象とするものではないので、これらの強制執行の手続は影響を受けない。開始決定後において、法定の要件を充たす場合に、裁判所が強制執行の中止または取消しを命じうるだけである（同121③、122④）。

2 申立後の担保権の処遇

申立後に再生手続が開始された場合も、特別の先取特権、質権、抵当権または商事留置権等の担保権は、別除権として、再生手続によらずに権利行使ができ、その目的財産から優先的に弁済を受けることができるのが原則である（別除権の詳細は第5章第1節2参照）。ただし、再生債務者等の申立による担保権実行手続の中止命令及び担保権消滅の許可制度があるので、これらによって一定の制約が課される場合がある。

1. 別除権の行使

　再生債務者の財産の上に存する特別の先取特権、質権、抵当権（根抵当権を含む）または商事留置権（商法・会社法の規定による）を有する者は、その目的財産について別除権を有し、再生手続によらずに担保権の実行ができる（民再53①、②）。すなわち、これらの担保権者は、別除権の種類に応じて、その本来の権利行使の方法（民事執行法による競売申立等）により、かつ時期的な制約なくいつでも任意に、競売の申立等を行い、優先的に弁済を受けることができる。ただし、商事留置権については、再生手続において、商事留置権に法律上の優先弁済権が付与されていると解することはできないとする判例がある（東京高判平21.9.9金法1879-28）。

　上記の担保権以外でも、仮登記担保権は抵当権と同様に扱われる（仮登19③）ほか、非典型担保である譲渡担保、所有権留保、リース等についても、別除権として扱われるものと、一般に解されている。

2. 不足額についての再生債権者としての権利行使

　また、別除権者は、担保権の行使によって担保目的物から弁済を受けることができない債権の部分（不足額）についてのみ、再生債権者として、その権利を行うことができる（民再88本文）。不足額が未確定の別除権者は、再生債権届出にあたって、別除権の行使によって弁済を受けることができないと見込まれる債権の額（予定不足額）等を届け出ることにより、再生手続に参加できる（同94②）。

　不足額は、担保権が消滅したときに確定する。具体的には、担保権の実行が完了したとき、監督委員の同意等を得て担保権の目的財産を受戻したとき（同54②、41①Ⅸ）、担保権を放棄したとき、担保権消滅請求手続により担保権が消滅したときが、これにあたる。ただし、上記の場合のほかに、担保権者と再生債務者との間で協議のうえ、担保の目的

物の評価の範囲内の債権額を担保権の被担保債権とし、それを超える債権の部分を被担保債権から除外し、無担保債権たる再生債権とすることを合意すること（一般に別除権協定と呼ばれる）により、不足額を確定させることができる（同 88 但書）。

また、不足額が未確定の債権者がある場合には、再生計画中に、不足額が確定した場合における権利行使に関する適確な措置が定められ（同 160）、この定めに従った弁済等を受けることになる。

3. 担保権実行手続の中止命令、担保権消滅の許可制度による制約

再生債務者等は、再生手続開始申立受理後、一定の要件を充たす場合には、裁判所に担保権実行手続の中止命令の申立（民再 31）を、また開始決定後、事業の継続に欠くことができない資産につき、裁判所に担保権消滅の許可の申立（同 148）をすることができ、これらが認められた場合には、担保権者の権利行使は制約されることになる。

3 申立と登記留保の抵当権

手続開始の申立時において登記留保をしていた抵当権者は、手続開始時までに登記を取得しなければ、自らの抵当権を別除権として権利行使することができない。また、債務者の申立を知って、急遽登記を取得した場合には、否認権の行使を受ける可能性がある。

1. 抵当権設定登記を得ていなければ抵当権行使不可

再生手続が開始された場合、債務者は原則的に管理処分権を失わないが、民法 177 条等の対抗問題としての第三者的立場に立つ（民再 45 ①）。

したがって、抵当権を別除権として再生手続外で行使して（同 53 ①、②）、被担保債権の回収を図るためには、手続開始時において抵当権設定の本登記またはその仮登記（争いはあるが、不動産登記法 105 条 1 号

の仮登記に限らず、同条2号の仮登記も含まれるものと解される）を得ていなければならず、これを得ていなければ、抵当権を行使できない。

ただし、例外として、抵当権者が手続開始後に手続開始の事実を知らないでその本登記または不動産登記法105条1号の仮登記を得たときには、別除権として権利行使をすることができる（民再45①但書）。

この場合、手続開始の公告前においては、善意が推定され、その公告後においては悪意が推定される（同47）。

2. 急遽登記を得たような場合は対抗要件否認の対象

民事再生法は、破産・会社更生と基本的に同じ否認権制度を採用した。したがって、登記留保をしていた抵当権者が、支払停止や法的倒産手続開始の申立後に、これらの事実を知って、急遽登記を得たような場合において、登記取得行為が抵当権設定契約から15日を経過してなされたときには、対抗要件否認の対象になる（同129、破164、会更88と同趣旨の規定である）。

3. 設定契約日から15日以内に登記取得した場合

登記留保していた抵当権者が設定契約日から15日以内に登記を取得したときには、対抗要件否認の対象とはならないが、この場合は、設定契約自体が申立直前であることになるので、設定契約自体が否認の対象となる可能性がある（民再127の3）。

4 申立と通知留保の債権譲渡

手続開始の申立時において対抗要件を留保していた債権譲受人は、手続開始時までに第三者対抗要件を得なければ、自らの債権取得を主張することができない。また、債務者の申立を知って、急遽通知を得た場合には、否認権の行使を受ける可能性がある。

1. 債務者は対抗問題としての第三者的立場に立つ

再生手続が開始された場合、債務者は原則的には管理処分権を失わないが、民法177条等の対抗問題としての第三者的立場に立つ（民再45①）。登記・登録以外の手続を第三者対抗要件とする債権譲渡についても同様である。したがって、債権譲受人が債権の取得を主張するためには、手続開始時点で第三者対抗要件たる確定日付ある通知または第三債務者の承諾（民467②）や、債権譲渡登記（動産・債権譲渡特例法4）を得ていなければならない。この関係は、抵当権の設定登記（前項参照）と基本的に同じである。

2. 破産・会社更生と同じ否認権制度を採用

民事再生法は、破産・会社更生と基本的に同じ否認権制度を採用した。債権譲渡の第三者対抗要件取得行為について生じる否認の問題は、抵当権の登記取得行為と基本的には同じであるから、前項を参照のこと（ただし、判例は、第三債務者の承諾は、債務者の行為またはこれと同視すべきものではないから、否認の対象にならないとしている。最判昭40.3.9民集19-2-352）。

なお、集合債権譲渡担保においては、対抗要件の否認を免れるために、**条件型**（債権譲渡の効力を譲渡人の支払停止等の事由の発生を停止条件とするもの）または**予約型**（予約契約とし、譲渡人の支払停止等の事由の発生を予約完結権の行使の条件とするもの）の契約が考案され、現実に多く利用されていた。

これらは、権利移転の対抗要件の否認（民再129）の15日の起算日を権利移転の効果の発生日とする判例（最判昭48.4.6民集27-3-483）の考え方を前提に、対抗要件の取得が権利移転の効果発生日（支払停止等の事由の発生日）から15日以内であることから、対抗要件の否認の対象とならないとするものである。しかし、これらにつき否認権の対象と

するべきとする見解が有力であり（伊藤真『破産法・民事再生法［第2版］』404頁）、近時これを肯定する最高裁判決（平16.7.16民集58-5-1744）が出された。同判決は、改正前破産法72条2号の規定の趣旨に反し、その実効性を失わせるものであることから、債務者の支払停止等を停止条件とする担保のための債権譲渡は、債務者に支払停止等の危機時期が到来した後に行われた債権譲渡と同視すべきものとした。現行法（民再127の3①、破162①）の下でも、偏頗行為否認の対象となるものと解される。

5 申立後の弁済

　手続開始の申立にともない弁済禁止の保全処分が発令されるのが通例であるが、債権者がこの保全処分がなされたことを知って弁済を受けた場合には、弁済としての効力が認められない。また、弁済としての効力が認められる場合であっても、否認権の行使を受ける可能性がある。

1．申立後の弁済は保全処分発令により禁止される

　再生手続開始の申立がなされたときには、裁判所は、再生債務者が債権者に対して弁済その他の債務（通常、発令日の前日までの原因に基づいて生じた債務）を消滅させる行為をすることを禁止する旨の保全処分（弁済禁止の保全処分）を発令するのが通例である（民再30①）。手続開始の申立後、特定の債権者に弁済がなされることは、債権者間の平等に反する結果となるからである。この保全処分により、再生債務者は債権者に弁済をすることを禁じられるが、再生債務者がこれに反して弁済をすることもありうる。

　この場合において、弁済を受けた再生債権者が、この保全処分の発令につき悪意であるときには、保護される必要はないから、有効な弁済と認められず、受領した金員等を返還する義務を負う（同30⑥本文）。一

方、債権者が善意であるときには、保護されるべきであるから、その弁済は有効と認められる（同30⑥但書）。

2. 保全処分が発令されなくても否認権の対象となる場合がある

上記保全処分が発令されておらず、または発令されていても有効な弁済と認められる場合であっても、手続開始の申立後に特定の債権者が弁済を受ければ、他の債権者との平等に反することになる。

そこで、民事再生法は、再生債務者が手続開始の申立後に弁済をした場合において、**弁済を受けた債権者が、弁済の当時、債務者につき再生手続開始の申立があったことを知っていたときは、否認権の対象となることとした**（同127の3①Ⅰ）。

この場合、弁済の時期・方法が再生債務者の義務に属するときには、否認権の行使者が弁済受領者の悪意につき立証しなければならず、それらが再生債務者の義務に属しないときには、弁済受領者が自らの善意を立証しなければならない（同127の3②Ⅱ）。弁済受領者が再生債務者の親族等や、再生債務者が法人である場合の理事や支配株主等の内部者である場合には、義務に属するときでも弁済受領者に立証責任がある（同127の3②Ⅰ）。

6 申立と銀行取引

手続開始の申立がなされた場合、銀行との間の借入契約は期限の利益を失い、当座勘定取引契約は解約される。弁済禁止の保全処分が発令されているときには、銀行取引停止処分を受けないから、新たに銀行と借入取引および当座勘定取引も可能となる。

1. 手続開始申立により期限の利益を失う

手続開始の申立がなされた場合、債務者は、借入をしていた銀行との

契約により、**債務の期限の利益を失う**（通例の銀行取引約定書は、法的倒産処理手続の申立があったときは、当然に期限の利益を失うとしており、また、債務の一部でも履行を遅滞したときは、銀行の請求によって期限の利益を失うとしている）。また、当座勘定取引も、銀行から**強制解約される**（通例の当座勘定規定は、当事者一方の都合でいつでも解約できるとしている）。

　ただし、近時最高裁がファイナンス・リース契約における再生申立解除特約は無効とする判決をした（最判平20.12.16判時2046-16）。この判決は、再生申立を理由とする期限の利益喪失条項に基づく、残リース料金額の不履行を理由とする解除も無効（月額リース料を何カ月かに亘って支払いを怠ったり、その支払能力がなく、また協議にも応じないような場合には債務不履行となり、リース契約に基づく担保権を実行して、リース物件を引揚げることができると解すべきであるが）であるという解釈に発展する蓋然性が高い。そして、これに触発され、再生申立期限喪失条項も無効とする解釈がなされている。しかし、それではあまりに債権者の権利の制限が厳し過ぎるので、再生申立期限喪失条項自体は有効であり、抵当権の実行、相殺等の場合は、これを前提として権利を実行することができるが、リース、所有権留保、譲渡担保等の解除の前提としては主張できないという意味で無効となることがあると解すべきである。

2. 保全処分が発令されていれば借入取引も可能

　債務者の発行した手形が満期に決済できなければ、手形不渡となり、6カ月間に2回手形不渡を起こした場合には、銀行取引停止処分を受け、手形交換所加盟銀行は、手形不渡者との間で今後2年間、当座勘定取引および貸付取引をすることを禁止される。したがって、この場合、債務者は少なくとも今後2年間は手形を振出すことができず（手形を振出すためには、支払銀行との間の当座勘定取引が前提となる）、銀行との間

で新たな借入取引をすることもできなくなる。

　しかし、手続開始の申立にともない、裁判所から弁済禁止の保全処分が発令されていれば、振出した手形が満期に決済されなくとも、いわゆる０号不渡となり、取引停止処分の前提の不渡とはならず、６カ月間に２回の手形の交換呈示がなされても取引停止処分を受けることはない。したがって、この場合には、債務者は、銀行の信用を得られれば、新たに当座勘定取引を行い、手形を振出すことが可能となり、また、新たな借入取引をすることも可能となる。

7　再生申立解除特約の効力

　リース契約や所有権留保特約付売買契約における再生申立解除特約は、無効であり、同特約に基づく契約の解除は効力を生じない。

1．再生申立解除特約

　リース契約や所有権留保特約付売買契約などの双務契約において、契約相手方につき再生手続開始申立等の倒産手続開始申立があったこと等を解除事由として催告をしないで解除できる旨の特約が定められている場合が多い。この再生申立解除特約が有効であるとすると、法が再生債務者等に双務契約について履行か解除かの選択権を与えたこと（民再49①）も、事実上その意味を失うことになること、他方で、リース業者や所有権留保売主は担保権を有しており、別除権者として再生手続によらないでその権利を行使できること（同53）から、再生手続における同特約の効力が問題になる。

2．再生申立解除特約の効力

　いわゆるフルペイアウト方式のファイナンス・リース契約において再生申立解除特約等があった場合につき、最高裁判所は、同リース契約に

おけるリース物件は、リース料が支払われない場合には、リース業者においてリース契約を解除してリース物件の返還を求め、その交換価値によって未払リース料や規定損害金の弁済を受けるという担保としての意義を有すると解した上で、少なくとも、本件特約のうち再生手続開始の申立があったことを解除原因とする部分は、再生手続の趣旨、目的に反するものとして、無効とした（最判平20.12.16判時2040-16。以下「平20最判」という）。

また、再建型の倒産手続である会社更生手続の場合に、所有権留保売買契約において買主に会社更生手続開始の申立の原因となるべき事実が生じたことを売買契約解除の事由とする旨の特約は、会社更生手続の趣旨、目的（会更1）を害するものであるから、その効力を肯認できないものとした判例（最判昭57.3.30民集36-3-484）がある。所有権留保売買契約における再生申立解除特約も、無効と解すべきである。

なお、平20最判では触れられていないが、その補足意見においては、リース契約中に民事再生申立により期限の利益を喪失する旨の定めがある場合について、①弁済禁止の保全処分によって支払を禁じられた再生手続開始の申立以後のリース料の不払を理由として、リース契約を解除することが禁止される旨、②その後に開始決定がされると、弁済禁止の保全処分は開始決定と同時に失効するので、再生債務者は債務不履行状態に陥ることとなり、リース業者は、別除権者としてその実行手続としての契約の解除手続等を執ることが出来る旨を述べている。

しかし、開始決定により弁済禁止効が発生すること（民再85①）から、上記補足意見が開始決定の前後で解除の可否を区別することには合理性が認められない。また、民事再生は担保権を拘束しない（別除権として取り扱う）手続である。したがって、民事再生の場合には、①民事再生申立の事実によってリース料残債務につき期限の利益を喪失するという条項自体は有効であるが、②民事再生申立という事実を理由とする期限の利益喪失条項に基づく残債務全額の不履行を理由とする解除（担保権

実行）ができるという合意は無効と解すべきであり、③開始決定の前後を問わず、債務者が、リース契約において定められた月額リース料を何カ月かに亘って支払を怠ったり、その支払能力がなく、また協議にも応じないような場合には、債務不履行となり、リース業者は、別除権者としてその実行手続としての契約の解除をなし得るものと解する。

8 保証人に対する請求

申立や開始決定があっても、保証人に対する権利行使には何ら影響はない。

1．保証人に対する権利行使

①弁済禁止の保全処分が出されている場合

　主たる債務者である再生手続開始の申立をした債務者は、弁済禁止の保全処分の効力によって弁済はできないが、弁済禁止の保全処分は、再生債務者を名宛人として一定の債務の弁済を禁止するものであるから、これにより、債権者の権利行使が妨げられるものではない。ましてや、債権者が行う保証人に対する権利行使には何らの制約もない。

②開始決定があった場合

　開始決定があると、再生債務者に対しては、再生手続開始決定以前に発生した債権については権利行使ができない（民再85①）。しかし、保証人に対する権利行使は何ら制約されない。

③再生計画が認可された場合

　イ．保証人に対する権利と付従性

　　民法の原則によると保証債務は付従性を有する。付従性を有するとは、主たる債務が期限の利益を得たり、一部免除を受けた場合は、保証債務も主たる債務同様、債務に期限の利益を有することになり、一部免除を受けるということである。

ロ．保証人に対する権利と倒産

　民事再生法 177 条 2 項は、「再生計画は、……再生債権者が再生債務者の保証人その他再生債務者と共に債務を負担する者に対して有する権利……に影響を及ぼさない」と規定している。これは、再生計画の成立により主債務が減免されたとしても、保証人に対する債権者の権利は何ら影響を受けないという趣旨である。

　保証人という人的担保は、主たる債務者が信用失墜した場合の担保であり、倒産は最も大きな信用失墜の場合であるから、倒産法は全て同様の規定を設けている（破 253 ②、会更 203 ②、特別清算については会社 571 ②など）。

2．保証人に対する時効

①付従性の例外

　倒産法は民法の保証債務の付従性に例外を設けているが、時効だけは付従性の原則が貫かれている。すなわち、主たる債務において時効中断すれば保証債務も時効中断し、主たる債務が消滅時効にかかった場合は、保証債務も時効消滅するということにおいてである。

②保証債務の時効期間

　イ．債権者が債権届出をした場合（民再 94、86、民 152）

　　債権者の権利行使の意思表明がされているから、主たる債務はそこで時効中断され、保証債務の時効の進行もそこで中断される。

　ロ．債権届出をしなかったが、債務者が認否書に記載した場合

　　債務者が債務の承認（民 147 Ⅲ）をしたことになるから時効が中断される。

　ハ．債務者が債務の存在を知っていたが、認否書に記載しなかった場合

　　債権者の権利行使も、債務者の債務の承認もないから消滅時効が進行する。したがって、主たる債務が時効消滅すると保証債務も消滅

する。

9 申立の取下げ

再生手続開始の申立をした者は、裁判所から、他の手続の中止命令、包括的禁止命令、保全処分等がなされた後は、裁判所の許可を得なければ、手続開始の申立を取下げることができない。

1. 申立人の意思のみで手続を取下げられない

集団的債務処理手続である再生手続は、申立人のみではなく、利害関係人すべての利益のために遂行され、裁判所の保全処分などが発令された場合には、利害関係人すべての利益のために債務者の財産が保全されているのであるから、申立人の意思のみで再生手続を白紙に戻す取下げを認めることは合理的とはいえない。

そこで、民事再生法は、裁判所から、26条1項による他の手続の中止命令、27条による包括的禁止命令、30条1項による仮差押・仮処分などの保全処分、31条1項による担保権の実行手続の中止命令、54条1項による監督命令もしくは79条1項による保全管理命令、134条の2第1項による否認権のための保全処分または197条第1項による抵当権の実行手続の中止命令がなされた後は、裁判所の許可を得なければ、手続開始の申立を取下げることができないこととしたのである（民再32、会更23と同趣旨の規定である）。また、申立を取下げることができるのは、開始決定前に限られ、開始決定が発令された後においては、同決定に対して即時抗告がなされていても、申立の取下げはできない。

2. 再生手続濫用防止のための取下げ制限

和議法においては、このような規定が存在しなかったため、特に弁済禁止の保全処分により、手形不渡処分を免れ、債権者の追及を一時的に

せよ免れた後、債務者が手続開始のための積極的作業を行わず、債権者に債務の免除や猶予を迫るなど、濫用的な事例もみられた。

　再生手続開始の申立の取下げ制限は、このような濫用的な申立を防止する機能を有する。

　再生手続開始の申立が取下げられずに棄却されたときには、裁判所は、債務者に破産原因が存在すれば（通常存在する）**破産手続開始決定**をすることができる（民再250①）からである。

　再生手続開始の申立および保全処分の取得が濫用的な場合には、裁判所は、申立の取下げの許可を与えず、申立を棄却して破産手続開始決定をなし、破産手続による処理に委ねるべきである。

　一方、裁判所は、他の債権者の利益に反せず、申立および保全処分の取得が濫用的でない場合には、申立の取下げを許可するべきである。

第3章

開 始 決 定

第1節　開始決定

1　申立棄却事由

　裁判所は、法定された費用の予納がないときなど四つの申立棄却事由のいずれかに該当する場合には、再生手続開始の申立を棄却しなければならない。

1．申立棄却事由（民再 25）を定めた趣旨

　再生手続を開始するためには、その申立自体が適法であることのほか、再生手続開始原因（民再 21 ①）が認められ、かつ申立を棄却しなければならない四つの事由が存在しないことが必要である（同 33 ①）。このように、同法で申立棄却事由という消極的要件の形式で定めたのは、申立人によって証明しなければならない積極的要件を少なくして倒産状態にある債務者の負担を軽減し、速やかに開始決定を得て迅速に再建できる機会を与える趣旨である。

2．申立棄却事由

　申立棄却事由は次のとおりである。

(1) 再生手続の費用の予納がないとき（1号）

　　費用の予納がないと再生手続を進めることが現実的に不可能となるためである。

(2) 裁判所に破産手続又は特別清算手続が係属し、その手続によることが債権者の一般の利益に適合するとき（2号）

　　再生手続を進めるよりも、先行して係属している（申立がされてい

る）破産手続または特別清算手続を進めることが債権者の一般の利益に適合する場合には、再生手続を進めることは好ましくないとの見地から定められた。「一般の利益」については、特定の債権者ではなく債権者全体として利益となるかどうかを、弁済率、弁済時期・期間等を総合的に判断して決めることになる。なお、会社更生手続がすでに開始されている場合は、再生手続開始申立はすることができない（会更50①）。

(3) 再生計画案の作成・可決の見込みまたは再生計画の認可の見込みがないことが明らかであるとき（3号）

これらの場合には、再生手続を開始しても意味がないからであるが、「見込みがないことが明らか」と定めており、棄却する場合を限定している。租税公課や労働債権など一般優先債権への弁済原資すら確保できず、到底再生債権への弁済が見込めないときや、申立人において再生計画案作成の意思がみられないときには、再生計画案の作成の見込みがない場合に該当する。

全債権額の50％以上を有する大口債権者などが再生手続に強硬に反対しているときには、再生計画案の可決の見込みがない場合に該当する（ただし、今後の債務者の説得活動によって債権者の意向が変わる可能性、破産手続となった場合との比較等につき慎重に判断すべきである）。再生手続が法律に違反しており、補正することができないときや、再生計画の遂行可能性がないときには、再生計画の認可の見込みがない場合に該当する。

(4) 不当な目的で再生手続開始の申立がされたとき、その他申立が誠実にされたものではないとき（4号）

前者の不当な目的での申立に該当する場合としては、債権者が自らの債権回収のため、取下げを条件として有利な弁済条件を引き出す目的で申立てた場合、債務者が単に保全処分命令を一時的に獲得し、その後に裁判所の許可を得て申立自体を取り下げるような意図による場

合などが考えられる。後者の誠実ではない申立に該当する場合としては、債務者に詐欺再生罪（民再255）、詐欺罪（刑246）にあたるような行為がある場合、再生債権者が、再生手続開始の申立をするために債権を取得したような場合などが考えられる。

2 開始の審理

再生手続の申立がされた場合、破産原因事実が生じるおそれがあったり、事業の継続に著しい支障を来すことなく弁済期にある債務を弁済することができなければ、再生手続の開始原因がある（ただし、申立棄却事由があると棄却される）。

1. 早期の申立を許す

苦境にある債務者は、倒産処理手続の申立をする前に、ともすれば無理な資金調達をして、結果的に手続開始後の再建を困難にしがちである。民事再生法は、会社更生法と同様に、**手続開始原因を緩和して、早期の申立を可能にしている**（民再21）。手続開始原因は、次の2．及び3．に記すとおりである。

2. 破産手続開始の原因となる事実の生じるおそれ

破産手続開始原因は、支払不能（破15①）と、債務超過（同16①。ただし、法人に限る）の二つである。支払不能とは、弁済能力が一般的かつ継続的に欠けている客観的な状態をいうが、支払停止、すなわち手形の不渡りを発生させたり、夜逃げをしたり、弁済できない旨の貼紙をする等の債務者の行為があれば、支払不能と推定される（同15②）。再生手続の開始原因は、破産原因が未だ発生していなくても、**発生するおそれがあれば足りる**（民再21①前段）から、**破産よりも早期の申立が可能である**。

3. 弁済に支障があること

　事業の継続に著しい支障を来すことなく弁済期にある債務を弁済することができないとき（同21①後段）も、再生手続の開始原因となる。これは会社更生手続開始申立の要件（会更17①Ⅱ）と同じである。

4. 債権者申立の場合

　上記の、破産原因事実の生じるおそれがある場合（民再21①前段、②）だけが、開始原因となる。弁済によって事業の継続に著しい支障が生じる（同21①後段）かどうかの判断は、債権者には困難だからであろう。

5. すでに破産原因がある場合

　破産原因の生ずるおそれがあるとき（同21①前段）から一歩進んで、すでに債務超過の状態にあるなど破産原因が生じてしまっている場合はどうか。清算法人の財産がその債務を完済するのに足りないことが明らかになった場合には、清算人はただちに破産手続開始の申立をしなければならず（一般法人215①）、清算株式会社に債務超過の疑いがあるときは、清算人は特別清算開始の申立をしなければならない（会社511②）。しかし、民事再生法22条は、このような場合にも、再生手続開始の申立をすることができる旨を明文で認めている。破産原因があっても、再建が可能であるなら、できるだけ再建型手続で処理する方が、従業員や取引先の損害を少なくすることができ、ひいては社会経済的な利益に適するからであろう。

6. すでに他の手続が開始されているとき

　すでに特別清算手続が開始されている場合に、再生手続が開始されると、特別清算手続は失効する（民再39①後段）。すでに破産手続開始決定が出されている場合に、再生手続が開始されると、破産手続は中止す

る（前同）。その後、再生計画認可の法定が確定したときは、中止していた破産手続は失効する（同184）。このように、破産、特別清算の各手続より再生手続は優先する。なお、再生手続が開始された場合に、特別清算は失効するのに、破産は中止するに止まるのは、再生計画案が否決されたりして再生手続が廃止された場合に（民再191〜193）、破産手続が続行されるためである（同252⑥）。

これに対し、会社更生手続は、再生手続を含む全ての倒産処理手続に優先するので、会社更生手続が開始されている場合には、再生手続の申立は許されない（会更50①）。

7．申立棄却事由

申立原因があっても、申立棄却事由（同25）があると、申立は棄却される。

3　開始時の決定事項

再生手続が開始されるときに、同時に定められる事項は再生債権の届出をすべき期間と、再生債権の調査をするための期間である。財産状況を報告するための債権者集会の開催は任意なので、開始決定と同時には定められない。

1．再生債権の届出期間と調査期間

再生手続の開始決定と同時に、裁判所は再生債権の**届出期間と調査期間**とを定め（民再34）、これを公告し、これを記載した書面を知れている**再生債権者**等に通知する（同35）。再生債権者は、通知される書面や公告によって、再生手続が開始されたことを知り、自己の債権を裁判所に届出たり、相殺の意思表示をしたりすることになる（相殺は届出期間内に限られる。同92）。再生債権の調査は、届出られた**各債権の内容**お

よび原因、議決権の額、別除権の予定不足額等を対象にして行われる（同100）。なお、開始決定の主文には、上記のほかに認否書の提出期限、報告書等（同124、125）の提出期限及び再生計画案の提出期限が定められるのが通例である。

2. 債権者集会の期日は定められない

従前の和議手続においては、債権者集会の期日が開始決定と同時に定められ（和27①Ⅱ）、債権者集会では、管財人や整理委員から、和議の開始に至った事情、債務者の財産に関する経過および現状等が報告された（同48）。

しかし、再生手続では、**債権者集会の開催自体が任意とされている**（民再114）ので、財産状況報告のための債権者集会（同126）を開催せずに、再生債務者の業務および財産に関する経過および現状等を記載した報告書を裁判所に提出し（同125）、これを閲覧等に供したり（民再規62）、その要旨を債権者に送付する（同63）だけでもよい。したがって、開始決定と同時に債権者集会の期日が定められることはまれであり、実務上は、再生債務者が任意に債権者説明会を開催した上で、その結果の要旨を裁判所に報告する（同61）という運用が一般的である。

3. 管財人が選任されるのはまれである

更生手続では、開始決定と同時に管財人が選任される（会更42）。しかし、再生手続はDIP型を原則とし、管財人を選任する管理命令（民再64）が下されるのは例外的である。和議手続でも、開始決定と同時に管財人が選任されるが（和27①）、和議管財人は、破産や会社更生の管財人とは違って、財産の管理処分権を原則として持たない（同32①）監督機関にすぎなかった。

再生手続でこれに近いのは監督委員である（民再54②）。しかし、監督委員は、再生手続の開始を待たずに、申立受理と同時または直後に選

任されることが多いから（同54①）、開始決定と同時に選任されることはなさそうである。

4. 再生計画の決議のための債権者集会はいつ招集されるのか

和議手続では、開始の申立と同時に和議条件が提供される（和13①）。そして、和議条件の決議は必ず債権者集会で行われるから、和議開始の決定と同時に、和議条件を決議するための債権者集会の期日が定められていた（同27①Ⅱ）。

これに対して、再生手続では、再生計画は手続開始後に、債権届出期間の満了後に裁判所が定める期間内に提出すればよいことになっている（民再163①）から、再生計画案を決議に付することについても、**再生計画案が提出された後に裁判所が決定することになる**（同169①）。しかも、再生手続では書面による決議も許されているから（同169②Ⅱ）、債権者集会が全く開かれないこともある。

4 公告と送達

再生手続開始決定は、官報に公告される。また、再生債務者および知れている再生債権者には、再生手続開始決定の主文等を記載した書面が通知される。この公告および通知によって、再生手続が開始されたことを知ることができる。

1. 利害関係人に再生手続開始を知らせる必要がある

再生手続は、その開始決定の時から、効力を生ずる（民再33②）。また、再生手続開始の申立についての決定に対しては、即時抗告をすることができる（同36①）。そのため、再生手続開始の決定がなされたことは、利害関係人に知らせる必要がある。

そこで、再生手続においては、裁判所が再生手続開始の決定をしたと

きは、ただちに、「再生手続開始決定の主文」ならびに「再生債権の届出をすべき期間」（債権届出期間）および「再生債権の調査をするための期間」（債権の一般調査期間）が公告される（同35①）。公告は、官報に掲載して行われる（同10①）。

　また、再生債務者および知れている再生債権者に対しては、再生手続開始決定の主文ならびに債権届出期間および債権の一般調査期間を記載した書面が通知される（同35③Ⅰ）。

　さらには、監督委員による監督を命ずる処分、管財人による管理を命ずる処分または保全管理人による管理を命ずる処分がされた場合における監督委員、管財人または保全管理人に対しても、再生手続開始決定の主文ならびに債権届出期間および債権の一般調査期間を記載した書面が通知される（同35③Ⅱ）。

5　棄却と抗告

　再生手続開始の申立に関する裁判（開始決定、却下決定、棄却決定）に対しては、利害関係を有する者は、不服申立（即時抗告）をすることができる。

1．再生手続における不服申立

　再生手続の迅速な進行と集団的な処理を図るために、再生手続に関する裁判につき利害関係を有する者の不服申立については、民事再生法に特別の定めがある場合に限って即時抗告ができるものとされ、その期間は、公告がなされる裁判については公告が効力を生じた日（官報掲載日の翌日）から起算して2週間と定められている（民再9、10①・②）。公告がなされない裁判については裁判の告知を受けた日から1週間である（同18、民訴332）。

　再生手続開始の申立についての裁判に対しては、即時抗告をすること

ができると規定されている（民再36①）。

2. 再生手続開始決定に対する即時抗告

再生手続開始決定がなされた場合（民再35により公告される）における即時抗告権者・態様は、以下のとおりである。

債務者申立の場合には、債権者が、開始決定に対し、再生手続開始原因がないまたは申立棄却事由があるとの理由により即時抗告をすることができ、また債権者申立の場合には、債務者または他の債権者が、上記の理由により即時抗告をすることができる。いずれの場合も、即時抗告の期間は、公告が効力を生じた日から2週間である。

3. 再生手続開始申立の却下決定・棄却決定に対する即時抗告

再生手続開始申立において、再生手続開始の原因となる事実の疎明（民再23①）がないとき、または債権者申立の場合に、その有する債権の存在の疎明（同②）がないとき等には、申立は不適法なものとして却下される。また、申立が適法であっても、再生手続開始原因（同21）が認められず、または申立棄却事由（同25）が認められる場合には、申立は棄却される。

債務者申立の場合には、債務者が、再生手続開始原因の疎明があるまたは手続開始要件があるとの理由により即時抗告をすることができ、また債権者申立の場合には、申立債権者が、上記の理由により即時抗告をすることができる。申立の却下決定・棄却決定は公告されないので、即時抗告期間は、申立人が決定の送達を受けた日から1週間である。

4. 棄却決定に対して即時抗告があった場合の保全処分等

再生手続開始の申立を棄却する決定がされた場合には、仮差押、仮処分その他の保全処分（民再30）、再生債権に基づく強制執行等の包括的禁止命令（同27）、再生債権に基づくその他の手続の中止命令（同26）は、

当然に失効することになる。

しかし、棄却決定に対して即時抗告がされた場合、これについての裁判所の判断に一定の時間を要することから、後日に棄却決定が取り消されて再生手続が開始されたとしても、すでに再生債務者の財産が散逸、劣化していたり、処分されてしまっており、再生手続の目的を達成できない状態となっているおそれがある。そこで、このような事態の発生を防止するために、民事再生法26条から30条までの規定を準用し、即時抗告についての判断がなされるまでの間、保全処分や再生債権に基づく強制執行等の中止などを命ずることができるとし、再生債務者の財産の維持を図ることとしている。

6 開始決定の取消

再生手続開始の決定があっても、開始決定は即時抗告により取消されることがある。

1. 決定から2週間以内であれば即時抗告できる

再生手続は、その開始決定の時から、効力を生ずる（民再33②）。しかし、再生手続開始決定に対しては、利害関係人は、**即時抗告をすることができる**（同36①）。即時抗告期間は決定の公告が効力を生じた日から2週間である（同9）。そのため、いったん再生手続開始決定がなされても、抗告審で**再生手続開始決定が取消されることがある**。

取消決定が確定し、開始決定の効果が遡及的に失われても、開始決定は決定の時から効力を有するため、開始決定後、取消決定確定までの間に行われた再生債務者の行為は有効である。

再生手続開始の決定を取消す決定が確定したときは、再生手続開始の決定をした裁判所は、ただちに再生手続開始の決定を取消す決定の主文を公告する。また、再生債務者および知れている再生債権者に対し、再

生手続開始の決定を取消す決定の主文を通知する。

　さらには、監督委員による監督を命ずる処分または管財人による管理を命ずる処分がされている場合には、監督委員、または管財人に対しても、再生手続開始の決定を取消す決定の主文を通知する（同37）。

　法人である再生債務者の設立または目的である事業について官庁その他の機関の許可があったものであるときは、再生手続開始決定の取消決定が確定した場合、開始決定をした裁判所、裁判所書記官は取消決定があった旨を、その官庁その他の機関に通知しなければならない（民再規6②）。

2. 取消決定により再生手続廃止もありうる

　なお、再生手続開始の決定が確定しても、その後、**再生手続廃止**、**再生計画不認可**または**再生計画取消**の決定が確定すれば、再生手続による再生はできないこととなる。裁判所は、再生手続廃止、再生計画不認可または再生計画取消の決定が確定した場合、その再生債務者に破産の原因たる事実があると認めるときは、職権で破産手続開始決定をすることができる（民再250①）。

7　開始決定の効力

　再生手続は、経済的に窮境にある債務者について、債務者と債権者との間の民事上の権利関係を適切に調整し、債務者の事業または経済生活の再生を図ることを目的とする手続である（民再1）。

　再生手続は、その開始決定の時から、効力を生ずる（同33②）。再生手続の開始決定により、民事上の権利関係を適切に調整する観点から、再生債権の個別行使の禁止、他の手続の中止、訴訟手続の中断等の効力が生じる。

1. 再生債務者の地位

　再生債務者は、再生手続が開始された後も、その業務を遂行し、またはその財産を管理し、もしくは処分する権利を有する（民再38①）。再生手続においては、原則として、従前どおり、再生債務者に業務を遂行させ、財産の管理処分をさせて、再生債務者の事業または経済生活の再生を図ることとなる。

　また、再生手続が開始された場合は、再生債務者は、債権者に対し、公平かつ誠実に、上記の権利を行使し、再生手続を追行する義務を負う（同38②）。ただし、管財人による管理を命ずる処分がされた場合には、業務遂行および財産管理処分権は管財人に専属し、再生債務者は、業務遂行および財産管理処分権を失う（同64、66）。

2. 再生債権の個別行使の制限等

　再生手続は、債務者と債権者との間の民事上の権利関係を適切に調整する手続である。そのため、再生手続によらない債権の個別行使等を認めると、再生手続の目的を達することができない。

　そこで、再生債権（原則として、再生債務者に対して再生手続開始前の原因に基づいて生じた財産上の請求権であり、共益債権（民再119）または一般優先債権（同122）を除いたもの）については、再生手続開始の決定があったときは、民事再生法に特別の定めがある場合を除き、再生計画の定めるところによらなければ、弁済をし、弁済を受け、その他これを消滅させる行為（免除を除く）をすることができないこととなる（同85①）。

3. 他の手続の中止等

　また、再生手続開始の決定があったときは、破産手続開始、再生手続開始もしくは特別清算開始の申立、もしくは再生債務者の財産に対する

再生債権に基づく強制執行等または再生債権に基づく財産開示手続の申立はすることができず、破産手続再生債務者の財産に対してすでにされている再生債権に基づく強制執行等および再生債権に基づく財産開示手続は中止し、特別清算手続はその効力を失う（民再39①）。

4. 訴訟手続の中断等

さらには、再生手続開始の決定があったときは、再生債務者の財産関係の訴訟手続のうち再生債権に関するものは、中断する（民再40①）。同様に、再生債務者の財産関係の事件のうち再生債権に関するものであって、再生手続開始当時行政庁に係属するものも中断する（同40③）。

5. 再生債権についての権利取得の制限等

再生手続開始決定により再生債務者の財産は、いわば総債権者の債権の引当てという性格が強くなり、公平の原則が強く要求される。そのため、再生手続開始後、一部の再生債権が再生債務者の財産に権利を取得することを認めることは、妥当でない。

そこで、再生手続開始後、再生債権につき再生債務者財産に関して再生債務者または管財人の行為によらないで権利を取得しても、再生債権者は、再生手続の関係においては、その効力を主張することができない（民再44）。また、不動産または船舶に関し再生手続開始前に生じた登記原因に基づいて再生手続開始後にされた登記または不動産登記法105条1号の仮登記は、再生手続の関係においては、その効力を主張することができない。ただし、登記権利者が再生手続開始の事実を知らないでした登記または仮登記については、この限りでない（同45）。

6. その他

再生手続開始決定により、双方未履行の双務契約の解除権、否認権、相殺の時期的制限等も生じる。

第2節　開始決定に対する対応

1　債務者の対応

　再生手続において、債務者は、再生手続遂行の中心として、業務遂行財産管理処分を行うとともに、認否書の作成および提出、財産の価額の評定ならびに裁判所への報告等を行わなければならない。

1．再生債務者の地位

　再生債務者は、再生手続が開始された後も、その業務を遂行し、またはその財産を管理し、もしくは処分する権利を有する（民再38）。したがって、再生手続においては、再生債務者が、原則として、従前どおり業務を遂行し、財産の管理および処分をして、事業または経済生活の再生を図ることとなる。ただし、裁判所が、再生債務者の業務および財産に関し、管財人による管理を命じる処分をした場合には、業務遂行権および財産管理処分権は管財人に**専属**し、再生債務者は、**業務遂行権**および**財産管理処分権**を失う（同64、66）。

2．再生手続上の義務

　再生手続は、経済的に窮境にある債務者について、債務者と債権者との間の民事上の権利関係を適切に調整し、債務者の事業または経済生活の再生を図ることを目的とする手続である（民再1）。

　債務者と債権者との間の民事上の権利関係を適切に調整するには、一方で、再生債権者の債権額を確定し、他方で、再生債務者の財産の額を評定することが必要となる。また、再生手続開始に至った事情ならびに

再生債務者の業務および財産に関する経過および現状等を明らかにすることも必要である。そこで、再生手続においては、再生債務者は、認否書の作成および提出、財産の価額の評定ならびに再生手続開始に至った事情等の裁判所への報告を行うことが要求される。

3. 認否書の作成および提出

再生債務者等（管財人が選任されていない場合は再生債務者、管財人が選任されている場合は管財人をいう）は、債権届出期間内に届出があった再生債権について、その内容および議決権についての認否を記載した認否書を作成し、裁判所に提出しなければならない（民再101）。

4. 財産の価額の評定等

再生債務者等は、再生手続開始後（管財人については、その就職の後）遅滞なく、再生債務者に属する一切の財産につき再生手続開始時における価額を評定しなければならない。再生債務者等は、再生債務者に属する一切の財産の評定を完了したときは、ただちに再生手続開始の時における財産目録および貸借対照表を作成し、これらを裁判所に提出しなければならない（民再124）。

5. 裁判所への報告

再生債務者等は、再生手続開始後（管財人については、その就職の後）遅滞なく、再生手続開始に至った事情ならびに再生債務者の業務および財産に関する経過および現状等の事項を記載した報告書を、裁判所に提出しなければならない（民再125①）。

2 財産評定

再生債務者等は、開始決定後遅滞なく、一切の財産につき開始決定時の価額を評定した後、財産目録及び貸借対照表を作成して、裁判所に提出しなければならない。

1. 財産評定の目的

再生債務者等は、再生手続開始後遅滞なく、一切の財産につき再生手続開始の時における価額を評定しなければならない（民再124①）。この再生手続における財産評定の目的は、再生債務者の財産状態を正確に把握すること、清算配当率を明らかにして関係者の態度決定の資料を提供すること、再生計画案作成の基礎資料とすること等である。再生債権者においては、清算配当率を知ることができるので、再生計画案で示された弁済計画について賛否を決める際の判断材料となる。裁判所においては、再生計画の決議が再生債権者の一般の利益に反するときは再生計画不認可事由（同174②Ⅳ）に該当する関係で、再生計画による弁済計画が、清算価値を保障しているか、清算配当率を実質的に下回っていないかを判断する際の基礎資料となる。

2. 財産評定の基準

財産評定は、原則として財産を処分するものとしなければならず（民再規56①本文）、その評価基準は**処分価額**（市場で売却する際の正常な価額ではなく、強制競売の方法により即時に債務者の協力を得ないで処分できる価額＝破産を前提とした財産の清算価額）によることになる。ただし、**必要がある場合には、併せて、全部または一部の財産について、再生債務者の事業を継続するものとして評定することができる**（同①但書）。例えば、事業再生の手法として事業の全部または一部の譲渡を検討している場合、企業の資本効率が高く資産の処分価値と事業継続価値

119

との隔たりが大きい場合などが想定される。

3. 財産評定の基準時・対象・主体等

　財産評定は、再生手続開始決定時を基準として、同時点の価額について行う。評定の対象となる財産は、再生債務者に属する一切の財産であり、担保の目的物である不動産や動産等、簿外資産なども含まれる。評定の主体は、再生債務者自身（管財人が専任されている場合は管財人）である。実務的には、再生債務者等が、公認会計士や税理士、不動産鑑定士等の適切な専門家の援助または指導を受けて行うことが多い。

　再生債務者等の行う評定、財産目録等が不明確であり判断の基礎資料とするに足りないとき、その他信頼性を欠くと認められるときなどがあり得るので、裁判所は、必要があると認めるときは、評価人を選任し、再生債務者の財産の評価を命ずることができる（民再124③）。

4. 財産目録及び貸借対照表の作成と提出

　再生債務者等は、財産評定を完了したときは、直ちに再生手続開始の時における財産目録及び貸借対照表（財産評定の結果を反映した清算貸借対照表）を作成し、裁判所に提出しなければならない（民再124②）。裁判所の運用では、開始決定において民事再生法125条1項の報告書と同日を期限として提出することが命じられている。再生債権者等が、再生債務者の財産状態について正しく判断することができるようにするため、財産目録及び貸借対照表には、その作成に関して用いた財産の評価の方法その他の会計方針を注記しなければならない（民再規56②）。

3 開始決定後の制限事項

　再生債務者は再生手続開始決定後も、原則として、業務遂行権および財産管理処分権を有し、業務の遂行にあたる。しかし、公平かつ誠実に権利を行使し再生手続を追行する義務を負い、さらに個別的行為の制限をも受けることになる。

1. 再生手続追行義務

　再生債務者は、再生手続が開始された後も、その業務を遂行し、またはその財産を管理し、もしくは処分する権利を有する（民再38①）。したがって、再生手続開始後、再生債務者は手続遂行の中心となる。そのため、再生債務者は、再生手続が開始された場合には、債権者に対し、公平かつ誠実に、業務執行および財産の管理処分権を行使し、再生手続を追行する義務を負うことになる（同38②）。

　ただし、再生債務者（法人である場合に限る）の財産の管理または処分が失当であるとき、その他再生債務者の事業の継続のために特に必要があると認められて、再生債務者の業務および財産に関し、管財人による管理を命ずる処分がなされた場合には、再生債務者は業務執行および財産の管理処分権を失う（同64、66）。

2. 再生債務者の行為の制限

　再生手続開始の申立原因は、債務者に破産の原因たる事実の生ずるおそれがあるとき、または債務者が事業の継続に著しい支障を来すことなく弁済期にある債務を弁済することができないとき、である（民再21）。このように、再生債務者の財政状態は極めて厳しい状況にある。そこで、裁判所は、再生債務者による財産処分等を監督するため、再生手続開始後において、必要があると認めるときは、再生債務者が以下に掲げる行為をするには裁判所の許可を得ることを要するとすることがで

きる（同 41）。
　①財産の処分
　②財産の譲受け
　③借財
　④双方未履行の双務契約の解除
　⑤訴えの提起
　⑥和解または仲裁合意
　⑦権利の放棄
　⑧共益債権、一般優先債権または取戻権の承認
　⑨別除権の目的である財産の受戻し
　⑩その他裁判所の指定する行為

3. 営業等の譲渡

　営業等の譲渡は、債務者の事業または経済生活の再生に極めて大きな影響を与える行為である。そこで、再生手続開始後においては、再生債務者等が再生債務者の営業または事業の全部または重要な一部の譲渡をするには、裁判所の許可を得なければならない（民再 42 ①）とされている。

　なお、再生手続開始後において、株式会社である再生債務者がその財産をもって債務を完済することができないときは、裁判所は、再生債務者等の申立により、当該再生債務者の事業の全部または重要な一部の譲渡について株主総会の特別決議による承認に代わる許可を与えることができる。ただし、当該事業の全部または重要な一部の譲渡が事業の継続のために必要である場合に限る（同 43）。

4 債権者の対応

　債権者としては、再生債権の届出を債権届出期間内に行い、再生債権を失権させないことが重要である。

　また、相殺についても、再生債権の届出期間内に限り行うことができるという時期的制限があるので、時期に遅れず適切に相殺を行うことが必要である。

1．債権届出

　再生債務者に対して再生手続開始前の原因に基づいて生じた財産上の請求権（共益債権または一般優先債権であるものを除く）は、再生債権となる（民再84①）。なお、民事再生法84条2項に定める請求権も再生債権となる。

　再生債権については、再生手続開始決定後は、民事再生法に特別の定めがある場合を除き、再生計画の定めるところによらなければ、弁済をし、弁済を受け、その他これを消滅させる行為（免除を除く）をすることができない（同85①）。

　また、再生計画認可の決定が確定したときは、再生計画の定めまたは民事再生法の規定によって認められた権利を除き、再生債務者は、すべての再生債権につき免責される（ただし、罰金、科料等については、この限りでない）（同178）。

　したがって、再生債権については、債権届出期間内に債権届出を行い、再生手続に参加しないと、原則として、権利行使ができず免責されることとなる。

　そこで、再生債権者としては、債権届出期間内に、各債権の内容および原因、約定劣後再生債権であるときはその旨、議決権の額その他最高裁判所規則で定める事項を裁判所に届出る必要がある（同94①）。

2. 債権届出期間内に届出ができなかった場合

なお、再生債権者がその責めに帰することができない事由によって債権届出期間内に届出をすることができなかった場合には、その事由が消滅した後1カ月以内に限り、その届出の追完をすることができるとされている（民再95①）。

しかし、再生債権者側の単なる事務手続のミス等による場合は、「その責めに帰することができない事由」には該当しないと考えられる。

また、再生計画案の付議決定（同169）後は、債権届出の追完はできない（同95③）。

3. 相殺

相殺についても、再生手続は、時期の制限を設けた。すなわち、再生債権者が再生手続開始当時、再生債務者に対して債務を負担する場合において、債権および債務の双方が再生債権の届出期間の満了前に相殺に適するようになったときは、再生債権者は、**再生債権の届出期間内に限り**、再生計画の定めるところによらないで相殺をすることができるとされている（民再92①）。

和議手続の場合には、相殺の時期について特段の制約がなかったので（最判平11.3.9裁時1239号3頁）、その違いに注意が必要となる。

5 開始決定後の銀行取引

　再生債務者財産に関し再生債務者等が再生手続開始後にした資金の借入れその他の行為によって生じた請求権は、共益債権となり、保護されることとなる。

1．開始決定前の原因に基づく債権＝再生債権

　再生債務者に対して再生手続開始前の原因に基づいて生じた財産上の請求権（共益債権又は一般優先債権であるものを除く）は、**再生債権**となる（民再84①）。再生債権については、再生手続開始決定後は、原則として、再生計画の定めるところにより弁済等を受けることになる（同85①）。
　したがって、再生手続開始前の原因に基づいて生じた貸金債権は、担保がない限り、**一般再生債権**となり、再生計画の定めるところにより弁済等を受けることになる。
　ただし、再生債務者が、再生手続開始の申立後、再生手続開始前に資金の借入れ、原材料の購入その他再生債務者の事業の継続に欠くことができない行為をする場合には、裁判所は、その行為によって生ずべき相手方の請求権を共益債権とする旨の許可をすることができ、その許可を得た借入の貸金債権は共益債権となる（同120①）。また、保全管理人が選任されている場合は、裁判所の許可を要せず、保全管理人が再生債務者の業務及び財産に関し権限に基づいてした資金の借入れその他の行為によって生じた請求権は、共益債権となる（同120④）。

2．開始決定後の原因に基づく債権＝共益債権

　これに対して、再生債務者財産に関し再生債務者等が再生手続開始後にした資金の借入れその他の行為によって生じた請求権は、共益債権となる（民再119Ⅴ）。共益債権は、再生手続によらないで、**再生債権に**

先立って、随時弁済を受けることができる（同 121）。したがって、開始決定後になされた融資については、相当程度保護されることとなる。ただし、再生債務者の資産が総共益債権を弁済するに足りない場合には、共益債権といえども全額の弁済を受けられない可能性は存在する。

6 取戻権の行使

再生手続が開始しても、再生債務者に属しない財産は、これを取戻すことができる。

1. 再生債務者に属さない財産について取戻権行使できる

破産法62条と同じく民事再生法はその52条1項で再生手続の開始は再生債務者に属しない財産を再生債務者から取戻す権限に影響を及ぼさないと規定している。

これを取戻権という。この取戻権の基礎となる権利として、所有権およびその他の物権がある。さらに債権的請求権も取戻権の基礎となることがある。

例えば、転借人に再生手続が開始した場合に転貸人が転貸借の終了を原因として転借人に、取戻権を行使する場合や、倉庫業者等の受寄者に再生手続が開始した場合に、寄託者が受寄者に取戻権を行使する場合である。

2. 対抗要件を備えることが必要となる

破産法では、所有権に基づく取戻権の行使の場合、その所有権その他の物権は、破産管財人に対抗できるものでなければならない、とされている。したがって、取戻権を行使する者と破産者が対抗関係に立つ場合は、取戻権者はその所有権その他の物権について対抗要件を備えている必要がある。

また、所有者が建物の返還を求めるような場合、破産者が賃借権など占有の継続を正当化する権原を持っている場合は破産管財人はそれを理由に期間満了あるいは解除により権原が消滅するまで引渡を拒むことができる。

　再生手続では、管財人が選任されるのは例外的場合で、通常の場合は、取戻権行使の相手となるのは再生債務者であるが、再生債務者は手続開始後は管財人と同じ立場に立ち、対抗関係に立つときは対抗要件を備えないと取戻権を行使できない。

3．代償的取戻権

　再生債務者が、再生手続開始前後を問わずに取戻権の対象物を第三者に譲渡し、再生手続開始までにその反対給付の弁済を受けていないときは、取戻権者は反対給付請求権の移転を求めることができる。再生債務者が再生手続開始後に反対給付を受け取ったときは、再生債務者が受け取った反対給付の引き渡しを求めることができる（民再52②による破64の準用）。

7　役員の損害賠償の査定

　申立または職権により、簡易迅速な決定手続により、役員の損害賠償責任の有無及び額を確定し、役員に支払を命ずることができる。

1．損害賠償請求権の査定とは

　民事再生法は、142条から147条において損害賠償請求権の査定に関する規定を設けている。損害賠償請求権の査定とは、再生債務者が法人である場合、その理事、取締役、執行役、監事、監査役、清算人またはこれらに準じる者（以下「役員」という）が、再生債務者に対して負っている損害賠償責任を訴訟よりも簡易かつ迅速な決定手続により追及す

る制度である。会社更生手続、破産手続、特別清算手続にも同様の規定がある。

2. 申立権者

管財人が選任されているときは管財人であり、管財人が選任されていないときは、再生債務者と再生債権者である（民再143①、②）。

3. 保全処分

査定の裁判がなされる前に役員がその財産を隠匿、費消することを阻止し、役員に対する損害賠償請求権を保全する必要性が認められる場合、役員の財産に対する保全処分を行うことができる。なお、この保全処分は、緊急の必要性があるときには、再生手続開始決定前でも認められる（民再142①、③）。

4. 損害賠償査定の裁判

損害賠償査定の裁判は、申立権者の申立または職権で開始される（民再143①）。申立人は、役員に対する損害賠償請求権の原因となる事実を疎明しなければならない（同③）。申立の方式については民事再生規則69条に規定されている。裁判所の職権で査定の手続が開始される場合には、その旨の決定がなされる（同④）。

裁判所は、損害賠償査定の裁判をするにあたり、当該役員を審尋しなければならない（同144②）。そのうえで、査定の裁判または査定の申立を棄却する裁判を、理由を付して行い（同①）、査定の裁判書は当事者に送達される（同③）。

なお、査定の手続は、再生手続が終了したときをもって終了するので、その前に査定の裁判がなされるように早期に申立を行う必要がある（同143⑥）。

5. 査定の裁判に対する異議の訴え

　損害賠償の査定の裁判に対して異議のある者、すなわち、損害の賠償を命じられた役員または査定の申立を棄却された申立人は、査定の裁判書の送達を受けた日から1カ月以内に再生裁判所に異議の訴えを提起することができる（民再145①、②）。査定の手続は簡易迅速な決定手続であったが、異議の訴えは通常の民事訴訟手続であるので、口頭弁論は必ず行わなければならず、また、請求原因事実も疎明ではなく、証明が必要となる。

　異議訴訟が係属中に再生手続が終了した場合には、異議訴訟の当事者が再生債務者等でないとき、すなわち、再生債権者と役員が当事者であるときは、当該訴訟手続は中断し、再生債務者がこれを受継する。また、受継の申立は訴訟の他方当事者である役員も行うことができる（同146⑥、68③）。

6. 査定の裁判と異議訴訟の判決の効力

　役員に対する損害賠償請求権を認める査定の裁判に対して、1カ月の不変期間内に異議の訴えが提起されなかった場合、あるいは異議の訴えが不適法として却下された場合には、当該査定の裁判は確定した給付判決と同一の効力を有するので、役員に対する強制執行を行うことができる。

　また、異議訴訟において、査定の裁判が認可され、または変更されて役員に対する損害賠償請求権が認められた場合にも、強制執行に関しては給付判決と同一の効力が認められ、仮執行宣言が付されている場合には確定前に強制執行を行うことができる（民再146④、⑤）。

第3章 開始決定

第3節 否認

1 再生手続の否認権の概要

　再生手続でも否認権行使は可能であるが、否認権を行使するのは、監督委員または管財人であり、再生債務者および債権者は裁判所に監督委員に否認権を行使する権限を付与するよう申立ができるだけである。

1．否認権の規定

　和議手続には否認の規定がなかったが、民事再生法では、破産、会社更生法にならって否認の規定が設けられた。一部債権者に弁済があったとか、担保提供がなされたというような偏頗な行為があると公平公正ではないので、否認権が設けられたものである。

2．否認権の対象となる行為

　否認権行使の対象となるのは、破産法の場合と同じく、以下のような行為をさす。

①再生債務者が再生債権者を害することを知ってした行為（ただし、担保の供与または債務の消滅に関する行為は除く）（民再127①Ⅰ詐害行為否認）。例えば、債務超過状態にあるのに、不動産を不当に安い価格で売却するような行為である。

　ただし受益者が再生債権者を害することを知らなかったことを証明したときは否認権の対象とならない。知らないことに過失があるか否かは問題とされない（旧破72①につき最判昭42.6.15民集26巻5号103頁）。

②再生債務者が支払の停止または再生手続開始、破産手続開始、もしくは特別清算開始の申立など「支払の停止等」のあった後にした再生債権者を害する行為（民再127①Ⅱ詐害行為否認）。例えば、支払停止後に不動産を不当に安い価格で売却するような行為である。

　ただし受益者が支払停止等のあったことおよび再生債権者を害する事実を知らなかったことを証明したときは否認の対象とならない（同127①Ⅱ）。

③再生債務者が支払不能になった後または再生手続開始、破産手続開始もしくは特別清算開始の申立があった後にした**既存債務**についての担保提供または**債務を消滅させる行為**（民再127の3①偏頗行為否認）。ただし、債権者が当該行為が支払不能の後になされたときは支払不能を、再生手続開始の申立等があった後になされたときは再生手続開始の申立等があったことを知らなかったときは否認の対象とはならない。

　なお、再生債務者が法人の場合、債権者がその役員、親会社、議決権の過半数を有する株主、共通の親会社がある場合、再生債務者が自然人の場合の親族、同居者の場合等、あるいは再生債務者の義務に属せずまたはその方法、もしくは時期が義務に属しない行為の場合、再生債権者は支払不能または支払停止があったことあるいは再生手続開始の申立等があったことを知っていたと推定される（民再127の3②）また、支払停止があると支払不能であると推定される（同127の3③）

④再生債務者の義務に属せず、またはその時期が再生債務者の義務に属しない担保の供与または債務の消滅行為でその行為が**支払不能になる前30日以内になされたもの**（民再127の3②）。例えば、特約がないのに担保を提供したり、履行期前に本旨弁済をする行為などである。

　ただし、債権者がその行為の当時、他の債権者を害する事実を知

らなかったことを証明した場合は、否認の対象とならない。支払の停止等があった後は支払不能であったと推定される（同127の3③）。

3. 相当の対価を得てした財産の処分

再生債務者が債務超過で全債権者に弁済をするのは困難な状態で、再建のために遊休不動産を相当の対価で売却し、運転資金を作ると、この不動産処分行為が否認権の対象となるかが問題となる。そのため、民事再生法127条の2は相当の対価を得てする財産の処分は、再生債務者が財産隠匿をするおそれを現に生じさせるもので、再生債務者がその意思を有し、そのことを取引の相手方が知っていた場合でなければ否認権の対象とならないとして、再建のための遊休資産の処分等をしやすくした（民再127の2）。

4. 否認権の行使者

否認の対象となる行為があっても再生債務者または再生債権者は直接否認権を行使できない。再生債務者、再生債権者その他の利害関係人は裁判所に監督委員に対し否認権行使の権限を付与するよう申立できるだけである。裁判所は、この申立により、あるいは職権により監督委員に否認権行使の権限を付与することができる（民再56①）。否認権行使の権限を付与された監督委員は、再生裁判所に訴えを提起し、すでに係属している再生債務者と否認権行使の相手方間の訴訟に相手方を被告として参加し（同138①）、あるいは再生裁判所に否認の請求をなす方法で行使する（同135①）。

否認の請求は裁判所に、その原因事実を疎明して申立て（同136①、民再規66）、裁判所は相手方および転得者を審尋して決定をする（民再136②、④）。

この決定に不服ある者は決定の送達を受けた日から1カ月以内に異議の訴えができる（同137）。

5. 管理命令がされた場合の否認権行使

　管理命令があった場合は、否認権は、管財人が訴え、抗弁、否認の請求によって行使する（民再135①、③）。監督委員が否認権を行使して訴訟が係属中に管理命令がなされた場合は、管財人が当該訴訟を引継（「受継」という）ぐこととなる（同141②）。

6. 否認権行使期間

　否認権は再生手続開始の日から2年あるいは行為の日から20年を経過すると行使できない（民再139）。

2 詐害行為の否認

　詐害行為否認には、以下の類型があり、破産法160条、会社更生法86条にも同旨の規定が存在する。

1. 再生債務者が再生債権者を害することを知ってした行為

　民事再生法127条1項1号に規定されている類型であり、例えば、債務者が、債務超過状態に陥った後に、所有する不動産を廉価で売却するような行為がこれに当たる。旧法においては故意否認として類型化され、かつては本旨弁済が故意否認の対象になるかという形で争いがあったが、現行法は明文でこれを排除している（民再127①本文括弧書）。

　この類型の否認の積極的要件は、①再生債権者を害する行為であること（有害性）と②再生債務者がそのことを知ってした行為であること（詐害意思）である。また、消極的要件として、③受益者が、その行為の当時、再生債権者を害する事実を知らなかったとき（受益者の善意）は、否認の対象とならない。

　上記①の有害性の前提として、債務者が債務超過の状態にあることを

要すると解するのが通説であるが、債務者に支払不能もしくは債務超過の状態が発生しまたはその発生が確実に予測される時期（実質的危機時期）以降であれば否認の対象になると解する説も有力である。

上記②の詐害意思について、積極的な加害の意図までは要せず、単なる詐害の認識で足りる（認識説）と解されている。

上記③の受益者の善意については、善意であることにつき、受益者が立証責任を負う。善意の対象は、上記①の有害性である。受益者の過失の有無は問題とならない。

2. 支払の停止等の後にした再生債権者を害する行為

民事再生法127条1項2号に規定されている類型であり、例えば、債務者が、手形の不渡りを出した後に、所有する不動産を廉価で売却するような行為がこれに当たる。

この類型の否認の積極的要件は、①再生債権者を害する行為であること（有害性）と②その行為が、支払の停止または再生手続開始、破産手続開始もしくは特別清算開始の申立（以下「支払の停止等」という）があった後になされたこと（形式的危機時期）である。また、消極的要件として、③受益者が、その行為の当時、支払の停止等があったこと及び再生債権者を害する事実を知らなかったとき（**受益者の善意**）は、否認の対象とならない。

1号の否認と比較すると、否認の対象を、支払の停止等という債務者の資力が決定的に悪化した時期以降に限定する代わりに、債務者の詐害意思を不要としている。また、受益者が否認を免れるためには、有害性と支払の停止等の両方について善意であることを立証する必要がある。

3. 過大な代物弁済

民事再生法127条2項に規定されている類型であり、例えば、債務者が、3,000万円の債権について、5,000万円の価値の不動産を債権者に給

付した場合（代物弁済。民482）に、2,000万円の部分に限って、否認の対象となる。

4．無償行為否認

　民事再生法127条3項に規定されている類型であり、例えば、債務者が、手形の不渡りを出す3カ月前に、所有する不動産を贈与するような行為がこれに当たる。

　この類型の否認の積極的要件は、①無償行為またはこれと同視すべき有償行為であることと②その行為が、支払の停止等があった後またはその前6月以内にあったことである。この類型の場合、善意の受益者も、否認を免れることは出来ないが、現に利益を受けている利益を償還すれば足りる（民再132②）。

3　適正価格処分と否認

1．問題の所在

　債務者が、債務超過に陥った後（論者によっては、実質的危機時期以降）、その所有する財産を廉価で処分した場合には詐害行為否認（民再法127①Ⅰ）が成立するところ、適正価格で処分した場合にも詐害行為否認の対象となるかが、旧法下では争われていた。

　しかし、適正価格処分に対して否認を認める立場に対しては、適正価格で購入したにもかかわらず、後に否認されて売買の効力が否定されたのでは、買主の地位が不安定となり、取引の安全を著しく害するとの批判がなされていた。また、債務者の側としても、債務超過（または実質的危機時期）に陥ってしまうと、取引の相手方が否認のリスクを恐れるため、財産の売却や担保権の設定が困難となり、必要資金の調達に困難が生ずる懸念があった。

そこで、現行法は、詐害行為否認に関する民事再生法127条の特則として、法127条の2を設け、適正価格による財産の処分は、原則として、否認の対象とならないことを明らかにし、特別の要件を満たす場合に限り、否認の対象としている。破産法161条、会社更生法86条の2にも同旨の規定がある。

2. 民事再生法127条の2が適用される要件

民事再生法127条の2が適用され、原則として否認が否定されるための要件は、①再生債務者が、その有する財産を処分する行為をした場合において（財産処分行為）、②その行為の相手方から相当の対価を取得しているとき（対価の相当性）である。

上記①の財産処分行為の典型例は売買であるが、新規融資を受けてそれと同時に担保権を設定する行為（同時交換的行為）も、これに含まれる。

上記②の対価の相当性とは、廉価でないこと、である。当該財産に市場性があれば、その価格が基準となるが、債務者の資金調達のために早期処分する必要性があることも考慮し、現実の経済環境下において、当該財産がいくらで処分できる可能性があったかを検討し、対価の相当性が判断されることになる。

3. 否認の要件

相当価格による財産処分行為が否認される要件は、①不動産の金銭への換価等、財産の種類の変更により、再生債務者において隠匿、無償の供与等の再生債権者を害する処分をするおそれを現に生じさせること（隠匿等の処分のおそれ）、②再生債務者が、その行為の当時、隠匿等の処分をする意思を有していたこと（隠匿等の処分の意思）、③相手方が、その行為の当時、再生債務者が隠匿等の処分をする意思を有していたことを知っていたこと（相手方の悪意）である。

上記①について、抽象的には、責任財産として強固なもの（債権者がその存在を把握しやすいもの）から、脆弱なもの（債権者がその存在を把握しにくいもの）への変更であると言えるが、具体的には、事案ごとに判断されることになる。

上記②の要件に関し、取得した対価で、一部の債権者に偏頗弁済をした場合が含まれるかについては争いがあるが、通説は否定している。

上記③の要件に関して、民事再生法127条の詐害行為否認の場合と異なり、相手方が悪意であることは、再生債務者の側（否認権限を有する監督委員または管財人）で立証する必要がある。ただし、相手方が、再生債務者の内部者である場合は、その行為の当時、再生債務者の隠匿等の処分の意思を知っていたものと推定し、立証責任が転換されている（民再127の2②）。

4 偏頗行為の否認

偏頗行為否認には、以下の類型があり、破産法162条、会社更生法86条の3にも同旨の規定が存在する。

1. 支払不能になった後または再生手続開始の申立等があった後に、既存の債務についてされた担保の供与または債務の消滅に関する行為

民事再生法127条の3第1項1号に規定されている類型であり、例えば、債務者が、再生手続開始の申立を行った後に、特定の債権者だけに債務を弁済する行為がこれに当たる。

この類型の否認の要件は、①再生債務者が支払不能になった後または再生手続開始、破産手続開始もしくは特別清算開始の申立（以下、「再生手続開始の申立等」という）があった後に、②既存の債務についてされた、③担保の供与または債務の消滅に関する行為であって、④債権者

が、その行為の当時、支払不能であったことまたは支払停止があったことを知っていた場合（当該行為が支払不能になった後にされた場合）あるいは再生手続開始の申立等があったことを知っていた場合（当該行為が再生手続開始の申立等があった後にされた場合）である。

上記①の要件に関し、支払不能とは「再生債務者が、支払能力を欠くために、その債務のうち弁済期にあるものにつき、一般的かつ継続的に弁済することができない状態」をいう（民再93Ⅱ括弧書）。支払停止（再生手続開始の申立等の前1年以内のものに限る）があった後は、支払不能が推定される（同127の3③）。

上記②の要件に関し、否認の対象となるのは、既存の債務についてされた場合に限られ、新規借入について担保権が設定された場合や、代金債務発生と同時に弁済が行われる現金売買の場合は、否認の対象とならない。否認の対象から除外されるこのような行為は、同時交換的行為と呼ばれる。同時交換的か否かは、主に時間的接着性を判断材料として、社会通念上、取引としての一体性が認められるか否かにより判断される。

上記③の要件のうち「債務の消滅に関する行為」の具体例で、現実に問題となるのは弁済及び代物弁済である。

上記④に関して、債権者が悪意であることは、再生債務者の側（否認権限を有する監督委員または管財人）で立証する必要がある。ただし、債権者が再生債務者の内部者である場合や、偏頗行為が非義務的行為である場合には、立証責任が転換されている（同127の3②）。

2. 支払不能前30日以内の非義務行為

民事再生法127条の3第1項2号に規定されている類型であり、例えば、債務者が、支払不能になる10日前に、本来の弁済期日の前に、債務を弁済する行為がこれに当たる。

この類型の否認の積極的要件は、①再生債務者の義務に属せず、またはその時期が再生債務者の義務に属しない行為であって、②支払不能に

なる前30日以内にされた、③担保の供与または債務の消滅に関する行為である。また、消極的要件として、④債権者が、その行為の当時、他の再生債権者を害する事実を知らなかったとき（債権者の善意）は、否認の対象とならない。

　上記①の要件に関し、「再生債務者の義務に属しない」とは、義務がないのに新たに担保を設定するような行為である。「その時期が再生債務者の義務に属しない」とは、期限前弁済がこれに当たる。なお、「その方法が再生債務者の義務に属しない場合」は、この類型の否認の要件に含まれず（民再127の3②Ⅱ参照）、例えば、弁済期に、弁済でなく代物弁済を行った場合は、否認の対象にはならない。

　上記④の要件に関し、善意の対象である「他の再生債権者を害する事実」とは、詐害行為否認の場合と異なり、支払不能の発生が確実に予測されたことと解されている。

5　救済融資と否認

　金融機関が債務者の事業内容が悪化した後に、緊急融資して、抵当権の設定を受けても、当該資金が、債務者の緊急の支払等に使われるものであれば、原則として否認されない。

1．破産法、会社更生法の否認権の規定と同じ

　和議法には否認権の規定がなかったが、民事再生法には、破産法、会社更生法と同じ否認権の規定が設けられた。既存の債務について、支払不能になってから担保権を設定するのは偏頗行為として否認の対象となるが、債務者の業況が悪化してから、救済のために担保を徴求して、新規融資をするのが否認の対象とならないことについては、旧破産法およびそれと同内容の民事再生法の下では条文上明らかではなかった。

　そこで、破産法改正に際し、破産法、民事再生法、会社更生法の否認

に関する規定を改正した。民事再生法127条の3第1項は、次に掲げる行為は否認することができるとしながら、括弧書きで既存の債務についてされた担保の提供または債務の消滅に関する行為に限るとして、担保を徴求して新規貸出をする行為は否認の対象とならないことを明らかにした。これにより、債務者がメインバンクと事業再建の交渉をしている（あるいはメインバンクの主導の下で事業を再建している）中で、緊急の支払いのため融資を申込み、メインバンクが新規融資のみを被担保債権とする担保を取って、これに応ずることは利息の約定が適正である限り否認の対象とはならない。

担保供与が否認の対象とならないためには、担保供与と新規融資とが同時に行わなければならないところ（同時支援的行為）、担保供与には、担保権設定契約のみならず、第三者対抗要件の具備も含まれる。ただし、不動産についての抵当権設定登記や動産・債権の譲渡登記には手続に一定の時間を要することから、新規融資の実行と第三者対抗要件具備の時期が完全に一致する必要はなく、社会通念上、一体の取引とみなされる限り、若干のタイムラグが存在しても、同時支援的行為とみなされるべきである。

なお、救済融資は、民事再生法127条の3の要件を充たせば偏頗行為否認の対象にはならないが、相当価格処分行為（民再127の2）として詐害行為否認の対象になる可能性がある点は要注意である。

2. 既存債務との一体化は認められない

担保を徴求するに際して、新規融資だけでなく、既存融資も被担保債権とした場合、新規融資と既存融資の担保部分を区分できれば既存融資を被担保債権とする部分のみが否認の対象となり、新規融資を被担保債権とする部分は否認の対象とならない。しかし、両者を区分できないときは、一体として否認の対象となる（伊藤眞『破産法・民事再生法』第2版403頁）。

6 対抗要件の否認

　債権譲渡が融資先が危機状態にないときになされても、融資先が危機状態になったことを知って債権譲渡の対抗要件を具備すると、対抗要件具備行為を否認され、結果として、債権譲渡を再生債務者に主張し得なくなる。

1. 対抗要件の否認

　融資先から担保として債権の譲渡を受けることがある。債権譲渡の対抗要件として、民法は通知または承諾を規定している。また、動産および債権の譲渡の対抗要件に関する民法の特例等に関する法律により、法人が債権を譲渡したときは、登記ファイルに譲渡の登記をすることで当該債権の債務者以外の第三者については、民法467条規定の確定日付ある通知があったとみなされることとなっている。

　しかし、債権譲渡の通知をすると融資先の信用を失わせることもあるので譲渡通知を留保することがある。また、特例法による登記についても登記費用等の関係から、担保として債権譲渡を受けても債務者が正常に営業しているときは登記をしないでおき、取引先に信用不安が生じてから登記をすることがある。

　対抗要件を取得するまでは、債権譲渡を第三者に対抗できないので、当該債権は再生債権者全員のための担保となっていると言える。そこで、民事再生法129条1項は、支払いの停止または再生手続開始、破産手続開始もしくは特別清算開始の申立（「支払停止等」という）があった後、第三者対抗要件を備えた場合は、権利変動後15日を経過し、かつ支払停止等について悪意でなされたものは否認できるとしている。

2. 停止条件付債権譲渡契約

　ただし、仮登記や仮登録を本登記、本登録にする行為は対象外とされ

141

ている。この15日の起算日は条件付き債権譲渡のように権利変動原因の発生日と権利変動の効果が生じた日が異なるときは、権利変動の効果が発生した日から起算することとなる（破産法に関する最判昭48.4.6民集27巻3号483頁参照）。そこで、実務上、譲渡担保設定の予約を合意に支払停止等の後に予約完結権を行使したり、譲渡担保設定契約において、支払停止等を譲渡の効力発生のための停止条件とする旨の特約を盛り込んだりして、権利変動の効果が生じる時点で遅らせることにより、否認を回避するという方策が取られた。このような方策に対し、最判平16.7.16は、支払停止等を停止条件とする債権譲渡契約は、債務者に支払停止等の危機時機が到来した後に行った債権譲渡と同視すべきもので否認権行使の対象となるとした。

また、「債権譲渡の対抗要件に関する民法の特例等に関する法律」が平成17年に改正され、債権譲渡につき、譲渡人の商業登記簿に記載されていたものが、債権譲渡登記ファイルに譲渡の登記がなされることになるので、債権譲渡登記をしても融資先の信用を失わせる恐れが少なくなった。

3. 支払停止前の対抗要件取得

民事再生法129条は、支払停止等後の対抗要件具備を対象としており、支払停止等前の対抗要件具備はその対象となっていない。

また、再生手続の申立等の日から1年以上前になされた対抗要件具備も、民事再生法129条の適用対象外である（民再131）。そこで、民事再生法129条の適用対象外である時期になされた対抗要件具備が、詐害行為否認の一般規定である民事再生法127条1項1号により否認できるかが問題となり、これを肯定する見解も有力であるので（伊藤眞『破産法・民事再生法』第2版416頁）、注意を要する。

7 否認権行使の効果

1. 否認権行使の効果

　否認権行使の結果、否認対象行為により逸出した財産は、当然に再生債務者財産に復帰する（民再132①）。

　たとえば、再生債務者の土地の売却について否認権が行使された場合（詐害行為否認）は、当該土地は再生債務者財産に復帰し、否認権限を有する監督委員または管財人は、相手方に対し、当該土地の引渡しを求めることができ、対抗要件については、否認の登記を申請することになる（同13①）。

　否認対象行為により再生債務者財産より逸出した財産が、**相手方から第三者に譲渡されているなど、その返還が不可能もしくは困難な場合は、否認権限を有する監督委員または管財人は、相手方に対し、目的物の価額の償還を求めることができる。**

　再生債務者の弁済について否認権が行使された場合（偏頗行為否認）は、否認権限を有する監督委員または管財人は、相手方に対し、弁済額と同額の金銭の返還を求めることができる。

　再生手続においては、原則として管理命令は発令されず、管財人は選任されない。この場合、否認権限は監督委員に付与されることになる（民再56①）。本来的には、監督委員には再生債務者財産の管理処分権は帰属しないが（同38①）、裁判所が特定の行為について否認権を行使する権限を付与した場合は、監督委員は、当該権限の行使に関し必要な範囲で、再生債務者財産についての管理処分権が与えられる（同56②）。このような否認権限を有する監督委員の地位は、法定訴訟担当と解され、否認の訴えにおいては、否認権限を有する監督委員への引渡しや支払いを求める給付訴訟を提起することが可能となっている（「相手方は、申立人（監督委員）に対して、金？円を支払え。」という主文例として、

大阪地決平 12.10.20 判タ 1055 号 280 頁）。

2. 相手方の地位

　詐害行為（民再 127①）、無償行為（同 127③）または相当の対価を得てした財産の処分行為（同 127 の 2①）が否認された場合は、再生債務者が相手方から受けた反対給付が再生債務者財産に現存するときは、相手方はその返還を請求でき（同 132 の 2①Ⅰ）、反対給付が再生債務者財産に現存しないときは、相手方は共益債権者として、反対給付の価額の償還を請求できる（同②）。

　ただし、再生債務者が受けた反対給付が再生債務者財産に現存しない場合において、否認対象行為が行われた当時、再生債務者が反対給付について隠匿等の処分をする意思を有し、かつ相手方が、再生債務者がその意思を有していたことを知っていたときは、反対給付によって生じた利益が再生債務者財産に現存する場合に限って、相手方は共益債権者として現存利益の返還を請求できる（同 132 の 2②Ⅰ）。また、否認対象行為の相手方が内部者（同 127 の 2②各号）の場合は、再生債務者の隠匿等の処分意思に関する悪意が推定される（同 132 の 2③）。

　偏頗行為（同 127 の 3①）が否認された場合において、相手方が、その受けた給付を返還し、またはその価額を償還したときは、相手方の債権は復活して再生債権となる（同 133）。この場合、相手方の債権を被担保債権とする抵当権などの物的担保や保証債務も復活する（最判昭 48.11.22 民集 27 巻 10 号 1435 頁）。

第4節 相殺

1 再生手続と相殺

再生手続における相殺には以下の制約がある。

1．相殺権を行使するための要件

民事再生法92条1項は、再生債権者が、再生手続開始当時再生債務者に対して債務を負担する場合において、**債権及び債務の双方が債権届出期間（民再94①）の満了前に相殺適状になったときは、当該債権届出期間内に限り相殺でき、債務が期限付の場合も同様である**と規定する。

まず、自働債権である再生債権については、再生手続開始時において期限付、停止条件付または将来の請求権であっても足りるが（同84、87①Ⅰ、Ⅲイホへ参照）、債権届出期間内に、期限の到来、停止条件の成就または将来の請求権の現実化が生じている必要がある。

次に、受働債権が期限付の場合は、再生債権者が自ら期限の利益を放棄して相殺することが許される（同92①後段）。しかし、停止条件付または将来の請求権に係る債務の場合に、開始決定後届出期間満了までの間に条件成就または現実化が生じたときに相殺が許されるか、あるいは再生債権者が条件不成就または将来の請求権の不発生の利益を放棄して相殺することが許されるかについては、議論が錯綜し定説がない。

また、債権債務が届出期間内に相殺適状になっても、相殺権の行使が届出期間内に遅れた場合は、もはや相殺できないことに注意を要する。

なお、再生債権者が再生手続開始当時再生債務者に対して負担する債務が賃料債務である場合には、再生債権者は、再生手続開始後に弁済期

が到来すべき賃料債務については、賃料の6月分相当額を限度として、債権届出期間内に限り、相殺することができる（同92②）。

2. 相殺の禁止

再生手続開始後の債務負担（民再93）、及び再生手続開始後の他人の再生債権の取得等（同93の2）によって取得または負担した債務または債権による相殺を禁止している。

2 相殺権行使の時間的制約

再生手続では、債権届出期間内に限り相殺できる。届出期間経過後の相殺は無効となる。

1. 相殺権の行使時期は会社更生法と同じ取扱い

民法の原則によると、相殺権の行使は相殺適状にある限りいつでも行える。

民事再生法においては、再生債権者は**再生債権の届出期間内に限り相殺できる**（民再92①）と規定されている。

会社更生法48条1項は、債権の調査、確定や更生計画作成の基礎を早期に固定する必要から、債権債務の対立が手続開始時までに生じている場合において、債権届出期間の満了までに相殺適状が生じたときに限り、その期間内に限定して相殺権の行使を認めている。この趣旨は、簡易迅速な再建手続を目的とする民事再生法においても要求されている。そのため、同様の規定がなされている。

清算型である破産手続において、平成16年の改正前は相殺権の行使期限も設けられていなかった。しかし、平成16年の改正において、破産手続においても配当率の確定等管財業務の迅速な遂行のために、破産管財人に催告権が認められ、相殺権の行使期限が設けられた（破73）。

2. 債権届出期間前の相殺

債権届出期間後の相殺は行ってもその効力は生じないが、制度趣旨からみて届出期間前の相殺が許されることは当然である。

3. 相殺の意思表示の相手方

(1) 法人の代表者又は債務者本人
民事再生法は、経営者が交代しないで再建を行ういわゆる DIP 方式を採用しているので、意思表示の相手方は代表者または債務者本人となる。

(2) 管財人が選任されている場合
管理命令（民再 64）により管財人が選任されている場合の意思表示は、管財人に行わなければならない。管財人は再生会社に関する業務執行権、財産の管理処分権を有しているからである（同 66）。

(3) 監督委員が選任されている場合
監督委員は、業務遂行、財産の管理処分権を有しないので（同 59 参照）、原則どおり、法人代表者（個人の場合は本人）が意思表示の相手方となる。

4. 債権者として注意すべき点

届出期間経過後の相殺は無効である。相殺が無効ということになると、自働債権を改めて債権届出しなければならなくなる。

しかし、その時点ではすでに債権届出期間も経過しており、届出期間経過後の相殺を有効と考えていたということは、「再生債権者の責に帰することができない事由」には該当しないと考えられる。ただし、実務はこの「再生債権者の責に帰することができない事由」を相当緩やかに運用しているので、再生債務者または管財人がいるときは管財人と折衝して届出を認めてもらうことが求められる。しかし、再生計画案を決議

147

に付する決定がなされた後は債権届出は認められないので(民再95④)、自認債権ともされていなければ、届出のない債権として、再生計画による弁済終了後に弁済を受ける可能性が残るのみであり（同181②)、失権することもある（同178)。

3 相殺の禁止

　再生手続においては、債権者平等及び事業の再建に不可欠な再生債務者財産の充実という観点から、平時においては有効となるはずの相殺の一部について、以下のとおり、相殺を禁止している。

1．相殺の禁止（1）

　民事再生法93条は、再生債権者が再生債務者に対する反対債務を負担した時期に着目して、次のとおり、相殺禁止を定めている。
(1) 再生手続開始後の債務負担行為
　再生債権者が再生手続開始後に再生債務者に対して債務を負担した場合は、絶対的に相殺が禁止される（民再93①Ⅰ)。
(2) 支払不能を知った後の債務負担行為
　再生債権者が、再生債務者の支払不能を知って、専らその契約によって自らが負担する債務と再生債権とを相殺する目的で、再生債務者の財産の処分を内容とする契約を再生債務者との間で締結し、または再生債務者に対して債務を負担する者の債務を引き受けることを内容とする契約を締結することにより、再生債務者に対して債務を負担した場合は、原則として相殺が禁止される（民再93①Ⅱ)。
(3) 支払停止があったことを知った後の債務負担行為
　再生債権者が、再生債務者の支払停止を知って、再生債務者に対して債務を負担した場合は、原則として相殺が禁止される（民再93①3本文)。ただし、当該支払停止があった時において支払不能でなかったときは、

この限りでない（同93①Ⅲ但書）。

(4) 再生手続開始の申立等があったことを知った後の債務負担行為

再生債権者が、再生債務者の再生手続開始、破産手続開始または特別清算開始の申立（以下、「再生手続開始の申立等」という）があったことを知って、再生債務者に対して債務を負担した場合は、原則として相殺が禁止される（民再93①Ⅳ）。

ただし、民事再生法93条2号ないし4号の規定による相殺禁止について、当該債務負担行為の原因が、ア法定の原因、イ支払不能等があったことを再生債権者が知った時より前に生じた原因、ウ再生手続開始の申立等があった時より1年以上前に生じた原因に基づく場合は、相殺は禁止されない（民再93②）。

2．相殺の禁止（2）

民事再生法93条の2は、再生債務者に対して債務を負担する者が再生債権を取得した時期に着目して、次のとおり、相殺禁止を定めている。

(1) 再生手続開始後の他人の再生債権の取得

再生債務者に対して債務を負担する者が、再生手続開始後に他人の再生債権を取得したときは、絶対的に相殺が禁止される（民再93の2①Ⅰ）。

(2) 支払不能、支払停止、再生手続開始の申立等を知った後の再生債権取得

再生債務者に対して債務を負担する者が、再生債務者の支払不能、支払停止があったこと、あるいは再生手続開始の申立等があったことを知って、再生債権を取得した場合は、原則として相殺が禁止される（民再93の2①ⅡないしⅣ）。ただし、支払不能等の後の債権取得であっても、その原因が、ア法定の原因、イ支払不能等があったことを再生債務者に対して債務を負担する者が知った時より前に生じた原因、ウ再生手続開始の申立等があった時より1年以上前に生じた原因、エ再生債務者に対して債務を負担する者と再生債務者との間の契約に基づく場合は、

相殺は禁止されない。

4 開始決定後の利息の相殺

再生手続開始後の利息や損害金は再生債権とされているものの、開始決定後の利息・損害金は相殺できないと考えるべきである。

1. 民事再生法における相殺禁止

前項までに見たように、倒産法においては、相殺禁止は債権者平等の見地からおしなべて認めなければならない普遍的な規定である。したがって、民事再生法においても、相殺禁止は取入れられている。民事再生法における相殺規定は、平成16年の破産法改正とともに整備された。主たる改正は、相殺が禁止される債権債務の対立時期としての危機時期を支払停止から支払不能にまで遡らせたことである（民再93、93の2）。会社更生法（49、49の2）、破産法（71、72）、会社法（特別清算について517、518）も同様に規定されている。

2. 利息、損害金との相殺

自働債権が利息、損害金付きの場合、相殺に供しうる額については問題がある。
①元本額と、開始決定日の前日までにすでに発生している利息、損害金との合計額との相殺が認められることには問題はない。
②問題は、開始決定日以後の利息、損害金も同じく自働債権として相殺できるかどうかである。
　破産手続における通説は、できないとする。
　その理由は、破産法（99①Ⅰ、97Ⅰ・Ⅱ）により、劣後的債権とされている宣告（破産手続開始決定）後の利息について相殺適状を認める

のは、債権者間の平等を害すると解されるからであるとする（大阪地判昭 49．2．18 週刊金融商事判例 423 号 12 頁）。

　また、銀行の差引計算の規定（銀行取引特約定 7 条 3 項）は、一般的には、民法 506 条（相殺の遡及効力）を排除する特約として有効であるが、破産管財人に対しては対抗できず、銀行が破産債権を自働債権として相殺する場合は、その相殺は、相殺適状になったときに遡及してその効果が生じると解されている（東京地判昭 47．6．28 金融法務事情 660 号 27 頁）。したがって、遅くても開始決定時点で、相殺適状となるので、開始決定日以後の利息・損害金を自働債権とする相殺は許されないことになる。

　この点、再生手続においては、**手続開始後の利息・損害金は再生債権**とされている（民再 84 ②Ⅰ・Ⅱ）ものの、明文上、他の再生債権に劣後する取扱いが許容されており（同 155 ①本文但書）実務上も、再生計画において全額免除となるのが常である。

　したがって、**再生手続においても、債権者は元本額に利息・損害金を加えた額で相殺を行うことはできないと解すべきである。**

5　振込金、取立委任手形、振込指定、代理受領と相殺

　取立委任手形、振込指定、または代理受領によって取得した金員の返還請求権は、債権者が債務者の支払停止または再生手続開始の申立を知っていた場合には相殺は認められない。

1．再生債務者が支払不能となった後

　再生債務者が支払不能となった後に取立委任契約、振込指定契約、代理受領契約がなされた場合には、これが「専ら再生債権と相殺する目的」であったか、「当該契約締結時に支払不能であることを知っていたか」が問題となる。また、取立委任契約等は再生債務者の財産を処分する契

約ではないが、「専ら再生債権と相殺する目的」であったときには実質的には財産処分行為であると解される。

2. 支払停止または再生手続開始の申立等の後再生手続開始前

再生債権者がこれらの事実を知って取立委任契約、振込指定契約、代理受領契約により債務を負担した場合には相殺は禁止される。ただし、支払停止後の場合は支払不能であった場合に限る。また、支払停止または再生手続開始の申立等を知る前であるか、あるいは再生手続開始の申立等の1年以上前にこれらの契約を締結していた場合には、相殺禁止の例外として相殺が認められる（民再93の2①Ⅱ・Ⅲ）。

なお、破産手続のケースで、手形の取立委任と振込指定に関して、危機時期以後に負担した債務について、危機時期前の原因に基づく場合であるとして、相殺を認めた判例がある（最判昭63.10.18民集42.8.575、判時1296.139、名古屋高判昭58.3.31判時1007.79）。

3. 再生手続開始後

債務者の再生手続開始決定後に債権者が取立委任手形の取立てを行い、振込を受け、または、代理受領を行った場合には、その返還債務を受働債権とする相殺は、民事再生法93条1項1号により認められない。

なお、手形上の商事留置権者である銀行は、破産宣告後も、留置的効力を主張し、破産管財人からの返還請求を拒むことができる。さらに、銀行取引約定に基づき、手形金を自ら取立てて弁済に充当し得るとの判例があるが（最判平10.7.14民集52.5.1261）。破産法においては商事留置権が特例の先取特権とみなされるところ（破66①）、民事再生法にはこれに対応する規定が存在せず、銀行は、再生手続開始決定後、手形金を取立てて弁済に充当することは許されないとの裁判例があるので、注意を要する（東京高判　平成21.9.9）。

第5節　時効中断

1　開始後の時効中断

債権届出により時効は中断する。

債務者が認否書においてその債権を記載していれば、時効は中断する。

1．開始後の時効中断方法

①債権届出（民再94）により時効は中断する（民152）

再生債権者は債権届出により（民再94）、再生手続に参加する（同86）。再生手続の参加（破産手続参加、更生手続参加も同様）は裁判上の請求の一種として時効が中断する（民152）。

②債権者が債権届出を失念しても、債務者が認否書においてその債権を記載していれば（民再101③）、民法上の「債務の承認」（民147Ⅲ）として時効は中断する。

③破産手続の場合において、判例は、破産管財人または他の債権者の異議があっても破産債権の時効中断効に消長を及ぼさないとする（最判昭57.1.29判時1032-57）。債権届出に異議が述べられても、当該債権を行使している状態には変わりがないことが理由である。再生手続においても、届出債権につき異議を述べられたとしても、そのことのみで権利行使が妨げられるものではないから（民再159、170②Ⅲ参照）、時効中断の効力は失われない。しかし、異議を申し立てられてから、査定の申立をしなかった（同105）場合や、その後、査定や債権確定手続において債権の存在が否定されて場合には、再生手続への参加が否定される。よって、債権届出が「却下」されたものとして（民

152)、時効中断効は否定されると考えるべきであろう。

また、再生債権者がその届出を取り下げたときも、中断効力は消滅する（同 152）。

別除権者が債権届出をしたときの時効中断の範囲については争いがあるが、債権金額について生じると解される。

2. 再生手続開始の申立は時効中断事由となるか

(1) 申立が債務者からなされた場合

債務者が、再生債権者の一覧表を添付して裁判所に再生手続開始の申立をしたとき、再生債権者一覧表に記載されたことが当該債務について時効中断事由たる債務承認をしたことになるか。

民法で規定する債務承認（民 147③）は、債権者に対する権利存在の認識を表示するという行為に、時効中断の効力を認めているものである。

再生手続開始の申立は債権者に対して行うわけではなく、裁判所に申立るものである。そのため、申立は、債権者に対する権利存在を認める債務者の表示とは認められないとして、それを否定するのが通説・判例である。

この理由は、競売申立において、債権届出が時効中断事由にならないとする最高裁判所平成元年 10 月 13 日の判例（判時 1330-45）が参考になる。

(2) 申立が当該債権者からなされた場合

破産手続開始申立を中断事由とするのが通説・判例（最判昭 35.12.27）であるが、同申立が、民法の規定する 149 条の「裁判上の請求」に該当するのか、民法 152 条の「破産手続参加」に該当するのか、または、民法 154 条の「差押え、仮差押え」に該当するのかについては見解が分かれている。

ともあれ、債権者による再生手続開始の申立によって、当該債権者に対する時効中断の効力が生ずることは破産手続の場合と同じであろう。

2 保証人に対する時効中断、及び免責部分の扱い

　債権届出後は、時効中断の効力が生じ、保証人にもその効力が及び保証債務も時効中断する。免責された部分も含め再生計画認可決定確定から消滅時効は再進行する。

1．保証債務の付従性

　保証債務は、主たる債務の存在を前提とし、その存続も主たる債務と運命を共し、その範囲も主たる債務の態様、内容に依存する。このような保証債務の性質を付従性という。

　したがって、主たる債務が消滅時効によって消滅した場合は、保証債務も付従性により消滅する。また、主たる債務の時効中断の効力が保証債務に及ぶ（民457①）のも付従性のなせるところである（後者については、債権者保護のための便宜規定とする見解もある）。

2．民事再生法における保証人に対する時効中断

(1) 債権届出の時効中断効
　主たる債務が再生債権として届出られた場合、再生手続参加として時効中断の効力が生じ（民152）、主債務につき生じた時効中断は、民法457条1項により保証人にもその効力が及び、保証債務も時効中断する。

(2) 中断効はいつまで継続するか
　会社更生事件に関して最高裁は、「更生計画認可決定確定の時に主債務消滅という法的効果が発生するのであるから、この時点において権利行使は終了するというべく、これを主債務とする保証債務はこの時までは進行を始めない」として、保証債務については、更生計画認可決定確定の時まで時効中断効が継続するとした（最判昭53.11.20）。この趣旨は再生手続においても同様に考えられるから、再生計画認可決定確定の時まで中断効は継続する。

3. 保証人に対する免責

(1) 再生債務者の免責

　再生計画認可の決定が確定したときは、再生計画の定めによって認められた権利を除き、再生債務者は、**再生債権**につき**免責**される（民再178）。

　会社更生法も同様の規定を設けている（会更204）。したがって、例えば、再生計画により、40％弁済となった場合は、再生債務者は、残りの60％は免責されることになる。

(2) 保証債務も免責されるか

　保証債務の付従性からすると、例えば、主たる債務が60％免責されると、保証債務も同様に60％免責されるはずであるが、倒産という特殊な状況下においては民法の原則が変容される。保証債務という人的担保は、まさにこのような状況を配慮して設けられた制度であるからである。したがって、倒産法においては、主たる債務が免責されても**保証債務は影響を受けない**（会更203②、破253②、会社571②）。

　民事再生法も同じく、主たる債務が免責を受けても、保証人は免責されないとした（民再177②）。すなわち、倒産法においては、民法の保証債務の付従性を断切ることにしている。

4. 保証人に対する時効の進行

　債権確定訴訟で確認された債権はもちろん、確定した再生債権で、再生債権者表に記載されたものは確定判決と同一の効力を有し（民再104③、111②）、消滅時効期間は10年となる（民174の2）。保証債務の消滅時効期間も10年となる（最判昭43.10.17判時540-34）。そして、保証債務の消滅時効は、再生計画認可決定確定したときから進行を開始するから、認可決定確定後10年以内に保証人に対する権利行使を行う必要がある。

なお、再生計画による免責の効果は保証人には及ばないから（民再177②）、主債務者が免責を受けたとしても、保証人に対しては、再生手続で確定された再生債権の残額全額につき、認可決定確定から10年間は権利行使を行うことができる。

第3章 開始決定

第6節 契約関係の処理

1 双方未履行の双務契約の解除

1．双方未履行の双務契約

　民事再生法49条は、再生債務者と第三者との間で双務契約が締結され、再生手続開始当時、それぞれの債務の履行が完了していない場合の契約関係の処理に関して規定している。例えば、再生債務者を買主、相手方を売主として、不動産の売買契約が締結され、代金の支払も不動産の所有権移転登記手続・引渡しも行われていない状態で、再生手続開始があったような場合がこれに当たる。

　同じく再生債務者と第三者との間で双務契約が締結されている場合であっても、再生手続開始当時、再生債務者の履行が完了して相手方の履行が完了していない場合は、単に再生債務者が相手方に対して履行を求めるだけであり、相手方の履行が完了して再生債務者の履行が完了していない場合は、相手方の有する履行請求権は再生債権（民再84①）となり、いずれも民事再生法49条の問題とはならない。

2．再生債務者等の解除または履行の請求の選択権

　再生債務者等は、再生手続開始当時、双方未履行の状態にある双務契約につき、契約の解除をし、または再生債務者の債務を履行して相手方の債務の履行を請求できる（民再49①）。ただし、双方未履行であっても、解除する場合の原状回復の内容が対価的均衡を失するなど、相手方に著しく不公平な状況が生じる場合は解除権の行使は制限される（最判

平12.2.29民集54巻2号553頁。破産とゴルフ会員契約の解除について）。

　ここで再生債務者等とは、管財人が選任されていない場合にあっては再生債務者、管財人が選任されている場合にあっては管財人をいう（民再2Ⅱ）。同旨の規定として、破産法53条1項、会社更生法61条1項が存在するが、破産法や会社更生法における双方未履行双務契約の選択権は、破産管財人または更生管財人に与えられているのと比較し、民事再生法においては、再生債務者自身に与えられている点に特徴がある。

　再生債務者が契約の解除を選択することについては、裁判所の許可事項または監督委員の同意事項とすることができる（同41①Ⅳ、54②）。

3. 相手方の催告権

　双方未履行の双務契約に関する再生債務者等の選択権の行使には、時間的制約が定められていない。しかし、再生債務者等が選択権を行使しないまま、相手方が長期にわたり法的に不安定な立場に置かれるのでは不都合である。そこで、相手方は、再生債務者等に対し、相当の期間を定め、その期間内に契約の解除をするかまたは債務の履行を請求するかを確答すべき旨を催告することができ、この場合に、再生債務者等がその期間内に確答をしないときは、解除権を放棄したものとみなされる（民再49②）。したがって、この場合は、履行の選択がなされたこととなり、双務契約が存続し、相手方の請求権は共益債権となる（同49④）。

4. 倒産解除特約

　リース契約等においては、契約の一方当事者が民事再生等の倒産手続開始申立を行った場合には、相手方は当然に契約を解除できる旨の特約が設けられることがある（倒産解除特約）。

　このような倒産解除特約が有効であるとすると、双方未履行双務契約に関する民事再生法49条1項、会社更生法61条1項、破産法53条1項の趣旨が没却され、特に再建型の倒産手続（会社更生・民事再生）に

おいて、当該契約の対象が事業の継続に必要不可欠な資産である場合には、会社再建に重大な支障が生ずるので問題となる。

この点、最高裁は、更生手続の趣旨に鑑み、会社更生手続における倒産解除特約の有効性を否定しており（最判昭 57.3.30 民集 36 巻 3 号 484 頁）、近時、再生手続についても、再生手続の趣旨に鑑み、倒産解除特約は無効である旨判示した（最判平 20.12.16 民集 62 巻 10 号 2561 頁）。

2 双方未履行解除の効果

1. 総　論

双方未履行の双務契約において、再生債務者等が履行の請求を選択した場合は、双務契約が存続し、相手方が有する請求権は共益債権となる（民再 49 ④）。同旨の規定として、破産法 148 条 1 項 7 号、会社更生法 61 条 4 項がある。

これに対し、再生債務者等が解除を選択した場合は、契約関係が消滅し、契約解除に伴う相手方の再生債務者に対する損害賠償請求の問題が生じることになる。加えて、契約当事者の一方または双方が契約上の義務を一部履行している場合には、原状回復の問題が生じることになる。

2. 損害賠償請求権

再生債務者等が、民事再生法 49 条 1 項に基づき、双方未履行双務契約を解除した場合には、相手方は損害の賠償について再生債権者としてその権利を行使することができる（民再 49 ⑤、破 54 ①）。

損害賠償の範囲が、信頼利益のみか履行利益も含まれるかについては争いがあるが、この解除による損害は実質的には再生債務者の責に帰すべき事由による履行不能に基づくとみられるところから、履行利益を含むと解される（条解会社更生法（中）325 頁）。

3. 原状回復請求権

　再生債務者等が、民事再生法49条1項に基づき、双方未履行双務契約を解除した場合であって、契約当事者の一方または双方が契約上の義務を一部履行しているときには、原状回復の問題が生じることになる。

　この原状回復の内容は、原則的に、民法545条1項・2項により定めるところと同じと解される。

　すなわち、再生債務者の受けた反対給付が再生債務者財産に現存するときは、相手方はその返還を請求することができ、反対給付が現存しないときは、その価額について共益債権者として償還を請求できる（民再49⑤、破54②）。再生債務者の受けた反対給付が金銭の場合は、相手方は、その金額に加えて、再生債務者が受領した時から返還までの利息についても、共益債権として請求できると解される（民545②）。同様に、再生債務者の受けた反対給付が物の場合は、相手方は、原物の返還を請求できるだけでなく、再生債務者がその物を使用して得た利益の返還も、共益債権として請求できると解される（条解会社更生法（中）325頁）。

　なお、再生債務者及び相手方がともに原状回復義務を負う場合は、同時履行の関係に立つことになる（民546、533）。

3 賃貸借と双方未履行解除

1. 総　論

　賃貸借契約は、当事者の一方がある物の使用及び収益を相手方にさせることを約し、相手方がこれに対してその賃料を支払うことを約する双務契約であるから（民601）、契約期間中に契約当事者の一方につき、再生手続が開始された場合は、双方未履行双務契約の関係となる。特許権等のライセンス契約も、賃貸借契約に類似する双務契約である。

しかし、賃貸借契約やライセンス契約について、民事再生法49条1項に基づく再生債務者等の解除権を無制限に認めると、賃借人・ライセンシーは、自己の責に帰すべからざる事由により、生活や事業の基盤を失うこととなり、妥当でない。

そこで、民事再生法51条及びその準用する破産法56条は、賃貸借・ライセンス契約等、使用及び収益を目的とする権利を設定する契約について、賃貸人・ライセンサー等が再生手続を開始した場合に、相手方が当該権利につき対抗要件を備えている場合は、再生債務者等の解除権（民再49①）を否定し、対抗力を有する使用・収益権を保護している。

2. 賃貸人につき再生手続が開始された場合

賃貸人につき再生手続が開始された場合に、賃借人が賃借権につき対抗要件を備えているとき、すなわち不動産賃借権の登記（民605）、土地賃借権につき地上建物の登記（借地借家10）、建物賃借権につき引渡し（借地借家31）があるときは、民事再生法49条1項は適用されず、再生債務者等は賃貸借契約を解除できない（民再51、破56）。

これに対し、賃借人が賃借権につき対抗要件を備えていない場合は、原則どおり、再生債務者等は賃貸借契約を解除できる（民再49①）。この場合、賃貸借契約は消滅し、賃借人の有する損害賠償請求権は再生債権となる（民再49⑤、破54①）。

この点、民事再生法51条、破産法56条は、賃貸借だけでなくライセンス契約も適用対象としている。したがって、例えば、特許権のライセンス契約が締結されている場合に、ライセンサーにつき再生手続が開始されたときは、ライセンシーが保護されるか否かは、ライセンシーが対抗要件である通常実施権の登録を備えているか否かで決まることとなる。しかし、実務的には、ライセンス契約が締結される際に、通常実施権が登録されることは少ないため、ライセンシーの保護が果たされないとの批判があるところであり、この批判に一部応える形で、平成19年

改正による産業活力再生特別措置法58条以下は、通常実施権の対抗要件に関する特例である特定通常実施権登録制度を設けている。

3. 賃借人につき再生手続が開始された場合

以上に対し、賃借人につき再生手続が開始された場合は、原則どおり、賃借人である再生債務者は、賃貸借契約を解除し、または債務を履行して相手方の債務の履行を請求できる（民再49①）。

賃借人である再生債務者が履行を選択した場合、相手方の有する賃料債権は、再生手続開始決定後の分は共益債権となる（同49④）。

賃借人である再生債務者が解除を選択した場合、相手方は、原状回復請求権として目的物の返還を請求でき（同49⑤、破54②）、再生手続開始決定後解除までの賃料、及び解除後目的物返還までの賃料相当損害金は共益債権となる（民再119Ⅱ・Ⅵ）。

また、相手方は、解除に伴う損害賠償につき、再生債権者として権利行使できる（同49⑤、破54①）。この点、賃貸借契約においては、契約期間中に賃借人が解約した場合の違約金条項が設けられることが多く、民事再生法49条1項による解除の場合の損害賠償の範囲に、特約による違約金が含まれるかについては争いがある（破産のケースでこれを肯定する下級審判例として、東地平20.8.18判時2024号37頁）。

4 相場のある商品取引と民事再生

1. 相場のある商品取引に係る契約の帰趨

民事再生法51条が準用する破産法58条1項（以下、本題において準用条文省略）は、「取引所の相場その他の市場がある商品の取引であって、その取引の性質上特定の日時又は一定の期間内に履行をしなければ契約をした目的を達することができないものについて、その時期が破産手続

開始後に到来すべきときは、当該契約は、解除されたものとみなす。」とされ、相場のある商品取引に係る契約が双方未履行双務契約に関する一般原則（民再53①）の例外とされ、再生債務者は、契約の履行または解除の選択はできないものとされている。なお、再生手続の申立時に、相場のある商品取引に係る契約が解除されたものとみなす。

　相場のある商品の確定期売買においては、価格の変動が大きく、債務者の予期に反する変動をもたらす場合も往々にあるところ、債務者が契約の履行または解除の選択権を有するとすると、相手方が予測し難い損害を被るおそれがあり不当であること、デフォルトを起こした債務者に選択権を認めることが相当でないと考えられることから、当然解除の規定が設けられている。

　取引所の相場その他の市場の相場がある商品の取引に係る契約に該当するか否かの基準は、①激しい価格変動にさらされる可能性があること、②その中にあって、受給を統合し、客観的かつ公正に価格を形成する「場」が存在すること、③その「場」を通じて代替取引が可能であることの三つの要素が必要であるとされている。

　これにより、スワップ取引や有価証券オプション取引など多様なデリバティブ取引が、これらの要件を満たすのであれば、民事再生法51条、破産法58条1項の適用がある。

2．損害賠償の額

　相場のある商品取引に係る契約が解除となった場合において、損害賠償の額は、履行地またはその地の相場の標準となるべき地における同種の取引であって同一の時期に履行すべきものの相場（再構築価格）と当該契約における商品価格との差額によって定めるとされている（破58②）。

　なお、売主が再生手続を申立て、当然解除となり（同58①）、買主が外から安価に再調達できた場合に、再生債務者たる売主が買主に対し、

再構築価格と商品価格の差額を請求できるかという問題点がある。

一般に再生債務者（または破産者）は当然に差額請求権を持ち、これは再生債務者の財産となると説明されているが、疑問である。

破産法58条2項は、損害賠償請求権の発生根拠規定ではなく、損害賠償額の算定方法について定めた規定であるから、損害賠償請求権の発生根拠については、実体法である民法または会社法等により決せられるべきである。そして、再構築価格と商品価格の差額請求は、債務不履行に基づく損害賠償請求を根拠とするものであると考えられるところ、実体法上、デフォルトを起こした者による相手方に対する損害賠償請求は認められない以上、再生債務者による差額請求は認められるべきでないと考えられる。

ただし、これを認める商慣習があれば別である。

3. 一括清算ネッティング

通常のデリバティブ取引においては、当事者間の基本契約書で、当事者の一方が倒産した場合、相殺の意思表示等を行うことなく、自動的に当該基本契約に基づく全ての個別取引から生ずる全ての債権債務を倒産時（例えば民事再生手続申立時）において一括して清算（差引決済）して、一本の債権とする旨の合意が定められている。そして、破産法58条5項により、上記定めがあるときは、その定めに従って一括清算することとされている（以下「一括清算ネッティング条項」という）。

一括清算ネッティングが認められないとすると、民事再生法53条1項の選択権に基づき、再生債務者が有利なもののみ履行選択し、それ以外は解除するという、いわゆる「cherry picking」が生じるおそれがある。また、個別の差引決済となると、かかる決済について相殺制限（民再93）の適用を受け、その効力が否定されるおそれもあるため、一括清算ネッティングが認められた。

なお、破産法58条2項に定められた再構築価格と商品価格の差額請

求を、一括清算ネッティングする際の再生債務者の再生債権者に対する債権（自働債権）とするのは、前記2.で述べたとおり相当でないと考えられる。

5 信託と民事再生

1. はじめに

　信託とは、委託者が自己の財産を受託者に移転し、受託者においてその信託財産を特定の目的に従って管理・処分し、その管理・処分によって得られる利益を受益者に供与する制度である。信託財産は、受託者の名義となっていても、受託者の固有の財産とはならず、委託者及び受託者から独立した財産として扱われる（信託財産の独立性）。

2. 受託者の民事再生

(1) 信託及び信託財産の帰趨

　受託者が再生手続開始の決定を受けた場合であっても、信託財産は再生債務者固有の財産には属しない（信託25④）し、信託も終了しない。もっとも、信託契約において、再生手続開始の申立または決定を信託の終了原因として定められている場合には、当該規定により信託は終了する（同163Ⅺ）。なお、信託財産は再生債務者固有の財産に属さないため、再生債務者の管理処分権は及ばない以上、再生債務者は、信託契約が双方未履行双務契約に該当するとして、民事再生法49条1項により信託契約を解除することはできない（井上聡編著「新しい信託30講」）。

(2) 受託者の任務

　受託者の任務は、受託者が破産した場合と異なり、受託者が再生手続開始の決定を受けても、原則として終了しない（信託56⑤本文）。再生手続開始の決定により任務が終了してしまうと、債務者の事業再生とい

う再生手続の趣旨と相容れなくなるためである。もっとも、信託行為に別段の定めがあるときは、その定めに従う（同56⑤但書）。

再生手続において管財人ないし保全管理人が選任されている場合には、受託者の職務遂行、財産管理及び処分権は、管財人ないし保全管理人に専属する（同56⑥）。

(3) 受益債権及び信託債権等の取扱

受益債権（受益者が受託者に対して有する受益権に基づく元本の交付請求権及び配当の支払請求権など）は、再生手続において再生債権とならない（信託25⑤前段）。

信託債権（受託者が信託財産に属する財産をもって履行する責任を負う債務に係る債権であり、受益債権でないもの）のうち、受託者が信託財産に属する財産のみをもってその履行の責任を負う（責任財産限定特約または限定責任信託）信託債権についても、再生手続において再生債権とならない（同25⑤後段）。

一方、責任財産限定特約のない一般の信託債権については、受託者の固有財産もその責任財産に含まれるので、再生債権として債権届出をすることが可能である。

3. 委託者の民事再生

(1) 信託の帰趨

委託者が再生手続開始の決定を受けた場合であっても、別段の定めがある場合を除き当然に信託は終了しない。

再生債務者たる委託者は、信託契約が双方未履行双務契約に該当する場合には、民事再生法49条1項に基づいて信託契約の解除を行うことができる（信託163Ⅷ）。

もっとも、信託契約は、信託設定時の財産権の移転とその後の信託財産の管理という二つの要素からなる複合的な契約である。そして、信託設定時の財産の移転についていえば、受託者は財産の移転を受けるだけ

であり受託者の債務がない。また、信託財産の管理についていえば、一般的に管理費用は委託者でなく信託財産で負担するので、委託者の債務がない。そのため、信託契約は、そもそも「双務契約」に該当しないことが多いと考えられ、双方未履行双務契約解除ができる場合は限られると考えられる。また、預託金会員制のゴルフ会員契約について、会員契約が双方未履行双務契約に該当するとして、破産管財人が会員契約を解除し、預託金の返還を求めた事例において、相手方が著しく不公平な状況が生じる場合には、双方未履行双務契約解除はできないとした判例（最判平12.2.29）もあるので、この判例の趣旨からも解除の可否について注意を要する。

(2) 詐害信託の否認

再生債務者たる委託者が再生債権者を害する信託を設定した場合（以下「詐害信託」という）において、否認権限を有する監督委員または管財人は、詐害信託によって利益を受けた受益者の全部または一部が、信託行為の当時、再生債権者を害する事実を知っていたときに否認することができる（民再127①、信託12③）。

また、詐害信託において、受益者が受益者として指定を受けたことを知った時または受益権を譲り受けた時において再生債権者を害すべき事実を知っていたときは、否認権限を有する監督委員または管財人は、その受益者を被告として、受益権を再生債務者財産に返還することを訴えをもって請求することができる（信託12③及び④）。

4. 受益者の民事再生

受益者が再生手続開始の決定を受けた場合であっても、受益者は信託行為の当事者でないことから、信託の帰趨に影響を与えることはない。

受益者たる再生債務者は、受益権を譲渡するなどして、弁済原資にあてることが考えられる。

6 債務者株式の扱い

　再生債務者については、債務超過であれば、会社法上要求されている株主総会の特別決議や債権者保護手続を行うことなく、再生計画により自己株式の取得を行うことが可能である。また、株主たる債権者に対して、募集株式を引受けさせて配当に代える再生計画案の策定も可能である。

1. 再生計画において株式の取得を行うことが可能

　株式は、再生計画案により、取得される可能性がある。債務超過会社において株式より優先権のある債権について減免の措置がとられる場合、株式についても取得して消却し同時に増資を行って株主にも損失を負担させることが衡平上妥当であるうえ、資金調達上も有用だからである。実際に、会社更生ではほとんどのケースにおいていわゆる100％減資が行われている。

　これに対して、従来の和議法や会社整理では減資手続について会社法の定める手続の特例は設けられていなかったため、減資を実行することは事実上不可能に近く、衡平上も資金調達上も問題があった。

　そこで、民事再生法では、債務超過であれば、株主総会の特別決議や、債権者保護手続を経ることなく、**再生計画において減資を行うことを可能**とした。100％減資が行われれば、当社は株主である地位を失うことになる。

　なお、平成17年改正により、再生計画による再生債務者の株式の強制取得の制度が設けられた（民再154③）。これにより取得した自己株式を消却するかどうか、同時に減資を行うかどうかは必ずしも必要ない。そこで「株式の取得に関する条項」に改められ、また従来の沿革と実務上の要請から「資本金の額の減少に関する条項」が残された。以下資本金の額の減少をもって減資という。

2. 募集株式を引受ける者の募集も可能

　平成17年の改正により、譲渡制限会社につき株式総会の特別決議なしで、再生計画により募集株式を引き受ける者の募集を行う特則が設けられた（民再154④）。譲渡制限会社では、株主総会の特別決議が必要であるところ、民事再生会社の株主が、積極的に議決権行使をしないため、新株発行ができない事例が生じたからである。

　なお、公開会社では取締役会の決議で募集事項を決定できるので（会社201①）、民事再生法で特則を設ける必要がない。

3. デット・エクイティ・スワップ

① DESとは

　会社更生法では更生債権者に対し株式の払込みまたは現物出資をさせないで新株を発行する場合について定めがなされていたが、民事再生法では特段の規定はない。債務を株式と交換する形で弁済する方法はデット・エクイティ・スワップ（DES）と呼ばれ、アメリカの倒産手続ではよく使われる手法である。

②債務者・債権者のメリット・デメリット

　債務者にとっては、現金による配当を免れるため資金繰り上有利となる一方、債権者にとっては債務者の再生が順調にいけば株式の価値も急激に上昇する可能性があり、債務者の内容によっては、大きなメリットがある。もっとも、仮に債務者会社の財務内容が改善されたとしても、未公開の株式は、換金性が極めて低いのが一般であるため、DESの有効性にも限界がある。

③デット・エクイティ・スワップの活用法

　したがって、DESは、一般的には、スポンサーが現れ、再生債務者を子会社化するような場合などにおいて限定的に使われることになろう。

7 開始決定後の不動産登記

開始決定後は買主は登記がなければ、原則として所有権移転を再生債務者等に対抗できず、したがって、登記は請求できない。

買主は、売買代金として支払った金額の不当利得返還請求債権を再生債権として届出ることになる。

開始決定前であれば登記は請求できるが、開始決定がなされれば請求できなくなるのでこれに対して再生債務者が任意に応じるべきかどうか疑問である。

1. 開始決定後の登記請求は不可

再生手続が開始すると、再生債務者は、従来と立場を異にし、第三者性を持つようになる。これは、再生債務者が倒産手続上の機関として、

▶ 再生手続キーワード ◀

デット・エクイティ・スワップ（DES）

　直訳すれば債務株式交換。債務を株式化することによって債務を解消する手法。株式会社が弁済能力以上の債務を負担している場合、債権者の債権を株式に振替えることができれば、株式会社は、振替えた債務については弁済の必要がなくなる。また、債権者としても、債権を株式に振替えて株主となることにより、株式配当を受領することが可能となり、株式を売却して回収を図ることも可能となる。

　民事再生手続においても、債務超過の場合、裁判所の許可を得れば再生計画で資本を減少することができる。そこで、再生計画で資本を減少し、新株を発行して、新株を再生債権者に割当てれば（平成17年の改正後は、株式の強制取得と募集株式の引受け）、再生手続において、デット・エクイティ・スワップの手法を取ることが可能となる。ただし、再生計画においては更生計画の場合と異なり、債務超過状態にある株式譲渡制限会社の場合を除いて、新株の発行に関する条項を再生計画に定めることができる旨の規定がないことが、問題となりうる。

総債権者のために業務遂行権、財産の管理処分権を有することになるからである。

再生債務者が第三者であるとすると、民法177条により原則として買主は登記がない限り、物権変動を主張できなくなる。更生管財人、破産管財人の第三者性は学説判例上認められており、物権変動を主張する者は対抗要件の具備を必要とするとされている。このような考え方を当てはめれば、登記を経由していない不動産の買主は売買契約による所有権の移転を再生債務者に対抗できず、したがって、登記も請求できないということになる。

この場合、買主の支払った売買代金については、再生債務者の不当利得となり、**再生債権**となるが、再生債権は通常、減免の対象となるので、買主としては不測の損害を被ることになる。

2. 再生債務者と行使主体

ところで、再生債務者の場合、DIP であって、従来の債務者と同一人格が立場を変えるので、自らの行った行為を自ら否定するという自己矛盾的な外観が破産や会社更生より一層強い。

そのことゆえに、否認権の行使主体は再生債務者自身ではなく監督委員とされたのである。

この点は対抗問題においても同様である。特に、再生債務者が手続申立を予測しながら、登記の留保を要請したような場合に、開始決定がなされた途端に登記の欠缺を主張するとなると取引の相手方としては納得しがたいものがあろう。

しかし、この場合においても再生債務者は総債権者の利益を代表すべき立場にある以上、登記の欠缺を主張し得ない背信的悪意者ということはできないであろう。

3. 開始決定前でも登記できないこともある

　開始決定前においては、再生債務者はこのような第三者性はまだ有していないが、処分禁止の保全処分がなされている場合、対抗要件を備えさせる行為も一種の処分として禁止の対象となると考えられる。また、仮に申立後に登記がなされたとしても、すでに支払停止を生じているであろうから、売買契約が登記より15日以上前に行われていれば、対抗要件否認（民再129①）の対象ともなる。

4. 売買契約が双方未履行の場合

　以上は、売買代金全額が支払われていた場合であるが、一部でも代金の支払がなされていない場合には、売買契約は、双方未履行の状態となる。

　その場合には、再生債務者に履行または、解除の選択権が与えられる（民再46①）が、履行が選択されれば、買主は代金支払をしなければならない反面、登記を要求できるし、解除が選択された場合には不動産を失う反面、残代金の支払義務も免れる。すでに一部の代金を支払っていた場合でも、その代金は再生債務者の受けた反対給付として、その返還を要求するか、その価額につき共益債権者として権利を行使できるので、不測の損害を被ることはあまりない。

8　再生債務者との共有財産

　再生手続が開始されると、再生債務者等は共有物不分割の特約があるときでも分割の請求をすることができる（民再48①）。このような場合、他の共有者は再生債務者に対し、その持分の価格に相当する金銭を支払って、その持分を取得することができる（同48②）。

　共有者は再生債務者に対して、分割の請求をすることができる。不分

割の特約がある場合においても、再生を容易にするために再生債務者が共有財産を処分して換価する途を開いたものである。しかし、不分割の特約があるにもかかわらず一方的に分割請求をされた共有者は不測の損害を受けることになりかねない。そこで、共有者は再生債務者に対し、償金を支払えば同社の持分を取得することができることとして、先有者の保護を図ったのである。特別の事情がない限り、購入代金を共有持分で除した金額が共有者の持分に相当する償金の額となろう。当事者間の協議で上記金額を上回る償金を定めても差支えないが、上記金額を大幅に下回る償金によって共有関係を解消することには問題があろう。

　もっとも、不分割の特約がある場合、分割により財産の価値が下がる場合も多いと思われ、共有者は分割請求をするまでもなく、再生債務者に対し持分の買取を持ちかけて交渉するか、あるいは第三者に持分を売却するか、いずれかの方法をとるほうが実際的であろう。

　なお、会社更生法においても同様の規定（会更60）がある。

9　再生債務者のM&A

　再生債務者が債務超過であれば、再生手続開始決定後、株主総会の特別決議を経ることなく、裁判所の許可によって事業譲渡を行うことができる（民再43）。また、再生計画に、株式の全部取得と、募集株式を引受ける者の募集による割当を定めてスポンサー企業が主要株主となり、経営者も送り込むなどの方法をとることもできるので、このような方法を活用してM&Aを行うことが可能である。

1．営業等の譲渡代金より債権者への弁済を行う

　倒産手続の申立により企業の信用は決定的に低下する。そのため資金借入の道が断たれるばかりでなく、仕入れ・販売にも重要な支障が生じ、さらには有能な人材が流出したりして自力での再建が困難となる場合も

少なくない。

　一方、業界に進出を図ろうとする企業や拡大を図ろうとする企業にとっては、債務者が永年にわたって築き上げてきた営業上のノウハウや顧客の信用などの無形の財産は大きな魅力がある。

　そこで、事業譲渡または会社分割により、事業を承継させた後に、承継後に株を停止した債務者について、特別精算または民事再生を申し立てることもある。しかし、この方法によるときには、債権者から民法の詐害行為取消権（民424）、または、民事再生法上の否認件の行使（民再127）がなされる恐れがある。再生債務者としては、再生手続開始決定を待って裁判所の許可によりスポンサーに事業譲渡を行い、事業譲渡代金によって、債権者への弁済を行うことが考えられる。この方法によれば、スポンサーが今後の営業主体となるから、信用低下のリスクはスポンサーの信用力によってカバーできる。債権者としても、早期に一括弁済を受けられるというメリットがある。

2. 事業譲渡時の留意点

　事業譲渡を行うには、譲渡先の選定、交渉が必要なばかりでなく、譲渡を受ける側としては、その是非とリスクを判断するにあたり、買収前の調査（いわゆるデューディリジェンス）を行うこととなる。その間、再生債務者は中途半端な立場におかれるので、競争企業への顧客の散逸、従業員やノウハウの流出などが生じて致命的な打撃を被ることもある。

　そこで、資金繰り上時間的余裕があれば、手続申立の前の段階で極秘に買収交渉および調査を進め、価格も概ね決定し、できれば事業譲渡契約または仮契約を締結した段階で申立を行い、申立と同時に事業譲渡契約の締結を会社の内外に発表すれば、申立に伴う混乱や信用の低下、営業の毀損は相当程度防ぐことができる。

　もっとも、事業譲渡契約を申立前に締結していると、場合によっては否認すべき行為となるので、価格の設定については注意が必要である。

3. 裁判所の許可により事業譲渡できる

　事業譲渡を行うには、通常であれば、会社法の定める株主総会の特別決議を経なければならないが、**債務超過であれば、再生手続開始決定後、裁判所の許可によって行うことができる**（民再43①）。しかし、開始決定前は原則としてできないので、債務者としては事業の劣化を防ぐために、申立後できるだけ早期に開始決定を得られるよう、裁判所を説得すべきであろう。

　再生債務者の営業の全部が譲渡されれば、再生債務者としては後は事業譲渡代金を原資として債権者に弁済を行って清算を行うのみとなり、清算的再生計画を策定することとなる。

　スポンサーとしては事業譲渡によらずに、株式譲渡、募集株式の割当により、再生債務者のM&Aを行う場合もある。

　多くの独立系中小企業にみられるように、再生債務者がオーナー企業であって、オーナー経営者が営業面、技術面等で事業継続上キーパーソンであるような場合、事業譲渡を行ってしまうとオーナーの士気が低下し、事業が立ち行かなくなってしまう危険がある。

　このような場合、オーナーが相当割合の株主としてまた、再生債務者の社長ないし役員として残れば、再生債務者再生に対して積極的な貢献が期待できるであろう。再生債務者は債務超過状態であるのが通常なので、再生計画により募集株式を引き受ける者の募集（以下「募集株式の募集」という）を行ったうえで、増資を行い募集株式をスポンサーに割当てる方法によりM&Aを行うことになろう。この方法は**募集株式の募集が再生計画によらなければならないため、事業譲渡より時間がかかり、開始決定後早期に行うことができない点に難点がある**。

　なお、時間的に余裕があり、株主総会の特別決議が得られる見込みがあれば、事業譲渡ではなく会社分割の手法によることもできる。

第 4 章

機関

第1節　債務者の地位

1　再生債務者の地位

　再生手続が開始された後も、管財人が選任されない限り、従来の代表者が再生債務者の業務を遂行し、財産を管理し処分することができる。再生債務者は、債権者に対して公平かつ誠実にこれらの権利を行使し、再生手続を追行する義務を負い、単なる手続の当事者ではなく、第三者的な地位も持つことになる。

1. DIP 型

　再生手続は、自主再建を原則とする手続である。再生手続が開始された後も、再生債務者は、管財人による管理を命ずる処分がされた場合を除き、業務の執行ならびに財産の管理および処分をする権限を失わない（民再 38 ①）DIP 型である。また、届出られた**再生債権**の認否は、監督委員が選任されている場合でも、監督委員ではなく、**再生債務者自身**が行う（同 101）。

　再生債務者は、再生手続の開始決定後は、債権者に対して公平かつ誠実に権利を行使し、再生手続を追行する義務を負う（同 38 ②）。すなわち、手続の当事者としての地位のほかに、第三者的地位をも併有することになる。再生債務者は、再生手続の円滑な進行に努め、また再生手続の進行に関する重要な事項を、債権者に周知させるように努めなければならない。

　実際には、再生手続の申立代理人である弁護士が、再生手続開始後も、再生債務者を代理し認否書の作成、債権者説明会の指導など再生のため

の諸手続を進めることになるが、債務者の地位の変化に伴って代理人の行動規範にも変化が生じよう。

2. 再生債務者の行為の制限

裁判所は、再生手続開始後は、債務者が財産の処分、借財、訴えの提起等の一定の行為をするには、裁判所の許可を得なければならないとすることができる（民再41①）。裁判所は、事案に応じては許可を要する行為を特に指定しなくてもよいが、**営業等の譲渡**だけは、裁判所の許可が必要とされる（同42）。

実務運用では多くの場合、監督委員が選任され、法41条1項の要許可事項と同旨の事項が、監督命令により、監督委員の同意事項とされる（同54②）。監督委員の同意事項とされた事項について、重ねて裁判所の要許可事項として定めることも可能であるが、手続が煩雑になるため、重ねては要許可事項としない運用である。

3. 管財人が選任された場合の再生債務者の地位

管理命令が発令され、管財人が選任されると、再生債務者の業務の遂行ならびに財産を管理し処分する権限は管財人に専属する（民再66）。管財人が選任された後は、再生債務者は債務者財産に関して法律行為をしてはならないし、弁済を受けてもいけない（同76）。

2 再生債務者の第三者性

再生手続では、再生債務者は、管財人による管理を命ずる処分がされた場合を除き、業務の執行ならびに財産の管理および処分をする権限を失わない（民再38①）。民事再生法は、立法当初、中小企業による利用が想定され、中小企業では経営者の能力、人格、人脈などに依存する度合いが高く、また更生手続と同様に常に管財人の選任を必要とすると、

管財人を置くこと自体の経済的負担が大きいからである。会社更生における更生管財人が、債務者と別個の人格を有する中立的な第三者であるのに対し、再生債務者には、かかる意味での第三者性はない。

　もっとも、このことは債務者の法的地位が従来とまったく変わりがないということを意味するものではない。民事再生法上、再生債務者には実体法を超えた権利義務、すなわち、「債権者に対し、公平かつ誠実に、前項の権利を行使し、再生手続を遂行する義務」（民再38②、以下「公平誠実義務」という）、監督委員の監督（同54等）を受けながら、再生計画を立案し（同163①）、決議および認可を経て、再生計画を遂行する責務（同186①）を負い、他方、双方未履行双務契約における解除権（同49①）、担保権消滅請求権（同148）などが付与される。人格や法人格は同一であるものの、手続開始前後における再生債務者の地位は異なっており、これをもって、再生債務者に一定の第三者性が認められるといい得る。

1．第三者性が問題となる場合

　再生債務者の第三者性は、民法などの実体法に第三者保護規定がある場合（民94②、96③、545①但書等）に再生債務者が「第三者」に該当するか、物権変動等について対抗要件を具備しなければ対抗できない「第三者」（民177、467②）に該当するかといった場面で問題となる。

　破産管財人について、通説判例は一定の範囲でこれを肯定している（民94②につき大判昭8.12.19、伊藤眞『破産法・民事再生法（第2版）』252頁）。これに対し、民事再生においては、再生債務者が再生手続開始後も財産の管理処分権をもつこと等を根拠に否定する見解（河野正憲『条解民事再生法第2版』160頁以降）と、上記の第三者性を根拠に肯定する見解（松下淳一『入門民事再生法』64頁、山本克己『再生債務者の機関性：理論的検討』事業再生と債権管理115号7頁）が対立する。

　この点、民事再生法45条1項は、不動産または船舶に関し再生手続

開始前に生じた登記原因に基づき再生手続開始後にされた登記または仮登記は、再生手続の関係ではその効力を主張することができないと定める。また、管財人が選任された場合、管財人には第三者性が認められるところ、再生債務者の第三者性を否定すると、管理命令発令の有無や、管理命令の取消の有無により、第三者との法律関係に異同が生じる。例えば、否定説によれば、ある再生債権者が債権質を設定し、対抗要件を具備しないまま再生手続が開始した場合において、再生債務者が手続主体である時点では、再生債権者は別除権者として扱われ、その後、管理命令が発令されると無担保の再生債権者となり、さらに管理命令が取り消されると、再び別除権者として扱われるという現象が生じる。第三者機関である管財人制度を採用している以上、再生債務者も第三者機関として扱うべきであろう。

なお、大阪高判平成21年5月29日（金商1321号28頁）は、再生債務者が民法177条の第三者に該当するか否かについて、肯定している。

2. 実務上の問題

実務上は、再生債務者が再生債権者に対して登記の欠缺や第三者保護規定の適用を主張した事例は乏しく、例えば取引先との関係で、再生債務者が第三者性を主張して保護を求めるとすれば、商品の供給が止まり、再生手続の円滑な進行が阻害されかねないから、実際には、当該債権者と早期に和解するなどしている（西謙二・中山孝雄編『破産・民事再生の実務〔新版〕《下》民事再生・個人再生編』120頁）。

しかしながら、民法の債権法改正において、倒産手続開始前に倒産者が行っていた将来債権譲渡の効力が、倒産手続開始後にも及ぶかの問題について、第三者に対しては効力は及ばない、すなわち手続遂行主体に第三者性が認められるか否か、という基準で解決する提案がされている（民法（債権法）改正検討委員会編『債権法改正の基本方針【3．1．4．02】』）。同提案の意義は、かならずしも明確ではないが、同提案が採用

された場合、再生債務者の第三者性の議論が活発になり得る。

なお、再生債務者の第三者性は、再生債務者と再生債権者の利害が対立する場面において、再生債務者は再生債権者の利益を害しないよう行為すべきではないかという趣旨で述べられることがあるため、次に解説する。

3 手続遂行義務

再生債務者に一定の第三者性が認められるものの、管財人と異なり、人格的、法人格的な第三者性は認められない。これにより生じる再生債権者との利害対立や、再生債務者が再生債権者の犠牲において自己の利益を図るおそれを可及的に防止し、再生債権者の利益を保全する必要がある。

そこで、法は、再生債務者に監督委員の監督（民再54等）などを課すとともに、より一般的な行動規範として、手続遂行にあたり、「債権者に対し、公平かつ誠実に、前項の権利を行使し、再生手続を遂行する義務」（同38②）を課す。同条項を受け、民事再生規則1条では、再生手続の円滑な進行に努めなければならないこと（民再規1①）と、再生手続の進行に関する重要な事項を、再生債務者に周知させるよう努めなければならないこと（同②）を義務づけている。

1．公平誠実義務の意義

公平誠実義務の意義や内容の解釈は、これに類似する特別清算の清算人の公平誠実義務（会社523）、社債管理者の公平誠実義務（同704①）、信託法上の受託者の義務（信託29ないし33）の解釈が参考になり得る。

論者により異なるが、一般的に「公平義務」とは、**多数債権者間の公平の確保**を意味すると解される。同順位債権者間での公平取扱いを意味しており、再生債権者に優先する共益債権者や一般優先債権者への優先

弁済は、当然ながら公平義務に反するものではない。

「誠実義務」は、取締役などが負う忠実義務と等しいとする見解（河野正憲『条解民事再生法第2版』163頁）、自己または第三者の利益と債権者の利益が相反する場合に、自己または第三者の利益を図って債権者の利益を害することは許されない意味とする見解（三森仁『新注釈民事再生法［上］』168頁）などがある。

公平誠実義務違反の効果としては、管理命令の発令や再生手続の廃止といった制裁や、第三者に損害を与えた場合には損害賠償責任を負うとされる（会社486の類推適用、民709）。ただし、違反が認められたとして再生手続を廃止した場合、再生債務者への制裁や心理的圧迫になるにしても、債権者にとっては、結局清算価値しか得られない結果となり、債権者の利益に資するか疑問視する見解もある（松下淳一『民事再生の現状と課題』事業再生と債権管理123号5頁）。また、損害賠償責任は共益債権とならず、開始後債権（民再123）となると解される（三森仁『新注釈民事再生法［上］』168頁）。ただし、再生債務者が事業を行うにあたり、故意過失により、もしくは工作物の設置保存の瑕疵により、相手方に損害を生ぜしめた場合は、民事再生法119条5号に基づき共益債権となると解されている（『民事再生法逐条研究』ジュリスト2002年12月増刊号）。

2．公平誠実義務が問題となる場合

公平誠実義務は、単に講学上のものではなく、具体的な場面で問題となり得る。例えば、スポンサー型再生において事業譲渡等をするにあたり入札をすべきか否か、弁済率設定にあたり清算価値を保証しさえすればよいかといった場面や、その他再生債務者と再生債権者の利害が対立する場面において、同義務に違反しないかという形で議論される。もっとも、例えば、スポンサー決定においては、東京地方裁判所においても、公正・妥当性は必要であるものの、入札を必要要件としているわけでは

なく（「〈パネルディスカッション〉民事再生手続による小規模再生への課題」事業再生と債権管理123号23頁）、また、清算価値保証原則を超えて弁済率の極大化を目指した場合、特に収益弁済型の再生計画において、履行可能性（民再174②Ⅱが定める再生計画の不認可事由の反対解釈として必要とされる）と緊張関係が生じ、さらに再生計画を遂行する責務（同186①）に反するおそれがある。

このように、公平誠実義務自体から、直ちに一定の結論が導かれるものではなく、また抽象的な義務であるため、個別具体的事情によりその内容を解釈する必要があるものの、同義務が解決の指針になるものであり、その重要性は強調しすぎることはない。

4 再生債務者のなすべき業務

再生債務者は、管財人による管理を命ずる処分がされた場合を除き、業務の執行ならびに財産の管理および処分をする権限を失わない（民再38①）。

これにより、再生債務者は、再生手続開始後も、事業主体の地位にとどまり、自ら事業活動を継続して収益をあげ、またはスポンサーを募集することができる。自力再建型であれば、将来の事業計画と収益予測を作成し、スポンサー型であればスポンサーを募集して支援額を交渉し、試算した弁済率を基礎として、自ら再生計画を立案し（同163①）、決議および認可を経て、再生計画を遂行する。

もっとも、再生債務者は、**再生債権の弁済禁止**（民再85①）や、開始されている**強制執行の中止**（同39①）など、債権者の権利行使を制限する法定の保護を享受しつつ、双方未履行双務契約における**解除権**（同49①）、**担保権消滅請求権**（同148）など、法定の権限を行使し、業務を遂行することができる。

そこで、再生債権者の犠牲において自己の利益を図るおそれを可及的

第1節　債務者の地位

に防止することが必要であり、再生債務者に公平誠実義務が課されていることは、本節③記載のとおりであるが、民事再生法は、その他、一定の行為をなすことを義務づけている。

　再生手続が法律の規定に違反し、かつその不備を補正することができないものであるとき、その違反の程度が軽微である場合を除き、債権者集会にて計画案が可決されたとしても、裁判所は、再生計画不認可を決定する（同174②Ⅰ）。また、業務遂行にあたり、例えば、東京地方裁判所では、所有財産の処分（常務に属する取引に関する場合を除く）、財産の譲受（商品の仕入れその他常務に属する財産の譲受けを除く）、金銭の借入れ、別除権の目的である財産の受戻し等を監督委員の同意事項とし、監督委員の同意を得ないでした行為は無効とされる（同54④本文）。善意の第三者には対抗することはできないものの（同但書）、登記後には悪意が推定される。

　このように、再生債務者は、自ら業務遂行することができるものの、法定の義務を遵守することが前提である。

　具体的に、民事再生法上、再生債務者がなすべき事項は、以下のとおりである。

(1) 再生手続開始申立に関するもの

　①再生手続開始の申立をするときは、再生手続開始の原因となる事実を疎明しなければならない（民再23①）。

　②再生手続開始の申立をするときは、再生手続の費用として裁判所の定める金額を予納しなければならない（同24①）。

(2) 業務執行等に関するもの

　①監督命令において同意事項とされた事項（同54②）または裁判所の許可事項（同41①）とされた事項については、監督委員の同意または裁判所の許可を得なければならない。

　②再生債務者の営業または事業の全部または重要な一部の譲渡をするには、裁判所の許可を得なければならない（同42①）。

第4章 機　　関

(3) 債権調査・確定手続に関するもの

①債権届出期間内に届出があった再生債権について、その内容及び議決権についての認否を記載した認否書を作成しなければならない（同101①）。

②届出がされていない再生債権があることを知っている場合には、当該再生債権について、自認する内容等を認否書に記載しなければならない（同③）。

③一般調査期間前の裁判所の定める期限までに、作成した認否書を裁判所に提出しなければならない（同⑤）。

④特別調査期間に係る再生債権について、その内容及び議決権についての認否を記載した認否書を作成し、特別調査期間前の裁判所の定める期限までに、これを裁判所に提出しなければならない（同103③）。

(4) 財産評定

再生手続開始後遅滞なく、再生債務者に属する一切の財産につき再生手続開始の時における価額を評定しなければならない（同124①）。財産評定を完了したときは、直ちに再生手続開始の時における財産目録及び貸借対照表を作成し、これらを裁判所に提出しなければならない（同②）。

(5) 債権者または裁判所に対する報告・情報開示

①再生手続開始後、遅滞なく、再生手続開始に至った事情、再生債務者の業務及び財産に関する経過及び現状等を記載した報告書を、裁判所に提出しなければならない（同125①）。

②裁判所の定めるところにより、再生債務者の業務及び財産の管理状況その他裁判所の命ずる事項を裁判所に報告しなければならない（同②）。例えば、東京地方裁判所においては、再生計画認可決定まで、翌月10日までに毎月末日締切りにより、再生債務者の業務及び財産の管理状況について裁判所及び監督委員に報告するよう、監

督命令に定められる。
③財産状況を報告するために招集された債権者集会においては、民事再生法125条1項に掲げる事項の要旨を報告しなければならない（同126①）。

(6) 再生計画案の作成・提出・遂行
①再生計画案を作成して裁判所に提出しなければならない（同163①）。
②再生計画案において、株式の取得、株式の併合、資本金の額の減少、再生債務者が発行することができる株式の総数についての定款の変更、募集株式を引き受ける者の募集に関する条項を定めるにあたり、あらかじめ許可を得なければならない（同166、166の2）。
③認可された再生計画を遂行しなければならない（同186①）。

▶ 再生手続キーワード ◀

債権調査

再生手続において、再生債権者の届出た債権について、その内容および議決権について認められるか否かを調査すること。再生手続における債権調査は、以下の手続となる。①再生債務者（管財人が選任されているときは管財人）が届出再生債権について内容および議決権について認否を記載した認否書を作成する。②届出再生債権者は、債権調査期間内に、他の届出再生債権者の債権について書面で異議を述べることができる。③再生債務者が認め、かつ、債権調査期間内に他の再生債権者の異議がなかった再生債権については、再生債権の内容または議決権の額が確定する。④再生債務者が認めず、または、他の再生債権者から異議が出た再生債権については、当該再生債権者は裁判所に再生債権の査定の申立をすることができる。⑤裁判所書記官は、再生債権認否の結果を再生債権者表に記載する。⑥確定した再生債権については、再生債権者表の記載は、再生債権者全員に対して確定判決と同一の効力を持つ。

第2節 手続機関

1 再生手続の機関

　再生手続の機関は、裁判所、再生債務者、監督委員、調査委員、管財人・保全管理人、債権者集会・債権者説明会・債権者委員会、労働組合等をあげることができる。

　民事再生法は、再生債務者に手続遂行の主体性を認め、手続の中心となるのは再生債務者であるが、その行為が適正になされるための監督が必要であり、裁判所が監督委員を任命する。また、再生債務者による財産管理が失当であるとき、その他事業の再生のために特に必要があると認めるとき、再生債務者に代わって財産管理処分権等を行使する機関である管財人（民再66）、保全管理人（同81①）が、再生債務者の財産や業務の状況を調査する必要がある場合には調査委員（同62①）が、選任されることがある。さらに、再生債権者としての意思決定をし、そのための判断資料を収集することを目的とする機関として債権者集会（同114）、再生債権者の利益を代表し、再生手続の進行に関与する機関として、債権者委員会がある（同117）。

　詳細は、後に個別に述べるが、各機関の役割等は、以下のとおりである。

(1) 裁判所

　再生手続開始決定、再生手続に関する種々の裁判を行い、債権者集会の指揮など手続を主宰する。

(2) 再生債務者

　再生債務者は、再生手続が開始された後も、原則として、その業務を

遂行し、財産を管理・処分する権利を有するが（民再38①）、公平誠実義務（同②）を負い、再生債権者全体の利益のため、業務遂行及び財産の管理処分権を行使されなければならず、再生債務者は、再生手続の機関としての地位を有するといえる。

(3) 監督委員

裁判所は、再生手続開始の申立があった場合において、必要があると認めるときは、利害関係人の申立によりまたは職権で、監督委員による監督を命じる処分（監督命令）をすることができる（民再54①）。DIP型である再生手続において、監督委員は、再生債務者を監督するものである。多くの裁判所では、監督命令を発して監督委員を選任することを実務運用上の原則としている。

(4) 調査委員

裁判所は、再生手続開始の申立があった場合において、必要があると認めるときは、利害管理人の申立によりまたは職権で、調査委員による調査を命じる処分（調査命令）をすることができる（民再62①）。

(5) 管財人・保全管理人

裁判所は、再生債務者による業務の遂行や財産の管理処分が適切に行われない場合には、その適正化を図るために、管財人による管理を命じる処分（管理命令）をすることができる（民再64①）。再生手続開始前には、保全管理人が選任されることがある（同79①）。

(6) 債権者集会・債権者説明会・債権者委員会

債権者集会は、再生債権者によって構成される機関であり、再生計画案についての決議を行う（民再169②）。また、裁判所は、債権者委員会の申立、または総再生債権の10分の1以上にあたる債権を有する再生債権者の申立があったときは、債権者集会を招集しなければならない（同114）。

債権者説明会は、再生債務者等が開催し、再生債権者に対して、再生債務者の業務や財産に関する状況や再生手続の進行に関する事項を説明

するものである。再生手続開始前に開催することも可能であり、再生債務者が再生手続開始申立をしたことやその理由を説明し、再生債権者の理解や協力を得るための場として活用されている。

債権者委員会は、再生債権者をもって構成される委員会であり、裁判所から再生手続に関与することを承認（民再117①）された場合、裁判所から意見の陳述を求められ（同②）、また裁判所、再生債務者等または監督委員に対して意見を述べることができる（同③）。

(7) 労働組合等

労働組合は手続上の機関ではないが、重要な利害関係人として、再生手続開始申立があった場合に、申立を棄却すべきことまたは開始決定をすべきことが明らかである場合を除き、決定をする前に、労働組合等（再生債務者の従業者で組織する労働組合があるときはその労働組合、そのような組合がない場合は再生債務者の従業員の過半数を代表するもの。民再24の2括弧書）の意見を聞かなければならない（同24の2）。事業譲渡の許可や再生計画案についても同様である（同42③、168）。

2 監督委員の役割

監督委員は、再生債務者を監督し、一定の行為につき同意を与え、再生債務者の業務および財産調査をする権限を有し、再生計画成立後は計画の履行を監督する機関である。また、裁判所から特定の行為について否認権行使の権限を付与されたときは、否認権を行使する権限も持つ。

1. 監督委員の選任

監督委員は、再生手続開始の申立があった場合に、利害関係人の申立または**職権**で、裁判所が発令する監督命令によって選任される（民再54①）。

再生手続開始の申立があればよく、開始決定は要件とされていない。

実際の運用としても、ほとんどの裁判所で、再生手続開始の条件の有無を調査させるために早い段階で選任されている。

申立権者である「利害関係人」には、債務者も含まれる。監督委員の選任は任意的なものであり、和議における整理委員や管財人のような必置機関ではないが、実務の運用では、ほぼ全件、監督委員が選任されている。

監督委員は、調査委員と異なり、**債務者と利害関係を有するものでも法的には支障ない**（民再規20①、26①）。監督委員の資格に形式的な制限はなく、信託会社、銀行その他の法人であっても、監督委員となることができるが、ほとんどの場合弁護士が選任されている。監督委員が数人選任されたときは、共同してその職務を行うが、裁判所の許可を得て、各自が単独でその職務を行い、または職務を分掌することができる（民再58）。監督委員は、裁判所の監督に属し、重要な事由があるときは、裁判所は監督委員を解任することができる（同57）。

2．監督委員の権限

(1) 同意権

裁判所は、監督命令を発する際に、**再生債務者が**監督委員の同意を得なければすることのできない行為を指定する（同54②）。実務的には、以下の行為が指定されることが多い。
・再生債務者が所有または占有する財産に係る権利の譲渡、担保権の設定、賃貸その他一切の処分（常務に属する取引に関する場合を除く）。
・再生債務者の有する一切の債権について譲渡、担保権の設定その他一切の処分（再生債務者による取立てを除く）。
・財産の譲受け（商品の仕入れその他常務に属する財産の譲受けを除く）。
・貸付け
・金銭の借入れ（手形割引を含む）及び保証

- 債務免除、無償の債務負担行為及び権利の放棄
- 別除権の目的である財産の受戻し

　再生債務者は、裁判所から指定された行為をするには、監督委員の同意を得なければならない。再生債務者が指定された行為を監督委員の許可を得ないでした場合は、無効である。ただし、善意の第三者に不測の損害を与えないため、これには対抗できないとした（同54④）。監督委員の同意は、書面で行い、再生債務者が同意を得たときは、遅滞なくその旨を裁判所に報告しなければならない（民再規54）。

(2) 調査権

　債務者の業務および財産の状況につき、報告を求め、再生債務者の帳簿書類等を検査するなど必要な事項を調査する権限を有する（民再59）。実務上、裁判所が開始決定を行う前提として、監督委員に意見を求め、監督委員は手続開始についての意見書を提出する運用がなされている。また、再生計画案に法律違反がないか、履行可能性があるかについても意見書を提出する。裁判所は、必要があると認めるときは、監督委員への報告を要する行為を指定する。再生債務者は、指定された行為をしたときは、その旨を監督委員に報告しなければならない（民再規22）。再生債権者への情報提供のため、裁判所は、債権者集会に監督委員を出席させて再生債務者の業務および財産の状況等について意見を述べさせることができる（同49①）。なお、監督委員による調査を公認会計士などが補助することが多い。

(3) 否認権

　開始決定後、裁判所から特定の行為について否認権を行使する権限を付与されることがある（民再56）。その場合には、その行使に必要な範囲内で、再生債務者のために、自ら金銭の収支その他の財産の管理および処分をすることができる。

(4) 履行監督権

　監督委員は、再生計画認可確定後も、原則として3年間は再生計画

の遂行を監督する（同 186 ②、188 ②）。

3　管財人と保全管理人の役割

1．管財人の役割

　再生手続は、再生債務者が自ら業務遂行および財産管理を行うことを原則とするが（民再 38 ①）、その財産管理が失当であるとき、その他再生債務者の事業再生のために特に必要があると裁判所が認めるとき、裁判所の管理命令（同 64 ①）により、管財人が選任される。**再生債務者の業務遂行権や財産の管理処分権は、すべて管財人に専属し**（同 66）、再生債務者の従来の役員はその経営権を失う。

　監督委員による監督は、再生債務者の不適切な行動を、不同意を通じて抑制することはできても、適切な行動をさせることまでは困難である。**再生債務者自身の財産の管理処分が失当で、不同意だけでは対応できない場合、管財人は重要な機能を果たす。**ただし、更生手続と異なり、再生手続では手続内に担保権を取り込んでおらず、担保権の実行を止めた上で計画を策定することができない。また、手続迅速化の要請から、開始決定が早期になされるため、管財人を選任することにより収益を確保できるか否か、手続開始時に見極めをすることが困難である等の事情により、東京地方裁判所等の実務上の運用として、管財人の選任は極めて制限的である。

2．管財人の選任

　管財人は、利害関係人の申立によりまたは職権で、再生手続開始決定と同時にまたはその決定後、裁判所が発令する管理命令により選任される（民再 64 ①）。

　申立権者である「利害関係人」には、債権者、債務者、債務者の役員、

第4章 機　　　関

株主も含まれる。監督委員は利害関係人に含まれないが、裁判所に対する報告を通じて裁判所の職権発動を促し、同旨の目的を達することができる。また、管財人は、監督委員と同様、調査委員と異なり、利害関係のないことは選任の要件とされていない。

　裁判所は、管理命令を発令したときは、それが再生手続開始決定と同時にする場合を除いて、管理命令を発した旨、管財人の氏名または名称、再生債務者の財産の所持者および再生債務者に対して債務を負担する者が再生債務者にその財産を交付し、または弁済をしてはならない旨を公告する（民再65①）。再生手続開始決定と同時に管理命令が発せられたときには、再生手続開始の公告において、管理命令にかかる事項が掲げられる（同65②）。管財人は、裁判所の監督に服する（同78、57①）。

3. 管財人の権限

　再生債務者の業務遂行権や財産の管理処分権は、すべて管財人に専属する（民再66）。民事再生法上、「再生債務者等」とは、管財人が選任されていない場合には再生債務者、管財人が選任されている場合は管財人をいう（同2Ⅱ）。

　管理命令発令後に、再生債務者がなした法律行為は、再生手続との関係ではその効力を主張することができない（同76）。相手方が、管理命令が発生された事実を知らなかったときは、この限りではないが、管理命令の公告後は相手方の悪意が推定される。

　管財人は、かかる権限にくわえ、再生債権の調査（同100）、財産価額の評定（同124①）、担保権消滅許可申立（同148①）、再生計画案の提出（同163①）、再生計画の遂行（同186①）、再生計画変更の申立（同187①）、再生手続終結の申立（同188③）、再生手続廃止の申立（同192ないし194）を行う。ただし、裁判所は、管財人が一定の行為をなすについて裁判所の許可を要するものとすることができる（同41①）。許可を得ずに管財人がなした行為は、無効である（同41②）。善意の第

194

三者に対抗できないとされるが（但書）、管財人と取引をするにあたっては注意が必要である。

　なお、会社更生手続において、株主総会決議事項である会社組織に関する重要な事項は、更生手続開始後は更正計画によらなければできない（会更45①）等、更生会社の株主総会の権限は極めて限定されるが（藤田耕三「会社更生・整理と会社の機関」青林書院「裁判実務大系第3巻会社訴訟・会社更生法〔改訂版〕」343頁参照）、再生手続においては、裁判所の許可を得ての事業譲渡（民再43）、再生計画に基づく株式取得・株式併合・資本減少・募集株式の募集（同154③、④）等、一定の事項を除き、株主総会の権限に変更は加えられていない。そこで、管財人は、例えば役員の選任（会社329①）、解任（同339①）、定款変更（同466）、合併（同748）など、組織法上の権限は有しておらず、またそのための取締役会や株主総会を招集する権限もない。

4．保全管理人の役割

　保全管理人は、再生手続開始申立後、開始決定前までの期間に、再生債務者の財産の管理または処分が失当であるとき、同期間内の再生債務者の業務および財産を管理する機関である。

　管財人は再生手続開始決定後の機関であるのに対し、保全管理人は開始決定前の機関であるが、保全管理人の選任は、開始決定時に管財人を選任することを前提として、暫定的に再生債務者の業務および財産を管理させることを目的としている。利害関係人の申立または職権で裁判所が選任する（民再79①）。

　保全管理命令が発令されると、再生債務者の業務遂行権および財産の管理処分権は、保全管理人に専属する（同81①）。手続が開始していないため、若干の違いがあるが、命令の申立権者の範囲や、保全管理人の権限等は、管財人とほぼ同様である。

4 調査委員の役割

　調査委員は、再生手続に関して裁判所が必要に応じて選任する機関であり、専門家の立場から裁判所の指定する事項（再生手続開始の条件の有無、業務および財産の状況など）の調査を行う。

1. 調査委員の役割

　調査委員は、裁判所が定める調査すべき事項を調査し、**裁判所に調査結果の報告を行う**。裁判所が指定する調査事項は、再生手続開始原因の有無・手続開始申立棄却事由の有無、再生債務者の業務および財産の状況、再生債務者の作成する財産目録・貸借対照表、裁判所への財産状況報告書の当否、再生計画案の当否などである。監督委員が、再生債務者の援助機関であるのに対し、調査委員は裁判所の調査の補助機関としての機能を持つ。

　実務上、調査委員が必要となるのは、債権者申立事件において再生手続棄却決定がなされる可能性が高い事案について、調査委員に開始決定をなすべきか否かの調査をさせる場合（この場合、再生債務者の業務遂行に支障を与えずに済む）と、専門的な調査が必要な特殊事件・大型事件などがある。

　監督委員には、調査委員と同様の調査権限がある（民再63、59）ので、一般的な事件で監督委員が選任されているときは、重ねて調査委員は選任されない。大型事件では、財産の状況の調査のため公認会計士などの専門家が調査委員に選任されることがあろうが、この場合でも監督委員の補助者として同一の調査を行わせる方法をとることも可能である。

2. 調査委員の選任

　裁判所は、利害関係人の申立または職権で、必要があると認めるときに調査委員による調査を命ずる処分（調査命令）を行う（民再62①）。

調査委員は、任意の機関である。選任の時期は、再生手続の開始申立があればよく、手続開始前でも、必要があれば選任できる。調査委員は、1人に限らず、数人であってもよい。裁判所は、調査命令において、1人または数人の調査委員を選任する。調査委員は、その職務を行うに適した者で利害関係のないもののうちから、選任しなければならない（民再規26①）。

裁判所は、選任に当たって、調査委員が調査すべき事項および裁判所に調査報告書を提出すべき期間を定める（民再62②）。

3. 調査委員の権限

調査委員は、再生債務者に、**再生債務者の業務および財産の状況**につき報告を求め、再生債務者の帳簿、書類その他の物件を検査することができる（民再63、59）。

4. 調査報告書の閲覧

調査委員から裁判所へ提出された調査報告書は、利害関係人の閲覧に供するため、裁判所に備えて置かなければならない。ただし、その内容に再生債務者の事業の維持再生に著しい支障を生ずるおそれなどがあるときは、調査委員の申立によって、その支障部分の閲覧等の請求を制限することができる（民再17）。

第4章 機　　関

5　代理委員の役割

　代理委員は、同種の再生債権者が多数いる場合に、個別に権利行使するより発言力を増すことを目的として、再生債権者が裁判所の許可を得て選任する再生債権者のため再生手続に属する行為をする代理人である。

1．代理委員の役割

　代理委員は、製造物責任や消費者問題、公害などを引起こした会社やゴルフ場運営会社の再生事件のように多数の同種の債権者が自分たちの共通な利益を代表するものを選任して、再生債務者に対する発言権を強めることを目的とするものである。

　その一面で、再生債務者にとっては、多数の債権者と個別に感情を交えた折衝を行うよりも、債権者の総意を代表する者と交渉するほうが、迅速かつ合理的な処理が可能になる。そこで、民事再生法は代理委員の制度を設けている（民再90）。同様の制度は会社更生法にも採用されている（会更122）。

2．代理委員の選任

　再生債権者は、裁判所の許可を得て、代理委員を選任する。代理委員の資格に制限はないが、選任が整理屋などの温床とならないようにするため裁判所の許可を必要とした。

　同種の債権を有する再生債権者が共同して、1人または数人の代理委員を選任することが本来の利用方法であろうが、各別にも選任できる。再生債権の届出前であってもかまわない。

　また、裁判所は、「再生手続の円滑な進行を図るために図る必要があると認めるとき」には、再生債務者に対して代理委員の選任を勧告することができる（民再90②）。さらに、再生債権者がこの勧告に従わず、

代理委員の選任がなければ再生手続の進行に支障があると認めるときは、裁判所が代理委員を選任することもできる（同90の2）。

3. 代理委員の権限

代理委員は、自らを選任した再生債権者のために、**再生手続に属する一切の行為をすることができる**（民再90③）。再生債権の届出、債権者集会へ出席し、意見を述べ、**議決権**を行使できる。手続外で**再生債務者**と折衝することもできる。

代理委員が数人選任されているときは、共同してその権限を行使するが、第三者からの意思表示は、その1人に対してすれば足りる（同④）。

4. 選任許可取消しと解任

裁判所は、代理委員の権限の行使が著しく不公平であると認めるときは、代理委員の選任許可を取消すことができる（民再90⑤）。「不公正」とは、手続に関連して不法な利得行為をしたような場合を指すものであって、代理委員が再生計画に反対し、あるいは手続の円滑な進行に協力しないことがあっても、これをもって「不公正」とはいえない。

再生債権者は、いつでも代理委員を解任することができ、解任したときは、遅滞なく、裁判所にその旨を届けなければならない（民再規29）。

5. 代理委員の費用

代理委員が再生に貢献したときは、裁判所は、再生債務者財産から適当な範囲内の費用を償還し、報償金を支払うことを許すことができる（民再91）。

6　債権者委員会の役割

　債権者委員会は、裁判所から再生手続に関与することを承認されることによって、再生債権者の意向を手続に反映させるため再生債務者の営業譲渡などの手続に意見を陳述し、債権者集会の招集を申立、また再生計画の履行の確保ための監督などを行うことができる。

1．債権者委員会の承認

　再生手続における債権者委員会は、再生債権者の意向を手続に反映させやすくするため新設された制度である。債権者委員会は、裁判所が選任する機関ではない。再生債権者が手続外で任意に委員会を組織し、利害関係人の申立により裁判所から再生手続に関与することが承認される。この利害関係人には、再生債権者はもとより再生債務者も含まれる。

2．債権者委員会の要件

　債権者委員会が、債権者の意向を正当に反映するものとして機能し、整理屋などの跋扈（ばっこ）を防止するため、裁判所が承認するには、次の要件が必要とされる（民再117①）。
　①委員は、再生債権者をもって構成されていること
　②委員の数が、3人以上10人以内であること（民再規52）
　③再生債権者の過半数が、この債権者委員会が再生手続に関与することについて同意していると認められること
　④債権者委員会が再生債権者全体の利益を適切に代表すると認められること

3．債権者委員会の役割

　債権者委員会は、再生手続において、裁判所、再生債務者（あるいは管財人、保全管理人）、監督委員に対して、意見を述べることができ、

裁判所からも、債権者委員会に意見の陳述を求めることができる（民再118②、③）。再生債務者の営業等譲渡を裁判所が許可する場合には、知れている再生債権者の意見を聴かなければならないが、債権者委員会があるときは、その意見を聴けば足りる（同42②但書）。

再生手続における債権者集会は任意的なものとなったが、債権者委員会から債権者集会の招集を求める申立があった場合は、裁判所は債権者集会を招集しなければならない（同114）。債権者委員会がない場合に再生債権者が債権者集会の招集を申立るためには、総債権の10分の1以上の債権を集めなければならない。

また、債権者委員会には、再生手続の進行だけでなく、それ以上に再生計画が成立した後の履行を確保するための監督機能を果たすことが期待される。

4. 債権者委員会の費用

債権者委員が再生に貢献したときは、裁判所は、**再生債務者財産**から**適当な範囲内の費用を償還し、報償金を支払うことを許可**できる（同91）。

債権者委員会が、再生計画の履行確保の監督その他の関与を行う場合において、再生債務者がその費用を負担するときは、その旨を再生計画の条項で定めなければならない（同154②）。

第5章

再生債権

第5章 再生債権

第1節 再生債権の処遇

1 債権の分類

　債権は、再生手続に拘束される債権と拘束されないものとに分けられ、前者には再生債権、（劣後的）開始後債権があり、後者としては取戻権、別除権、一般優先債権、共益債権がある。

1．自己の債権の扱いについて注意

　再生手続上、債権は上記のとおり手続に拘束され、再生計画によってしか弁済を受けられない**再生債権**等と、手続に拘束されない取戻権、別除権等に分類されるが、債権者としてはこれらの内容を十分理解して自己の債権が適正に扱われるよう留意する必要がある。

2．手続に拘束されない債権

　再生債務者は、債務を約定どおりに弁済ができないので、再生手続開始の申立をするのであるが、民事再生法は会社更生法のようにほとんどの債権を手続に拘束して手続によってしか弁済を受けられないという方法はとらなかった。民事再生法では担保権付きの債権は別除権として**再生手続によらず担保権を実行でき**（民再53）、租税債権および一般の先取特権その他の一般の優先権がある債権は**一般優先債権**として再生手続によらずに**随時弁済を受けることができる**（同122）。

　これら担保権、租税債権などを手続に取込むと、時間、手間、費用がかかり、手続が重装備になるのでこれを避けた。

　また、和議では債権者の共同の利益のためにする裁判上の費用や裁判

204

所の許可を受けて借入れたいわゆるニューマネーなど、明らかに一般の和議債権とは別に扱うべきものについて規定がなかったが、民事再生法ではこれらの一定の債権を**共益債権**としてこれも**再生手続によらないで随時弁済**できることとした（同119）。

なお、再生債務者の所有に属さない物件が、その占有中にある場合には、債権者はその返還を受けられる**取戻権**が認められる（同52）。

3. 手続に拘束される債権

他方、民事再生法では手続に拘束され、手続によってしか弁済を受けられない債権を再生債権として明確にした（民再84）。再生債権は再生債務者に対して手続開始前の原因に基づいて生じた**財産上の請求権、開始後の利息・損害金**などであり、再生手続によらなければ弁済を受けられない。

ただし、少額債権および中小企業者のうち一定の債権につき、裁判所の許可を受けたときは弁済をすることができる。

また、手続開始決定がなされると、再生債権に基づく、すでになされた強制執行等は中止され、その後の執行等はできなくなる（同39）。

再生債権は債権を届出ないと再生計画の賛否の議決に参加できず、他の時効中断手続をとらなければならないだけではなく、再生計画の認可決定が確定すると原則**失権**してしまう。

なお、開始後に発生した債権のうち、共益債権などにならないもので再生事件の係属中または計画による弁済期間中は、弁済を受けられない開始後債権も規定されている（同123）。

なお、平成16年改正により、再生債権者と再生債務者との間で、再生手続開始前に当該再生債務者について破産手続が開始されたとすれば当該破産手続におけるその配当の順位が破産法第99条1項に規定する劣後的破産債権に遅れる旨の合意がされた債権が、約定劣後再生債権として創設された（民再35④）。

2 別除権の意義

別除権とは、再生債務者の財産の上に存する特別の先取特権、質権、抵当権または商事留置権であり、別除権は再生手続によらないで、これを行使することができる。別除権行使の結果弁済を受けられない部分の債権は、再生債権となる。

1．別除権の意義

別除権は、再生債務者の財産の上に存する担保権（民再53）であるから第三者が提供した財産の上に存する担保権は別除権にはならず、再生債務者に対して有する被担保債権は再生債権になる。逆に**再生債務者が第三者のために提供している担保権は、別除権**になる。抵当権などの定型担保権だけではなく、所有権留保条件付債権、譲渡担保権、フルペイアウトのファイナンスリース債権などの**非典型担保権も別除権**になると解される。

別除権は**再生手続によらないで**権利を行使することができる。その意義は、別除権の基礎である担保権本来の実行方法によることを許すことを意味する。会社更生と異なり、担保権は手続に拘束されず、不可分性も失われないので、非担保債権の元利金合計額の支払いを受けるまで権利を行うことができ、先順位の担保権者への弁済が進めば、その分後順位担保権者の地位が上昇する。

しかし、一定の条件下で、担保権実行としての競売手続の中止命令により一定期間停止させられることがあり（同31）、担保権の目的である工場等が再生債務者の事業の継続に欠くことのできないものであるときには、**担保権消滅許可制度**により、価格相当額の金銭の支払いを受けて強制的に消滅させられることがある（同148）。担保権消滅許可制度は、民法296条の担保権者は債権の全額の支払いを受けるまで担保物の全部につきその権利を行使できる、という担保権の不可分性の例外を認めた

ものであり、これにより担保権者としてはその権利実行の時期の選択肢を奪われる。特にリース債権が担保権と解釈されると影響が大きく、目的物の評価の方法が重要になる（民再規80）。

2. 不足額の処理

別除権者は、その別除権行使によって弁済を受けることができない債権の部分についてのみ、再生債権としての権利を行うことができる（民再88）。この部分については、再生債権の届出をしないと、議決に参加できず、時効も中断せず、認可決定確定により免責され再生債権として一般財産からの回収ができなくなる。別除権の行使によって弁済を受けることができない債権の部分が確定する前には再生計画による弁済は受けられないが、寄託等の的確な措置を定めることを要し、根抵当権が確定している場合には極度額を超える部分については仮払いを受けられ、再生計画でこれらの措置を定めるよう法定されている（同160）。

3　一般優先債権の意義

一般優先債権とは、一般の先取特権その他一般優先債権がある債権で、再生手続によらないで、随時弁済が受けられる。

1. 再生手続によらず、随時弁済が受けられる

一般優先債権は、租税債権、労働債権などの一般の優先権がある債権である（民再122）。一般優先債権は、再生手続によらないで、随時弁済が受けられる。したがって届出の必要もない。会社更生、破産では、一般の優先権も手続に拘束され手続への参加を強制されるが、再生手続では手続外債権とした。農工業労役の先取特権は、農業の労役者については1年間の賃金につき認められるが、このように優先権が一定の期間内の債権額につき存在する場合（民310、324）には、その期間は再生

手続開始の時からさかのぼって計算する。その期間を超える分は、再生債権となり、届出の必要がある。なお、一般優先債権であるか否かは、債権の性質に基づくが、共益債権（民再119）である場合は除外される。例えば、再生手続開始後の労働の対価である給料債権、開始後の人員削減のため労働者を解雇した退職金債権、開始後の原因に基づいて生じた租税債権は、共益債権となるので（同119②）、一般優先債権から除外される。

2. 一般優先債権に基づく強制執行の中止等

　一般優先債権に基づいて強制執行などがされている場合に、その強制執行などが再生に著しい支障を及ぼし、かつ再生債務者が他に換価の容易な財産を十分に有することができるときは、裁判所はその強制執行などを中止または取消しを命令することができる（民再122④）。ただし、租税公課に基づく滞納処分については、法文が強制執行などとなっており、滞納処分まで中止、取消しできると解釈するのは無理がある。

　しかし、担保権でさえ競売実行の中止命令の制度があり、担保権消滅制度によって制限されるのにもかかわらず、少なくともその担保物件については、担保権に優先順位が劣る公租公課債権者の自力執行権を制限しないと、再建は困難になる。

　立法論としては、租税公課の制限が議論され適正な改正がなされることが望まれる。

4　共益債権の意義

1. 共益債権の意義・特徴

　共益債権は、原則として、再生手続開始後の原因に基づいて発生した請求権で、再生債務者の共同の利益のためにする裁判上の費用の請求権

や再生計画の遂行に関する費用の請求権等を含むものである。

共益債権は、再生手続によらないで随時弁済を受けることができ（民再121①）、また、再生債権に先立って弁済を受けるという優先性を有する（同121②）のが、その特徴である。

2. 共益債権の範囲

民事再生法119条1号～7号は、共益債権となる請求権を列挙する。
①再生債務者の共同の利益のためにする裁判上の費用の請求権
②再生手続開始後の再生債務者の業務、生活並びに財産の管理及び処分に関する費用の請求権
③再生計画の遂行に関する費用の請求権
④61条1項（監督委員の報酬）等の規定により支払うべき費用、報酬及び報償金の請求権
⑤再生債務者財産に関し再生債務者等が再生手続開始後にした資金の借入れその他の行為によって生じた請求権
⑥事務管理または不当利得により再生手続開始後に再生債務者に対して生じた請求権
⑦再生債務者のために支出すべきやむを得ない費用の請求権で、再生手続開始後に生じたもの（前記民再119条1から6号に掲げるものを除く）

また、同法120条で再生手続開始の申立後から再生手続開始前に、資金の借入れ、原材料の購入、その他再生債務者の事業の継続に欠くことができない行為をする場合は、これらの行為によって生じる請求権を共益債権とすることができる旨規定されている。共益債権化のためには、裁判所の許可または監督委員の裁判所の許可に代わる承認が必要である（民再120①、②）。

その他、主な共益債権は以下のとおりである。①再生手続開始決定によって中止・失効等した手続に関する請求権（民再39③）、②双方未履

行の双務契約の履行・解除選択により発生した請求権（同49④、⑤）、③継続的給付を目的とする双務契約により生じた請求権（同50②）等（その他民再51（破56を準用）、同67⑤、同112、同140②、同151④等）。

3. 共益債権の確定

　共益債権は、再生債権と異なり、債権の届出、調査および確定の手続はない。したがって、仮に共益債権の存否や額について争いが生じた場合は、通常の民事訴訟手続すなわち給付訴訟等によって紛争の解決が図られることになる。

4. 強制執行等

　共益債権は再生手続によらずに随時弁済を受けられる権利であり、強制執行や仮差押も可能である。しかし、上記強制執行や仮差押が再生に著しい支障を及ぼし、かつ、再生債務者が他に換価の容易な財産を十分有するときは、中止または取り消しを命じられる場合がある（民再121③）。

5. 弁済原資が不足する場合

　破産手続（破152）や会社更生手続（会更133）と異なり、共益債権に対する弁済原資が不足する場合の規定はない。したがって、再生債務者等は、弁済期の到来したものから順次支払いすればよいものと考えられる。また、強制執行手続において共益債権が競合した場合には、実体法の優先順位にしたがって配当がなされることとなる。

　しかし、上記のとおり、共益債権は再生債権に優先して支払われるべきものである（民再121②）。したがって、共益債権への弁済原資が不足する場合は、再生債権への弁済原資が確保できていない状態であるといえる。そこで、①再生計画案の決議の前であれば「再生計画案作成の見込みがないことが明らかになったとき」（同191Ⅰ）に該当するとし

て再生手続が廃止となり、②再生計画案の認可決定前であれば「再生計画が遂行される見込みがないとき」（同 174 ② Ⅱ）に該当するとして、再生計画が不認可となり、さらに、③再生計画認可決定確定後であれば「再生計画が遂行される見込みがないことが明らかとなったとき」（同 194）に該当するとして、再生手続が廃止となることになる。

5 再生債権の意義

1. 再生債権

　再生債権とは、再生債務者に対し再生手続開始前の原因に基づいて生じた財産上の請求権である（民再 84 ①）。再生債権は、再生手続開始後、原則としてその弁済が禁止され、**再生計画により権利変更を受け**（同 178 本文、179 ①）、同計画によってのみ弁済が可能となる（同 85 ①）。なお、再生債権であっても、再生手続開始当時、再生債務者の財産の上に存する特別の先取特権、質権、抵当権、商事留置権によって担保された債権は別除権として取り扱われる（同 53 ①）。

2. 再生債権の範囲

(1) 再生債権の要件

①再生債務者に対する人的な請求権であること

　所有権に基づく物の引渡請求権、明渡請求権等の物権的請求権、特許権や人格権に基づく差止請求権は再生債権ではない。しかしながら、これらの権利が再生手続開始前に侵害されたことによる損害賠償請求権、不当利得返還請求権は、再生債権となる。

②財産上の請求権であること

　財産上の請求権であれば、金銭債権には限られない。建築請負契約、運送契約等に基づく作為請求権も再生債権である。なお、預託金制のゴ

ルフ会員権は、ゴルフ場施設の優先的利用権や預託金返還請求権等を内容とする契約上の地位と解されているが、全体として財産上の請求権であるので再生債権とされている。

③再生手続開始前の原因に基づく請求権であること

　債権発生の主要な要因に該当する事実が開始決定前に存在していれば足り、弁済期が到来している、あるいは停止条件が成就している必要はない。確定期限未到来の債権、不確定期限付債権、停止条件付債権、将来の請求権も再生債権とされる（民再49参照）。なお、近時、破産の事案であるが、保証人が、主債務者の倒産手続開始前に、主債務者の委託を受けないで締結した保証契約に基づき、主債務者の倒産手続開始後に債権者に弁済したことにより取得する事後求償権について、破産債権と判示する高裁判決がある（大阪高判平成21年5月27日金法1878号47頁）。

　双方未履行の双務契約に基づく債権は、再生債務者が契約の履行を選択した場合は、相手方が有する債権は共益債権となるが、解除を選択した場合、相手方に与えられる損害賠償請求権は再生債権となる（民再49）。

④強制執行可能な債権であること

　例えば、不法原因給付の返還請求権（民708）、消滅時効が完成し、相手方が時効を援用した債権は再生債権とならない。

(2) 再生手続開始後の利息及び損害金

　再生手続開始後の利息、再生手続開始後の不履行による損害賠償および違約金の請求権、再生手続参加の費用の請求権（民再84②各号）は、再生手続開始前の原因に基づくとはいえないものの、再生債権とされる。なお、これらの請求権は、再生債権でありながら、議決権がない（同87②）、再生計画において他の再生債権と異なる別段の定めをすることが可能である（同155①）など、劣後的な取り扱いがなされている。

3. 再生債権の処遇

(1) 弁済禁止

再生債権は、再生手続開始決定後は、特別の規定がある場合を除いて、原則として再生計画によらなければ、弁済をし、弁済を受け、その他これを消滅させる行為をすることはできない（民再85①）。同規定に反してされた弁済は無効であり、不当利得返還請求の対象とされる。禁止される行為は、再生債務者の側からする弁済だけではなく、債権を消滅させる一切の行為であり、代物弁済、更改、相殺及び供託も含まれる。

ただし、裁判所の許可を得た、中小企業者への弁済や少額債権の弁済（同85②、⑤）や、92条により相殺が許容される場合を除く。

(2) 再生手続上の諸権利の行使

再生債権者は、議決権を否定されている場合（民再87②）を除いて、再生債権を届け出て、債権者集会において議決権を行使することができる。また、債権調査等に関する異議（同100、102①、ないし103④）、査定の申立（同105①）、再生計画案の提出（同163②）等により手続に参加することができる。

6 再生債権の特徴

1. 再生債権の弁済の禁止

(1) 弁済の禁止

民事再生法85条1項は、再生債権については、再生手続開始後は、この法律に特別の定めがある場合を除き、再生計画の定めるところによらなければ、弁済をし、弁済を受け、その他これを消滅させる行為（免除を除く）することができないと規定する。個別的な権利行使を許した場合には、債権者と債務者との間の民事上の権利関係を適切に調整し、

もって当該債務者の事業または経済生活の再生を図ることができなくなり、民事再生法1条に定める目的を達することができなくなるからである。

(2) 弁済禁止の対象となる債権

弁済禁止の対象となるのは再生債権である。再生手続によらないで権利行使をすることが認められている別除権（民再53②）や再生手続によらないで随時弁済される共益債権（同121①）や一般優先債権（同122①）は禁止の対象とはならない。

(3) 弁済禁止の人的範囲

再生債権を有する者が、連帯保証契約をも締結していた場合には、債権者の保証人に対する連帯保証債権には弁済禁止の効果が及ばない。したがって、債権者は連帯保証人に対して、保証債務の履行請求をすることができ、保証人から弁済を受けることができる。

(4) 弁済禁止の例外

少額債権に対する弁済等、一定の場合に弁済をすることができる場合がある（民再85②、⑤）。詳細については次項7を参照のこと。

2. 再生債権の届出による権利行使

(1) 債権の届出および調査確定手続

再生債権を有する者は、その権利行使をし、債権の満足を得るためには、再生債権の届出期間内に債権届出をしなければならない（民再94①、民再規31）。その後の調査および確定の手続において、再生債務者等が認め、かつ、異議がなかった届出債権は確定し、それは確定判決と同一の効力を有する（民再104①、③）。

(2) 時効中断効

また、再生手続参加には時効中断効が認められている（民152）。

3．訴訟手続の中断等

(1) 中断等

上述のとおり、再生債権は、再生手続開始後は再生手続によらない個別的な権利行使を禁止されるから、再生債務者の財産に対する再生債権にもとづく強制執行等の申立をすることはできず、また、すでに申立のあった上記の強制執行手続等は中止する（民再39①）。中止した強制執行手続等は、再生計画認可決定確定時に効力を失う（同184）。

また、財産関係の訴訟手続のうち再生債権に関するものは再生手続開始決定があったときは中断し、再生債権の届出につき異議等があった場合などに受継される（民再40）。

(2) 簡易再生・同意再生の例外

簡易再生手続（民再211）および同意再生手続（同217）の決定が確定した場合は、中断した手続は、再生債務者等が受継しなければならない（同213⑤、219②）。なぜなら、簡易再生手続および同意再生手続には債権の調査確定の手続がないからである。

7 再生債権弁済禁止の例外

再生債権弁済の例外として、再生債務者を主要な取引先とする中小企業者の債権および少額の債権で、いずれも裁判所の許可があったときに弁済を受けられる。

再生債権については再生手続によらなければ弁済をし、弁済を受け、その他これを消滅させる行為（免除を除く）をすることができないのが原則である（民再85①）。

その例外は二つある。

1．例外の一

一つは、再生債務者を主要な取引先とする中小企業者が、その有する

再生債権の弁済を受けなければ、事業の継続に著しい支障を来すおそれがあるときで、裁判所が許可した場合には、再生債務者等は、その全部または一部の弁済をすることができる。(同85②)。裁判所は、この許可をするときには、再生債務者と中小企業者との取引の状況、再生債務者の資産状態、利害関係人の利害その他一切の事情を考慮しなければならない（同85③)。

　実際には仕入先、下請先に対する申立後の取引債務の支払時期を早めたり、前払いをするなどしてこれらの債権者の資金繰りに対応する措置をとっていることが多いと考えられるので、「再生債権の弁済を受けなければ、事業の継続に著しい支障を来すおそれがあるとき」とは、これらの措置では、処理しきれないほどの事情がある場合に限定されよう。

2. 例外の二

　もう一つの例外は、少額の再生債権を早期に弁済することにより再生手続を円滑に進行することができるとき（以下「前者」という）、または少額の再生債権を早期に弁済しなければ再生債務者の事業の継続に著しい支障を来たすとき（以下「後者」という）で、裁判所が許可した場合においては、再生債務者等は、その全部の弁済をすることができる（同85⑤)。

　前者は、再生債務者にとっても少額債権を支払ってしまったほうが、努力と費用を考えると総債務者にとって利益となる場合があるとの考慮によるものである。

　後者は、平成14年の会社更生法の改正に伴い、追加されたものであり、これにより営業上の取引債権を支払うことにより、営業劣化を避けられるものである。しかし、「事業の継続に著しい支障を来すとき」の要件を安易に認定するようにしてしまうと、強硬な態度をとる債権者を有利に扱うことになりかねない。そこで、上記の要件の認定は慎重にすべきであり、弁済することの必要性（当該取引先が再生債務者の事業継続にどれだけ重要であるか等）や相当性（再生債務者の規模からして相当と

8　過払金返還請求権の処遇

1．過払金返還請求権の性質

　開始決定日時点において利息制限法所定の法定利息にて引き直し計算をすれば、過払いが生じている顧客が有する当該過払金返還請求権は、**再生債権と解される**。近時の下級審判決（大阪地判平成20年8月27日（金商1303号14頁））に照らしても、このように解釈される。

　会社更生手続において、このような債権を共益債権として扱った例もあるが、更生管財人が、手続の円滑な遂行のため、裁判所の許可を得て、特に行ったものであった。

　過払金債権には、①全国的に膨大な数の顧客がおり、また、取引年数が長い顧客は、住所変更、結婚による姓名変更などにより、現在の連絡先を覚知できないことがある、②過払金は、一定の算式に基づき取引内容を入力すれば、その存否と額が判明するが、顧客数が多いため、全顧客について計算した場合、現状、その作業には膨大な時間と費用がかかり、物理的に著しく困難である、③取引の継続、再度の借り入れができなくなるのを恐れて過払金返還請求をしない、④家族等に対して利用の事実を隠している場合も多く、裁判所等から書類が送付されることによって借入の事実の発覚を恐れるという特殊性がある。

　このような特殊性に鑑み、手続遂行にあたり、以下の事項が留意される。なお、上記の特殊性②は、将来、システムが向上した場合は解消され得るものであり、その場合には、異なる解釈がされる。

第5章 再 生 債 権

2. 手続上の留意事項

(1) 通知の要否

　裁判所は、知れている再生債権者に対し、再生手続開始決定の主文、債権届出期間、債権調査期間を通知しなければならない（民再35③）。再生手続開始決定日時点において完済している者は、再生債務者が作成した債権者一覧表に記載されてはいないが、約定金利が利息制限法所定の金利を上回っていれば、当然に、過払金は発生する。正確な金額は引き直し計算をしない限り判明しないものの、過払金の存在自体は知れているともいい得る。再生債務者が作成した債権者一覧表に記載されてはいないが、完済済みの全顧客に対して通知するべきか、否か、解釈が分かれている。

(2) 自認の要否

　再生債権者による届出がされていなくても、再生債務者等は、再生債権があることを知っている場合には、これを自認し、認否書に記載しなければならない（民再101③）。

　自認する際、認否書には、金額も記載することが予定されているが（民再規38②Ⅳ、民再94①）、前述のように、潜在過払金再生債権者について、引き直し計算をすることは、極めて困難である。合理的な努力を超えた努力がないと再生債務者は知り得ない場合には、「知っている債権」とはいえず自認義務はないとする見解もあり（山本和彦「過払金返還請求権の再生手続においける取扱い」NBL 892号15号16頁）、自認の要否についても解釈が分かれている。

(3) 失権の有無

　届出のない再生債権は、届出期間経過後は原則として失権するが（民再181①）、再生債権者がその責めに帰することができない事由により、債権届出期間内に届出することができなかった再生債権で、その事由が再生計画案を決議に付する旨の決定（同95④）がされる前に消滅しな

かった場合には、再生債権は失権しない（同181①Ⅰ、上記のとおり、自認義務を否定した場合、同181①Ⅲの知れたる債権者には該当しない）。

「責めに帰することができない事由」について、緩やかに解されるべきでなく、また、届出をした再生債権者にとって、潜在過払金再生債権が失権しないとすると、失権する場合に比し、自己への弁済率が低下することになる。さらに、法的手続を経て、本来遮断されたはずの潜在的債務が免責されないことになるため、二次破綻やスポンサー候補者が現れないリスクが生じる。他方、債権届出がなされないのは、再生債務者がやむを得ない事情により、引き直し計算ができないことが一因でもある。

このように、届出のない潜在過払金再生債権について、失権する扱いとするべきか否か、検討を要するが、実務上、このような債権について、例えば、「請求があれば再生債権額の確定を行った上で、債権届出を行った債権と同じ条件にて弁済を行う。弁済率の算定にあたっても、潜在過払利息返還請求権の将来における請求総額を予想して、一定の金額を留保し、更に全ての潜在過払利息返還請求権が消滅時効等により権利行使ができなくなった時点において、実際の弁済総額が、予定弁済総額等を下回った場合には、その差額について、再生債権者に対し、債務免除額按分にて更なる追加弁済条項を設ける」旨の計画案が作成される例がある。

(4) 共益債権

開始決定日後に生じた過払金返還請求権は共益債権となる。後述のとおり、開始決定後、利息を法定利息に下げたとしても、開始決定時に引き直し計算を行わない限り、開始決定後の回収金には、過払金が含まれており、これらは、開始決定後に生じる債権であるから、一定の割合で共益債権となる過払金返還請求権が発生することになる。ところが、前述の特殊性より、再生債務者または顧客の双方にて、共益債権が発生し

た事実を感知しない事態が生じ得る。そして、再生債務者が潜在的に発生している共益債権を認識できない場合、当該共益債権を弁済することなく、共益債権として弁済すべき資金をもって、さらにいえば共益債権の発生原因である回収によって得た資金をもって、再生計画の定めに従い、再生債権を弁済する事態が生じ得る。このような事態は、共益債権は、再生手続によらないで随時弁済され、また再生債権に先だって弁済されるという法の定め（民再121①、同②）、及び再生債務者の公平誠実義務（同38②）に抵触しないか解釈が分かれている。

(5) 回収業務の継続

　開始決定後に再生債務者が回収業務を継続する場合、業務の適法性の観点から、利息制限法所定の制限を超える利息、または充当計算を欠く元本及び利息の支払請求が不法行為に該当するかについて、検討を要するが、最判平成21年9月4日は、「一般に、貸金業者が、借主に対し貸金の支払を請求し、借主から弁済を受ける行為それ自体は、当該貸付金が存在しないと事後的に判断されたことや、長期間にわたり制限超過部分を含む弁済を受けたことにより結果的に過払金が多額になったことのみをもって直ちに不法行為を構成するということはできず、これが不法行為を構成するのは、上記請求ないし受領が暴行、脅迫等を伴うものであったり、貸金業者が当該貸金債権が事実的、法律的根拠を欠くものであることを知りながら、又は通常の貸金業者であれば容易にそのことを知り得たのに、あえてその請求をしたりしたなど、その行為の態様が社会通念に照らして著しく相当性を欠く場合に限られるものと解される」と判示した。

9 取引債権の処遇

1. 取引先債権保護の要請

　民事再生は、多数決で反対債権者の意向を無視する以上、債権者平等が強く要請され、金融債権と同様、取引上の債権もカットの対象となる。

　そのため、原材料等の納入業者が、旧債務を支払わないのであれば取引を停止すると主張することがある。このような主張に対しては、再生債務者が再建してこそ取引が継続できる、開始後に納品した分については共益債権として全額支払うなど説得し、理解を求めることになるが、例えば、取引先が一部上場企業である場合など、直ちに取引停止とされてしまうおそれがある。従来どおりの仕入れを確保できなければ、正常な業務遂行は不可能であり、再生手続の申立により再生債権の権利行使を制限したとしても、再生計画の立案はもちろん、資金繰りにも支障を来す。

　この点、私的整理ガイドラインや特定認証ADRなどいわゆる私的整理においては、金融債権のみがカットの対象とされ、取引先への仕入代金は全額支払うため、事業価値の毀損が少ないとされ、私的整理選択のメリットとされる。このような事情が、経営者にとっては、民事再生を含む法的再建手続の選択を躊躇する理由の一つともいわれる。とはいえ、私的整理は債権カットの対象となる全債権者の合意が必要であることもあり、常に利用できる手続ではない。

　以上を背景として、法的手続においても、取引債権者を保護し、事業価値の毀損を防ぐ措置が検討されるのである。

　なお、会社更生手続においては、取引債権を全額保護した事例が公表されている（腰塚和男「会社更生における商取引債権100パーセント弁済について」NBL 890号28頁）。ゴルフ場、観光ホテル、高速道路におけるサービスエリアを所有・運営等している業者の会社更生事件であ

るが、保全管理命令において、保全管理決定日以降も取引を継続する場合に限り、一般の商取引債務への弁済を要許可事項から除外したものである。

2. 再生手続における取引債権の保護

多数決制度をとる以上、債権者平等は大原則であり、その例外を認めるには、法律上の根拠が必要である。従来、少額である取引債権については、弁済禁止の保全処分（民再30①）の対象から除外する、再生計画において公平を害しない限度で100％弁済とする（同155①但書）といった扱いがなされていた。

しかしながら上記会社更生事件において、金額を問わず、商取引債権を100％弁済とした取扱いも踏まえ、民事再生における商取引債権の保護について、東京地方裁判所でも議論しているとのことである。再生債権の弁済禁止の例外として、民事再生法85条2項及び5項が規定されているところ、現時点では検討段階であり、今後、同条項に基づく商取引債権の保護が図られるか否かは定かではないが、東京地方裁判所は、適用され得る条項として、民事再生法85条5項を検討されているようである（「《パネルディスカッション》民事再生手続による小規模企業再生への課題」『事業再生と債権管理』（きんざい）123号20頁以下）。

(1) 民事再生法85条2項

再生債務者を主要な取引先とする中小企業が、その有する再生債権の弁済を受けなければ、事業の継続に著しい支障を来すおそれがあるとき、裁判所の許可を得て、再生計画認可決定の確定前であっても、その全部または一部を弁済することができる。

弁済禁止により、再生債務者を主要な取引先としている下請業者など中小企業者が、深刻な打撃を受け、資金繰りに支障を来して連鎖倒産することを防止する必要があるため、設けられたものである。主要な取引先とするか否かは、当該中小企業者の取引高に占める再生債務者の取引

高の比率により計算される。また中小企業者については、民事再生法には定義規定がないため、例えば中小企業法など他の立法の定めを参考に、再生債務者の事業規模との比較や、再生債権の額などを総合して判断することとされる。

(2) 民事再生法85条5項

少額の再生債権を早期に弁済することにより再生手続を円滑に進行することができる（前段）、または少額の再生債権を早期に弁済しなければ再生債務者の事業の継続に著しい支障を来すとき（後段）、裁判所の許可を得て、再生計画認可決定の確定前であっても、弁済することができる。

前段は、再生手続において、債権者集会の期日の通知（民再115①）など、個々の再生債権者に行う必要があり、また再生計画が可決されるためには、債権者集会に出席しまたは書面投票した債権者の頭数の過半数の同意が必要（同172の3）とされるなど、手続の煩を避けるためである。後段は、平成14年の会社更生法の改正により新設された会社更生法47条5項に対応するもので、弁済の対象となる債権の額、再生債務者の資産総額、再生債務者の事業規模、弁済の必要性などを考慮して判断される。

少額か否かは、再生債務者の債務総額、事業規模、弁済能力、支払により得られる事業価値の上昇の程度など総合的に勘案して決定される。

第2節　再生債権の届出と調査

1　再生債権調査の概要

　民事再生法における債権調査は議決権だけではなく実体法上の存否も含めて行われ、届出ないと手続に参加できず、失権してしまう。民事再生法における調査は調査期日は開かれず、書面審査で行われる。また再生債務者が作成する認否書を中心にする調査が行われ、知れたる債権者はこれに記載しなければならない。

1．民事再生法の債権調査手続の特徴

　和議においては、債権調査は議決権を定めるために行われたが、民事再生法の債権調査は、会社更生法と同じく議決権の確定だけでなく実体的な権利を調査し、確定するために行われ、届出期間内に再生債権を届出ない場合、再生計画の認可決定が確定すると再生債務者はその権利について免責を受けることになり、権利は実体法上失権してしまう（民再178）。したがって、民事再生法では債権の届出（同94）は手続上の権利を行使して手続に参加し、時効を中断するために行うだけではなく、権利を失権させないために行う必要がある。なお、届出がなくとも、再生債務者が知っている再生債権については認否書に記載しなければならず（同10③）、失権の対象とならない。

　民事再生法における債権調査は債権調査期日方式ではなく、債権調査期間方式による債権調査期間内の書面審理によって行われる（同100）。そして債権届出期間が経過すると、債権者の責めに帰することができない事由（以下非帰責事由という）がないと届出の追完はできない（同

224

95）。

2. 債権調査手続の概要

　再生手続における調査は以下のとおり進められる。

　まず、裁判所は開始決定と同時に再生債権の届出期間と再生債権の調査期間を定める（民再34）。

　再生債権者は届出期間内に、各債権の内容および原因、議決権額などを届出る（同94）。届出期間内に届出なかった場合には、責に帰することができない事由により、かつその事由が消滅してから1カ月以内に限り届出の追完をすることができる（同95）。

　しかし、再生計画案を決議に付する旨の決定がなされると追完することはできなくなる（同95④）。なお、届出には時効の中断効がある（同98）。届出があると再生債権者表に記載され（同99）、再生債務者は認否書を作成する（同101）。再生債務者は届出債権に対する認否を行うだけではなく、知れたる債権を認否書に記載しなければならない。

　再生債権の調査は、一般調査期間内に届出債権または認否書の記載内容について異議を述べるかどうか書面での調査が行われる（同100）。

　調査の結果、異議がなかった債権は確定するが、異議があった場合には、これについて裁判所による査定という再生手続内での簡易な債権確定手続が設けられており、査定について異議があれば査定の裁判に対する異議の訴えを提起することになる（同105、106）。なお、再生債務者と債権者との間に再生債権に関する訴訟が係属していた場合、開始決定により訴訟は中断し（同40①）、異議があれば再生債権者は再生債務者等を相手に訴訟の受継を申立ることになる（同107）。また、執行力ある債務名義のある債権者に対する異議は、異議者から訴訟を提起しなければならない（同109）。異議がない債権または査定、異議の訴えなどの結果は再生債権者表に記載される（同104、110）。

　再生計画認可決定が確定すると、再生計画に記載されていない権利、

届出なかった結果記載されていない権利は原則免責され（同178）、失権してしまう。

異議がなく再生債権者表に記載されると、再生債務者に再生計画に基づく債務の不履行があった場合には、再生債権者は再生手続終結前においても強制執行を申し立ることができる（同180③）。

2 再生債権の届出

1．届出の概要

再生債権者は、届出期間内に、債権の内容・原因、議決権額等（民再94①）、別除権の行使による予定不足額（同94②）、再生債権者及び代理人の氏名または名称・住所、再生手続における書面の送付先等（民再規31）を裁判所に届け出なければならない。また、債権届出書には、その写しを添付する必要がある。（同32①）。

東京地方裁判所の運用では、裁判所が再生債権者に送付する開始決定の通知に債権届出書の雛形を同封し、再生債権者が再生債務者に債権届出書及びその写しを提出して、再生債務者が債権届出書の取りまとめを行った上で、債権認否書の提出と併せて監督委員に債権届出書を提出している。

なお、東京地方裁判所における標準的なスケジュールでは、再生債権の届出期限は開始決定から約1カ月後に設定されている。

2．割引手形の届出

再生手続開始決定日より前に、手形支払期日が到来する場合には、手形額面全額、利息・損害金（ただし、開始決定日以降の利息金については再生計画で劣後化されるであろう）を届け出る。

開始決定日以降に手形支払期日が到来する場合には、議決権につき法

定利率で中間利息を控除する必要があるが、開始日から支払期日までの期間が1年未満であれば控除する必要がない（民再87①Ⅰ）。なお、手形割引依頼人が再生債務者のときは、銀行取引約定により、全額について手形買戻請求権が発生することになるから、その場合には中間利息の控除の必要はない。

3. 譲渡担保手形の届出

譲渡担保手形につき、会社更生では更生債権説（更生手続外で取立回収できるので、この説の方が金融機関に有利である）と更生担保権説の対立があり、更生担保権説に立つと取立金の処理に問題が生じ、届け出ないと失権の危険がある。しかし、再生手続では、担保権は別除権として手続外で権利を行使できるので、会社更生におけるような議論の実益は少ない。

手形所持人は、手形額面と利息金を再生債権として届出し、譲渡担保権として別除権であることを注記する。その目的物の評価としては不確定なものとして、別除権行使により弁済を受けられない見込額としては債権額全額とする。そして、手形の満期が到来すれば、譲渡担保権の実行として手形金を取り立て、手続外で債権に充当することができる。なお、開始決定日より手形支払期日が後で、割引手形依頼人以外の者が再生債務者である場合には、中間利息を控除する必要があるが、その期間が1年未満であるときはこれを控除する必要がない。

3 届出の追完

債権届出期間が経過してしまうと、再生債権者の責に帰することができない事由（以下非帰責事由という）がないと届出できず、しかもその事由が消滅した後1カ月以内に限ってしか届出できない。

1．非帰責事由がある場合のみ認められる

再生計画を定めるためには、弁済すべき債権の総額が定まっている必要があるので、民事再生法は届出を原則として債権届出期間内に限って認めることとした（民再94）。

例外は、再生債権者がその責めに帰することができない事由によって届出期間内に届出することができず、しかもその事由が消滅した後1カ月以内に限り届出の追完をすることができることとした（同95①）。

なお、いったん債権の届出はしたものの、その届出た債権の額や原因を有利に変更しようとするときにも、この制限が課せられる（同95⑤）。

この非帰責事由は会社更生法139条1項に定められた責めに帰することができない事由と同じ用語であるが、会社更生の解釈論としても、手続に重大な支障を生ぜしめない限り、この事由をできるだけ広く解釈すべきであると主張されている。

2．具体的には天災・事故、病気が該当する

具体的には地震などの天災・事故による場合、裁判所の職員の過失による場合、本人の病気などのほかに、代理人または補助者の過失の場合にも、**失権させるのが酷だと認められるとき**はこの事由に該当すべきであると主張されている。

3．届出は厳格になるおそれある

ところで、平成14年改正前の会社更生法においては、届出期間内の

届出債権を調査する一般債権調査、特に更生担保権の目的物の評価に時間がかかり、期日は何回も長期間にわたって開催され、この一般調査期日（これに対して届出期間経過後の届出債権の調査する期日を特別調査期日という）が終了するまでは、債権届出期間経過後の届出であっても管財人はあえて異議を述べることなく、一般調査期日において調査の対象としていた。ところが、民事再生法及び平成14年の改正後の会社更生法においては債権調査期日方式を採用せず、債権調査期間方式を採用し、一般調査期間において書面で審理されるので、改正前の会社更生と比較して**失権してしまう事例が多く出る**ことが予想される（同100）。

4 債権届出の懈怠

再生債権の届出をしないと、再生計画認可決定が確定すると原則として失権する。別除権の実行により弁済を受けられない債権の部分も届出をしないと失権する。例外として再生債務者が知っている債権などは失権しないが、再生計画の弁済期間中は弁済を受けられない。

1. 原則として失権する

債権届出期間内に再生債権の届出をしない場合には、再生計画認可決定が確定すると、原則として免責となり（民再178）、失権してしまう。免責の意味は会社更生法204条1項の免責と同じであり、債務が消滅する説と自然債務となる説の対立が想定されるところ、再生手続中は弁済できず、弁済しても無効であり（同162）、手続が終了した場合にも再生債務者に対してその弁済を法的に請求できないが、**再生債務者が任意にこれにつき弁済しても不当利得にならない**ということと解する。ただし、再生計画が不正の方法によって成立したとみなされるときは、不認可事由、取消事由になる（同174②Ⅲ、189①Ⅰ）。

2. 失権しない債権とは

例外として債権届出をしないで失権しない債権は、責に帰することができない事由が書面決議の決定などの前に消滅しなかった債権、上記決定などの後に生じた債権および**再生債務者が知りながら認否書に記載しなかった債権**である（民再181）。

3. 免責

免責は、届出の懈怠の効力ではなく再生計画認可決定確定の効力であるから、再生計画認可決定確定前に再生計画不認可、再生計画取消しなどにより再生手続が終了してしまった場合には免責の効果は生じない。また、再生計画の効力は、保証人その他再生債務者と共に債務を負担する者に対して有する権利などに影響を及ぼさないので（民再177②）、再生手続で失権しても、保証人等に対する請求権を行使することができる（ただし、確定訴訟で敗訴したときは除く）。

4. 別除権、一般優先債権、共益債権等は届出る必要ない

なお、再生計画は別除権、一般優先債権、共益債権など再生手続に拘束されない権利には影響を及ぼさないので、これらの権利は届け出る必要もないし、失権するということもない。

ただし、別除権を実行して弁済を受けられない部分、期間の限定などにより一般優先権がない部分については再生債権の届出をしないと、再生債権としては失権してしまい、再生手続からの弁済を受けることができなくなってしまう。

また、再生債権の届出には時効中断の効力があるが、届出をしないと訴訟提起など債権届出以外の時効中断措置をとらなければならない。

5 知れたる債権の扱い

　民事再生法では、届出ない債権でも知っている場合には、再生債務者は「認否書」に記載しなければならないが、振出した約束手形の現在の所持人が分からないときの廻り手形の「認否書」の記載は、とりあえず「債権者某」と記載することになるが、届出があったときに届出債権者名に名義を変更することになる。

1．知れたる債権の扱い

　再生債務者または管財人は、届出がされていない再生債権があることを知っている場合には、当該再生債権について、自認する内容等につき、作成を要求されている「認否書」に記載しなければならないことになっている（民再101③）。ただし、約定劣後再生債権については、例外となる（同101④）。

2．認否書に記載された債権は失権しない

　認否書に記載された債権は、債権届出期間経過後でも、届出名義の変更が許される（民再96）ので、届出期間が経過していても、届出をするべきである。一般に、再生債権の届出が徒過され、適法な追完がなされなかった場合には、当該債権は、再生計画認可決定が確定したときは、原則として失権する。しかし、上記のように認否書に記載されていれば、再生債務者または管財人は債務を承認したことになるので、失権することはない。

3．知れたる債権でも、認否書に記載しない場合不利となる

　再生債務者または管財人が、知れたる債権を認否書に記載しないことがある。この場合にも、当該再生債権は失権しないが、再生計画に定められた一般的基準（たとえば、元本の70％免除、5年分割払）に従い実

体的権利が変更されるとともに、再生計画で定められた弁済期間が満了する時までの間弁済を受けられない（民再181①、②）。

6 認否書の役割

　認否書は、債権調査手続において、再生債務者または管財人による再生債権の認否を表示する書面であり、裁判所に提出を義務づけられている。

　届出のない知れたる再生債権についても認否書の作成が義務づけられているが（民再101③）、これについては裁判所書記官が作成する再生債権者表の基礎となる（同99①）。認否書に記載されないと、再生債権者は、不利益な取扱いを受ける。

1．債権調査は、認否書で行われる

　民事再生法では、再生債務者または管財人が債権の認否を行う。

　すなわち、再生債務者等は、届出されあるいは認知した再生債権の内容および議決権につき、認否を記載した認否書を作成し、裁判所に提出を義務づけられた（民再101①ないし④）。

　裁判所による債権調査は、再生債務者等の認否書による認否、ならびに認否書に対する再生債権者および再生債務者（管財人が選任されている場合に限る）の書面による異議により、裁判所が定める調査期間内に行われることになった（同100）。

　このように、認否書には重要な役割が与えられている。

2．認否書の内容

　認否書は、一般的に届出債権（債権者名、住所、債権の種類・金額、議決権額）と、その届出債権に対する認否の結果（認める債権額、認めない債権額とそれぞれの議決権額）等が記載される。

232

また、認否書は再生債務者が裁判所に提出するものであり（民再101⑤）、各債権者に送付されるものではないため、認否者を閲覧、謄写したい債権者は、裁判所に閲覧、謄写の申請をしたり、一般調査期間内に再生債務者の主たる営業所等において閲覧したりすることになる（民再規43①）。

3. 認否書に記載されていない再生債権は、不利益を受ける

再生債務者等は、届出がなくても、認知した再生債権につき、認否書に記載しなければならない（民再101③）。

しかし、この再生債権につき、記載もれが生じたり、故意に記載しない場合もある。この場合には、この再生債権者は、失権することはないが、再生計画に定められた一般的基準に従い実体的権利が変更されるとともに、再生計画に基づく弁済期間が満了する時まで、弁済を受けられない（同181②）。

7 再生債権の調査

裁判所による再生債権の調査は、裁判所により定められた調査期間内に、再生債務者または管財人が作成した認否書の認否、これに対する再生債権者および再生債務者（管財人が選任されている場合に限る）の書面による異議に基づいて行われる（民再100）。

1. 債権調査は大きく変わった

債権調査は、旧破産法のように調査期日制度でなく、調査期間制度が導入されるとともに、和議法のように和議管財人による債権の認否は廃止され、上記のように再生債務者または管財人の認否となった。再生手続の原則型では、裁判所は後見的に監督するが、債権調査手続は当事者に自治的に行わせることとされたのである。

2. 債権調査期間が設けられた

　民事再生法には、再生裁判所が再生手続開始の決定と同時に定める一般調査期間に、上記で述べた方法により、債権調査が行われることとした（民再102）。また、届出の追完や変更があった場合には、これらの**再生債権者の費用負担**で、特別調査期間が設けられ、債権調査が行われる（同103）。

　いずれの場合にも、裁判所で債権者、債務者および管財人が一堂に会することなく、書面手続で、債権調査が行われることは、手続的負担が軽くなったといえる。

3. 異議の申述

　債権届出をした再生債権者は、調査期間内による認否書に記載された再生債権の内容について、裁判所に対する書面の提出により異議を述べることができる（民再102①）。再生債務者は、通常は認否書を作成した主体であるため、管財人が選任されている場合でない限り、異議を述べることはできない（同102②）。

　再生債権者から異議があった場合、債権の内容または議決権は確定しないことになる。

4. 再生債権の確定

　再生債権の調査において、再生債務者または管財人が認め、かつ、調査期間内に届出再生債権者の異議がなかったときは、その**再生債権の内容**または**議決権の額**が確定する（民再104①）。裁判所書記官は、再生債権の調査の結果を**再生債権者表**に記載する義務がある（同104②）。確定した再生債権については、再生債権者表の記載は、再生債権者の全員に対して**確定判決と同一の効力**を有するので、争えなくなる（同104③）。

8 別除権者の届出

根抵当権等は別除権であり、再生手続外で権利を行使することができるが、被担保債権を再生債権として届出る。

届出ないと担保権の実行によって弁済を受けることができないと見込まれる債権の部分（以下予定不足額という）について、再生債権として失権してしまい、再生手続での弁済を受けられなくなる。

1. 届出の必要性

特別の先取特権、質権、（根）抵当権、商事留置権は再生手続上、別除権として手続に拘束されずに権利を行使することができる。しかし、これらの担保権の目的物の価額が被担保債権に不足することが見込まれるときには、その**予定不足額**を**再生債権として届け出て**おかないと再生計画認可決定が確定すると**免責**され、**失権**してしまう危険がある。

2. 廻り手形の場合

もっとも、担保権が設定されている場合の被担保債権はほとんどの場合、再生債務者が知っている債権であり、**再生債務者は認否表に記載す**べきであるが（民再101③）、認否表に記載されないと、知っている債権であっても再生手続の継続中、または再生計画による弁済期間中は弁済を受けることができない（同181②）。また、廻り手形の場合には、再生債務者が手形所持人を知らないことがあり、知っている債権でない場合もありえるので、そうなると失権してしまう（同178）。

3. 届出た不足額の再生計画における処遇

届け出た予定不足額について、別除権者は議決権の行使など手続に参加することができるほか、時効中断の効果を享受できる。予定不足額が確定していない場合には、再生計画において寄託などの的確な措置を定

めなければならないが、確定するまでは弁済を受けられない（同160①、182）。ただし、担保権が根抵当権であってその元本が確定している場合には再生計画で仮払いの定めをすることができ、計画でその精算の措置を定める（同182但書）。

なお、担保権消滅請求許可決定が根抵当権者に送達されてから2週間を経過すると元本が確定する（同148⑥）。

4. 届出上の問題点

根抵当権者等の担保権者は再生債権の届出をするときには一般の再生債権の届出と同じく債権の内容等の条項のほか、別除権の目的および不足額の見込額を届出なければならない（民再94②）。

予定不足額を届け出た場合、その限度で通常の再生債権者としての手続参加が可能となるが、担保権消滅許可制度によって意に反して消滅させられるので注意をする必要がある。

9 債権届出に対する異議申立

届出再生債権者は、異議を述べた者を相手方として、再生裁判所に再生債権の査定の申立をすることができる。査定の裁判において、異議のある届出債権につき、その債権の存否および内容を定める。

この裁判に不服があれば、1カ月以内に異議の訴えを提起できる。

1. 再生債権の査定制度が導入された

民事再生法は、迅速に債権確定を図るため、再生債権の査定制度を導入した。これは、再生裁判所において決定手続により行われる。

再生債権の調査において、再生債権の内容について再生債務者もしくは管財人が認めず、または届出再生債権者が異議を述べた場合には、異議等のある再生債権を有する再生債権者は、その内容の確定のために、

当該再生債務者等および当該異議を述べた届出再生債権者の全員を相手方として、再生裁判所に査定の申立をすることができる（民再105①）。ただし、訴訟受継等の例外がある）。この査定の申立は、調査期間の末日から1カ月内にしなければならず、裁判所は、査定の裁判をする場合には異議者等を審尋しなければならず、査定の裁判は、上記要旨で述べたとおりとされている（同105②、⑤、④）。

2. 別除権の届出に対する異議

担保不動産の評価などに争いがある場合、別除権者による予定不足額の届出に対し、再生債務者がその全部または一部を否認したり、他の届出債権者が異議を述べることがある。この場合、債権調査手続では議決権額が確定しないことになる。

ただし、予定不足額は、あくまで議決権行使の基準となるだけであり、配当の基準とはならないことから、金額に異議がある場合のように査定の申立をすることはできない。

そして、債権調査手続で確定しなかった議決権額について、債権者集会で再生債務者や他の届出債権者から改めて異議があった場合、裁判所がその議決権額を定めることになるが（民再170①、②Ⅲ）、債権者集会で特に異議がなければ届け出た議決権額で議決権を行使することができる（同170②Ⅲ）。

10 再生債権の査定の裁判

1. 査定の裁判の概要

届け出た再生債権について、再生債務者が債権調査で認めなかったり、他の届出債権者が異議を述べた場合は、当該債権を届け出た債権者は、後述3.の例外を除き、認めなかった再生債務者や異議を述べた届出債

権者の全員を相手方として、裁判所に再生債権の査定の申立をすることができる（民再105①）。

この査定の申立は、異議等のある再生債権に係る調査期間の末日から1カ月の不変期間内に申立なければならず（同105②）、この期間内に査定の申立をしなかった場合は、再生債務者が認めなかった部分、または届出債権者が異議を述べた部分の再生債権を確定させることができなくなり、当該部分について届出をしなかった場合と同様の扱いとなる。ただし、届出による時効中断の効力（民152）までは失われない。

2. 査定の裁判の手続

査定の申立書には、当事者の氏名・住所、申立の趣旨・理由等のほか、申立の理由において、申立を理由づける事実を具体的に記載し、かつ、立証を要する事由ごとに証拠を記載しなければならず、また、立証を要する事由につき、証拠書類の写しを添付しなければならない（民再規45①、②、③）。

また、申立をする債権者は、異議等のある再生債権の内容及び原因について、再生債権者表に記載されている事項以外の事項を主張することができない（民再108）。例えば、再生債権者表の届出債権の内容として損害賠償金としか記載されていない場合に、請負代金債権の査定を申立ることは許されない。

裁判所は、査定の申立を不適法として却下する場合を除き、査定の裁判をしなければならず（同105③）、この場合、認めなかった再生債務者や異議を述べた債権者等を審尋しなければならない（同105⑤）。審尋は、当事者が裁判所の定めた期日に出頭する場合のほか、当事者がそれぞれ裁判所に書面を提出する方法により行われる場合がある。

そして、裁判所は、審尋の結果に基づき、決定の形式により、異議等のある再生債権について債権の存否、内容等を定める。

3. 訴訟の受継の申立等

　例外として、異議等のある再生債権について、再生手続が開始した時点で訴訟が継続していた場合には、当該債権の調査期間の末日から1カ月の不変期間内に、査定の申立ではなく、再生手続の開始により中断していた訴訟の受継を申立なければならず（民再107）、訴訟手続において再生債権の内容を確定させることになる。

　また、異議等のある再生債権のうち、すでに訴訟で判決を受けた場合など、執行力ある債務名義または終局判決のあるものについては、再生債務者がすることのできる訴訟手続によってのみ、異議を主張することができる（同109①）。すなわち、執行力のある債務名義や終局判決のある債権については、債務者が認めなかったり、他の届出債権者が異議を述べた場合であっても、当該債権の調査期間の末日から1カ月の不変期間内に上訴、再審の訴え、請求異議の訴え等の手続を執らない限り、再生債権者が認めた、または他の債権者による異議がなかったものとして再生債権の内容が確定することになる。

▶ 再生手続キーワード ◀

再生債権の査定

　再生手続において異議等ある再生債権等の内容を裁判所の決定手続により定める制度。再生手続における再生債権調査において、再生債権の内容について、「再生債務者等が認否書において認めなかった場合」または「他の再生債権者から書面による異議が出た場合」、当該再生債権を有する再生債権者は、当該再生債権を確定させるため、異議者を相手方として、裁判所に再生債権の査定の申立をすることができる。決定により異議ある再生債権の内容を簡易に定める手続を認めた。破産（破125）、会社更生（会更151）にも同様の手続が設けられている。なお、査定の内容に不服のある者は、再生裁判所に異議の訴えを提起することができる。

第5章 再生債権

11 査定の裁判に対する異議の訴え

1. 異議の訴えの概要

　査定の申立についての裁判に不服がある当事者は、裁判の送達を受けた日から1カ月の不変期間内に、異議の訴えを提起することができる（民再106①）。この異議の訴えは、簡易な決定手続である査定の裁判とは異なり通常の民事訴訟手続であるから、民事訴訟法の定めに従い手続が進行することになる。

　提訴期間内に異議の訴えがなかった場合、または異議の訴えが不適法なものとして却下されたときは、査定の申立についての裁判は再生債権者の全員に対して確定判決と同一の効力を有することになり（同111②）、再生債権の内容が確定する。

2. 異議の訴えの手続等

　異議の訴えは、異議等のある再生債権を有する債権者が訴えるときは、再生債務者や異議を述べた債権者全員が被告となり、再生債務者や異議を述べた債権者が訴えるときは、異議等のある再生債権を有する債権者が被告となる（民再106④）。

　訴訟の目的の価額は、再生計画によって受ける利益の予定額を標準として、異議の訴えの提起を受けた裁判所が決定する（民再規46）。

　異議の訴えにおいて、異議等のある再生債権を有する債権者は、査定の裁判と同様、異議等のある再生債権の内容及び原因について、再生債権者表に記載されている事項以外の事項を主張することができない（民再108）。

　異議の訴えがあった場合でも、当事者は必ず裁判所による終局判決を受けなければならないものではなく、異議等のある再生債権の一部を認める形の和解によって紛争の解決を図ることもある。

判決をする場合、訴えを不適法として却下する場合を除き、査定の裁判を認可するか、または裁判を変更することになる（同106⑦）。この判決に不服のある当事者は、上訴により、さらに上級審において再生債権の内容について争うことができる。

12 再生債権者表の役割

1．再生債権者表は、再生裁判所の書記官が作成する

　再生裁判所の書記官は、一般調査期間の開始後遅滞なく、届出のあった再生債権および再生債務者または管財人が認否書に記載した未届の再生債権につき、再生債権者表を作成する義務がある（民再99①、民再規36①）。この表には、各債権について、その内容（約定劣後再生債権であるかどうかの別を含む）および原因、議決権の額、別除権者のいわゆる予定不足額、その他最高裁判所規則で定める事項が記載される（民再99②。民再規36②）。

2．再生債権者表の記載の効力

　債権調査・確定手続が終了すると、再生債権者表の記載には、再生債権者の全員に対して確定判決と同一の効力が与えられる（民再104③、111）。つまり、再生債権者らは、以後再生債権について争うことができなくなり、画一的確定が図られる。

3．債権者表に記載されない再生債権の場合

　再生債権者表に記載されない場合は、再生債権の届出がなかったか再生債務者が認知していたが認否書に記載しなかった場合である。この場合は、まず、再生債務者が認知していた場合は再生債権として認められるが、一定の不利益を受ける（民再181②）。つぎに、再生債務者等が

第5章 再 生 債 権

その再生債権を知らない場合は、再生計画認可の決定が確定したときに、原則として失権する（同178）。

ただし、民事再生法181条1項および2項に該当する場合には、失権することなく、再生計画に従い弁済を受けられる。

13 再生債権者表記載の効力

再生債権者表の記載には、執行力があるから、再生債務者の財産の差押を申立て、回収を図ることができる。

1. 金銭債権につき強制執行ができる

和議においては、債権者が債務者による履行を確保することができなかったが、民事再生においては、再生計画認可決定が確定したとき、再生計画の定めによって認められた権利については、再生債権者表の記載に、再生債務者、再生債権者および再生のため債務を負担し、または担保を提供する者に対して、確定判決と同一の効力を有することになる（民再180②）。

また、上記の権利で金銭の支払いその他の給付の請求を内容とする再生債権を有する者は、上記の再生債務者らに対して、その再生債権者表の記載により、強制執行をすることができるとした（同180③）。

2. 再生計画の取消しおよび破産手続開始決定がされた場合

また、再生計画認可決定の確定後、再生計画の取消があった場合および再生計画の履行完了前に再生債務者につき破産手続開始決定がされた場合に、再生債権者は、確定した再生債権につき、上記再生債務者らに対し、強制執行をすることができる（民再189⑦、⑧、190②、185②）。これらは、再生計画によって変更された再生債権が原状に復し、債権調査によって確定した再生債権に戻って執行力を与えられるからである。

ただし、再生債務者が債権調査期間内に再生債権者表の記載に異議を述べた場合には、強制執行はできない（同185①但書）。

3. 再生計画認可前の場合

①再生計画不認可決定の確定（民再185）
②再生計画認可前の手続廃止（同191）
③再生手続開始の申立事由がなくなった場合の手続廃止（同192）
④再生債務者の義務違反による手続廃止（同193）

の各場合については、再生債務者に対して強制執行ができる（同185、195⑦）。ただし、再生債務者が債権調査期間内に再生債権者表の記載に異議を述べた場合、および再生のための債務を負担し、または担保を提供した者に対しては、執行力はない。

▶ 再生手続キーワード ◀

再生債権者表

「届出再生債権」および「届出がなくても再生債務者が認否書に記載した再生債権」を記載した表。裁判所書記官が作成する。債権調査により確定した再生債権については、再生債権者表の記載は、再生債権者全員に対して確定判決と同一の効力を有する。また、再生計画認可決定が確定したときは、裁判所書記官は、再生計画の条項を再生債権者表に記載する。そして、再生債権に基づき再生計画によって認められた権利については、再生債権者表の記載は、再生債務者等に対して確定判決と同一の効力を有する。また、再生計画不認可の決定が確定したときは、確定した再生債権については、再生債務者が債権調査に対し異議を述べなかった場合には、再生債権者表の記載は、再生債務者に対し、確定判決と同一の効力を有する。

第6章

担保権の処遇

第1節　担保権の処遇

1　開始決定後の担保権の処遇

　再生手続が開始された場合も、抵当権（根抵当権を含む）、質権、特別の先取特権、商事留置権は、別除権として原則的に再生手続によらず担保権を実行できる。ただし、債務者に担保権実行の中止命令申立権、担保権の消滅請求権があるので一定の制約が課される。

1．開始決定がなされても担保権は実行できる。

　民事再生法は、担保権のうち、抵当権、質権、特別の先取特権および商事留置権を、別除権とした。また、譲渡担保権などの、非典型担保権も別除権となると解されている。

　すなわち、これら担保権者は、①再生手続によらずに担保権の実行ができ、②自ら担保権を実行した場合に担保目的物から回収できない債権を「予定不足額」として債権届出し、再生計画に従った弁済を受けることができる。

2．再生手続上の担保権に対する制約

　再生手続では、再生債務者の事業再生に支障を来たさないよう、担保権に以下のような制約がある。

　第一に、債務者は申立受理後一定の要件を満たす場合、裁判所に担保権の実行の中止命令の申立ができ、裁判所は計画認可までの一定の期間、担保権の実行手続を中止することができる。

　第二に、債務者は開始決定後、事業継続に不可欠な資産につき適正な

評価額を納付のうえ担保権の消滅を請求することができる。民事再生法はこのようにスポンサーが資金を導入する場合等を想定し、事業継続に必要な担保目的物を適正な価額で受戻す制度を設けた。この消滅請求権が行使される場合、実質的に民法上の担保権の価額を限度として制約が課されることになる。

これらの制度を背景に、担保権者と債務者が担保権付債権、再生債権の債権額に区分し、これに基づき両者間で弁済協定（別除権協定）が成立させることになる。

3. 担保権者の債権届出の実務

再生手続では、担保権者は、次のような債権届出を行うことになる。

例えば、貸付金が1億円、担保目的物の評価額が6,000万円の場合、債権を1億円で届出るとともに、予定不足額を4,000万円と自ら評価して届出る必要がある。

債務者は、この債権届出に対し認否を行うが、担保目的物の評価が異なる場合、債務者サイドからみた予定不足額が届出額と異なることが生じる可能性がある。

債務者が担保目的物の評価額を7,000万円と評価した場合、予定不足額は3,000万円となるが、他方、債務者はこの7,000万円は担保目的物の評価額として、この金額をベースに担保権不実行を内容とする弁済協定を交渉することが予想される。

他方、債務者が担保目的物の評価額を5,000万円と評価した場合、予定不足額は5,000万円と債権者が届出た金額より増えるが、他方で担保目的物の評価額は5,000万円と債権者の評価より低くなる。

この金額をベースに担保権の不実行を内容とする弁済協定の交渉を行い、債権者と目的物の評価で折合をつけたうえ、弁済額を取決める必要がある。

このように、再建型倒産手続である再生手続では、事業に不可欠な資

産の換価処分を回避するために、担保権者と弁済協定を結ぶ場合が多い。

4. 換価処分をしてもよい担保目的物の場合

さらに、事業継続に不可欠でなく換価処分をしてもよい担保目的物の場合も、債権届出認否の段階では、別除権行使が終了して予定不足額が確定されているケースは比較的まれではないかと思われる。この場合、一応、届出・認否に基づき債権者・債務者が合意した「予定不足額」をもとに再生計画を作成して決議・認可に基づき弁済した後、担保目的物の換価により上記「予定不足額」と実際の「不足額」に相違が生じた場合、債権者・債務者間で精算が必要になるものと解される。

2 開始決定後の担保権目的物の任意売却

再生手続の開始決定がなされた場合、再生債務者が担保物件を売却するためにはいくつかの留意点がある。

1. 裁判所の許可ない売却は無効となることがある

手続開始決定に伴い、裁判所は、債務者が裁判所の許可（または監督委員が選任された場合はその同意）を必要とする事項を定めることができ、多くの場合、資産売却が指定事項に含まれることが想定できる（民再41①Ⅰ、54②）。指定にかかわらず、この許可（または同意）がない目的物の売却は無効となる（同41①Ⅰ）。

ただし、この無効は善意の第三者に対抗できないとされている（同41②）。

担保権の目的物が再生債務者の事業継続に不可欠である場合と、必ずしもそうでない場合がある。民事再生法は、裁判所が、開始決定の前後を問わず、一定の要件をもとに目的物の競売手続の中止命令を発令できる規定をおいた（同31）。

ただし、中止命令が発令された場合も、担保目的物の任意売却は可能である。

2. 任意売却する場合の手続

担保目的物を任意売却する場合、目的物に設定された担保権や用役権の処理は基本的には通常の任意売却と異ならない。任意売却なので、担保権者が通常の抵当権の場合は、設定順位に応じ売買代金から弁済を受けることができるが、後順位の抵当権者の担保抹消の同意が必要となる。また賃借権、地上権等の用役権は、登記や占有により売買に対抗力を有するものは保護される。

担保目的物を任意売却した結果、剰余が生じるケースと生じないケースがある。前者の場合、剰余は再生債務者に帰属する。剰余が生じない場合には、担保権を有していた債権者は担保目的物の売却により回収できなかった「不足額」を債権届出することになる。担保を有する債権者が債権届出できるのは、「別除権の行使によって弁済を受けることができないと見込まれる債権額」（以下、「予定不足額」という）とされているが（民再94②）、任意売却の結果生じた不足額もこれに準じるものとして届出が可能と解される。

債権届出の段階で、担保目的物の売却の見込みがない場合はどうか。

この場合、担保権者は自ら担保目的物を評価したうえ、予定不足額を明示して債権届出する必要がある。しかしながら、予定不足額自体が未確定、すなわち、担保目的物の換価額により不足額に変動がありうる場合があるので、この変動を想定し、債務者は再生計画中で再生債権者が未確定の不足額が確定した場合に権利を行使するために適確な措置を定めなければならない（同160①）。

担保目的物の換価額が予想より低い場合、再生債権者が不足額について権利行使する金額が増えるため、この増加額に見合った弁済原資を確保しておくことが必要となる。

このように、債権者が届出る「予定不足額」は常に浮動的な金額であり、目的物の売却により再評価の対象となる。

3 開始決定後の担保権の実行

抵当権に基づく競売申立等の担保権の実行をすることはできるが、中止されることがある。

1. 再建に影響を与える担保権の実行は不可

民事再生法は、抵当権、質権、特別の先取特権および商事留置権を「別除権」とし、再生手続によらないで行使することができるとした（民再53）。

したがって、抵当権者は再生手続開始の申立がなされた場合も、競売申立を行うことができる。しかしながら、債務者が手続申立により事業継続を図ろうとするのに、無制限に競売を許容すれば、再建が頓挫することになりかねない。

そこで、「再生債権者の一般の利益に適合し」、「かつ、競売申立人に不当な損害を及ぼすおそれ」がないと認められる場合は、裁判所が中止命令を発令する制度を設けた（同31）。

実際に中止命令が発令されて解決するよりは、この制度を背景に債務者と抵当権者等担保権者が交渉をし、競売を差控えることが多いと予想される。この交渉を通じ、担保権者と債務者が担保不実行を内容とする弁済協定に至ることが予想される。

2. 再生債務者・債権者に不利益となる申立はできない

「再生債権者の一般の利益に適合し」とは、一部の担保権者が担保実行すれば事業継続に重大な支障をきたし、このため、大部分の債権者が有利な配当を受けることが困難となるために担保権実行を止めるべき場

合などを指す。事業継続に不可欠な資産（工場など）などで、稼働すれば利益が確保でき、将来弁済原資の充実が期待できる場合などがこれにあたる。

3．1年程度の期間内の担保目的物の価額変動

「競売申立人に不当な損害を及ぼすおそれ」とは、競売手続の中止の結果、担保目的物の価値が相当程度下落し、担保権者が甘受できない損害が発生する事態を指す。通常、中止命令は、計画認可までの中止が問題となり、申立から1年程度の期間内の担保目的物の価額変動が問題となると思われる。

中止命令が発令された場合、これに不服のある担保権者は即時抗告をすることができる（民再31④）。

第2節 担保権実行手続の中止命令

① 担保権実行中止命令の概要

1. 担保権実行中止命令の趣旨

　民事再生法は、担保権を更生担保権として更生手続の中に取り込み、権利行使を制限する会社更生法とは異なり、特別の先取特権、質権、抵当権、商事留置権を別除権として、再生手続によらないで実行できることを認めている（民再53）。

　しかし、別除権者の担保権実行を無制限に認めてしまうと、工場や機械類といった事業の継続に必要な財産でさえ別除権者の一存で処分され得ることになり、再生債務者の事業再生、経済生活に支障を来たしたり、場合によっては他の一般債権者の利益を害することも想定される。

　そこで、民事再生法では、再生債務者が別除権者との間で、別除権の目的物の処遇や被担保債権の弁済方法について協議するための猶予期間を与えるべく、裁判所が、再生手続開始の申立後、再生債権者の一般の利益に適合し、かつ、競売申立人に不当な損害を及ぼすおそれがないと認めるときは、利害関係人の申立によりまたは職権で、相当の期間を定めて、担保権の実行の中止を命ずることができることとされた（同31）。

　ただし、担保権の被担保債権が共益債権または一般優先債権の場合には、担保権実行中止命令は適用されない（同31①但書）

2. 担保権実行中止命令の役割

　裁判所より担保権実行中止命令が発令された場合、中止命令に定められた期間は競売手続が中止することになり、その間、再生債務者は、担保権者との間で別除権の処遇や被担保債権の弁済についての協議を進めることができる。

　また、担保権者としても、再生手続開始申立があった場合、安易に担保権を実行しようとしても中止命令を受ける可能性があるため、まずは別除権の処遇や被担保債権の弁済について、再生債務者との協議を優先することもあり得る。

　すなわち、担保権実行中止命令は、担保権消滅請求制度と同様に、再生債務者側から積極的に別除権の権利行使を制限し、別除権者との協議を促進させるための重要な手段としての役割を担っているといえる。

2 中止命令の要件

1. 概要

　担保権実行中止命令の要件は、「再生手続開始の申立があった場合、再生債権者の一般の利益に適合し、かつ、競売申立人に不当な損害を及ぼすおそれがないものと認めるとき」とされている（民再31①）。

　中止命令の対象となる手続は、再生債務者の財産に対する担保権の実行手続であり、再生債務者以外の第三者が再生債務者のために担保財産を提供していたとしても、かかる担保財産に対する競売手続を中止することはできない。

　なお、下記の要件のほか、次項「3中止命令の手続」の中で触れるとおり、裁判所が中止命令を発令するための手続的要件として、競売申立人からの意見聴取が必要とされている（同31②）。このことが、本節「5

非典型担保と中止命令」における、非典型担保に対する中止命令の規定の適用ないし類推適用に対する支障となっている。

2. 再生手続申立後であること

担保権実行中止命令の申立の時期は、「再生手続開始の申立があった場合」とされており、再生手続の申立後であれば足り、再生手続開始決定の前後を問わない。

3. 再生債権者の一般の利益に適合すること

担保権の実行中止は、再生債務者にとって必要があるだけでなく、再生債権者の一般の利益に適うものでなければならない。

そのため、一部の担保権者による担保権の実行により、再生債務者の事業継続に重大な支障を来たすなどして、大部分の債権者がより有利な配当を受けることが困難になるといった事情が必要となる。

具体的には、担保目的物を稼働することによって相当の利益が見込まれる場合や、担保目的物をより高い金額で売却することが可能な場合など、将来的に債権者に対する弁済原資の充実が期待できる事情を挙げることができる。

4. 競売申立人に不当な損害を及ぼすおそれがないこと

競売手続の中止により最も不利益を受ける可能性があるのは競売申立人である。例えば、競売手続の中止により権利実行が遅れた結果、担保目的物の価値が大幅に下落し、担保権者が甘受できないような損害が発生するケースも考えられるため、担保権実行中止命令の発令にあたっては、このような担保権者のリスクが考慮される必要がある。

競売申立人の被担保債権額が完全に担保目的物の価値の範囲内に収まっている場合には、ほとんど競売申立人が損害を被るリスクはないといえるが、いわゆるオーバーローンの状態の場合には、中止期間の長短、

担保目的物の価格変動の見込み、競売申立人が即時に担保権を実行する必要性などを総合的に考慮し、競売申立人に不当な損害が生じるものといえるかどうかが判断されることになる。

5. 被担保債権が共益債権または一般優先債権でないこと

共益債権または一般優先債権については、再生手続によらないで随時弁済するものとされているため（民再121①、122②）、これらを被担保債権とする担保権については、担保権実行中止命令の対象から除外される（同31①但書）。

3 中止命令の手続

1. 競売申立人からの意見聴取

担保権実行中止命令の手続的な要件として、競売裁判所は、担保権実行中止命令を発令するにあたり、競売申立人から意見を聞かなければならない（民再31②）。これは、競売の中止が競売申立人に不当な損害を生じさせるものではないかについて、競売申立人に意見を申述する機会を与える趣旨であり、競売申立人が実際に裁判所に意見を申述したことまでは中止命令発令の要件とされていない。

競売申立人は、裁判所から担保権実行中止命令についての意見を求められた場合、中止命令により不当な損害が生じる可能性があれば、その旨を書面などによって裁判所に申し伝えることになる。

裁判所は、中止命令の申立人と競売申立人双方の意見を踏まえて、競売手続実行中止命令の要件を充足するかどうかを判断することになる。

仮に意見聴取手続を欠いたまま中止命令が発令された場合、当該中止命令は無効となる（集合債権譲渡の実行に対する中止命令が担保権者に対する意見聴取手続を欠くため無効であるとした裁判例として最決平

19.9.27（金商 1277 号 19 頁、原審・東京高判平 18.8.30））。

2. 裁判所による中止命令と不服申立

担保権実行中止命令は、一定の期間を定めて特定の競売手続を中止する旨の決定としてなされる。

裁判所は、担保権実行中止命令を発するほか、中止命令を変更したり取消したりすることができる（民再 31 ③）。

担保権実行中止命令やその変更があった場合、競売申立人に限って、即時抗告を申立ることができるが（同 31 ④）、かかる即時抗告は、執行停止の効力を有しない（同 31 ⑤）。中止命令の取消しについては、再生債務者からの即時抗告は認められないが、事情の変動があれば、再度の中止命令の申立も許容される。

3. 裁判書の送達

担保権実行中止命令や、その変更、取消、即時抗告についての裁判については、その裁判書を当事者に送達しなければならない（民再 31 ⑥）。この送達は公告をもって代えることはできない（同 31 ⑥但書）。

4 中止命令の効果

1. 中止期間

担保権実行中止命令は、相当の期間を定めて発令される（民再 31 ①）。

具体的な中止期間については、再生債務者側の事情や別除権者の態度等を考慮して定められることになる。ただし、中止命令の趣旨は、再生債務者が別除権者との間で、重要な財産について、別除権の目的物の処遇や被担保債権の弁済方法について協議するための猶予期間を与えることにあるから、一般的に別除権者との協議に必要な期間に限って、本来

別除権とされている担保権の実行中止を認めるべきという観点に立てば、特段の事情もなく、半年間、1年間といった長期の中止期間が与えられることは相当でない。実務上は、中止期間は概ね3カ月間程度とされているようである。

2. 担保権実行手続に対する効果

担保権実行中止命令がなされた場合、その中止命令の謄本は、「不動産担保権の実行の手続の一時の停止を命ずる旨を記載した裁判の謄本」（民執183①Ⅵ）に該当することになる。したがって、再生債務者が実際に競売手続の停止を求める場合、中止命令の謄本を執行機関に提出するとともに、執行手続の停止を申立る。これにより、競売手続は、中止命令に定められた期間が経過するまで停止することになる。

3. 中止命令の効果の消滅

中止命令は、中止命令に定められた期間が経過することにより、当然にその効力を失い、競売手続が再び進行することになる。したがって、再生債務者としては、中止期間中に別除権者と協議の上、弁済協定を締結し、別除権者に競売手続を取り下げてもらう必要がある。

5 非典型担保と中止命令

1. 非典型担保

再生手続の開始を申立てた会社において、その重要な財産につき、抵当権のような典型的な担保だけでなく、譲渡担保、所有権留保、ファイナンス・リースといった非典型担保が設定されていることがあり、これらの非典型担保については、明文の規定はないものの、再生手続上、別除権として取り扱うことが通例化している。

しかし、これら非典型担保に基づく担保権の実行に対しては、法文上、担保権実行中止命令が認められるかどうか明らかではなく、中止命令の規定を適用ないし類推適用できるかについて議論がある。

2. 議論の状況と最高裁の見解

非典型担保に対する担保権実行中止命令の可否については、大きく分けて積極説と消極説が存在する。もっとも、再生債務者が別除権者との間で、重要な財産について、別除権の目的物の処理や被担保債権の弁済方法について協議するための猶予期間を与えるという担保権実行中止命令制度の趣旨からすれば、非典型担保であっても中止命令の対象から除外すべき理由はないであろう。

最高裁も、集合債権譲渡担保に対する中止命令の適法性を認めた原審判決（東京高判平18.8.30）に対する上告に対し、上告棄却及び上告不受理の決定をしており（最決平19.9.27（金商1277号19頁））、また、ファイナンス・リースに関しても、補足意見ではあるが、中止命令によりリース業者の担保権実行に対抗できる旨判示されていることから（最判平20.12.16（金商1308号40頁）。詳細は本章第3節 7 を参照）、基本的には、最高裁は非典型担保に対する中止命令の規定の適用ないし類推適用を認めていると解される。

3. 運用についての課題

中止命令に際しては、手続上の要件として競売申立人からの意見聴取が要求されており（民再31②）、最高裁も、非典型担保である集合債権譲渡について、担保権者からの意見聴取手続を欠いた中止命令を違法とした原審判決（前記東京高判）に対する上告に対し、上告棄却及び上告不受理の決定をしていることから（前記最決平19.9.27）、非典型担保に対する中止命令であっても担保権者からの意見聴取を必要とするのが最高裁の立場といえる。

したがって、非典型担保権者は、裁判所から意見を求める通知が届いてから、中止命令を受ける前に担保権を私的に実行することが可能であり、これでは非典型担保に中止命令の規定の適用ないし類推適用を認める意義は失われてしまう。

また、非典型担保は、担保の内容や範囲が必ずしも明確でなく、中止命令の対象を特定できない場合も想定され得る。

しかし、非典型担保の実行には、担保権者がファイナンス・リース、所有権留保付売買、譲渡担保などの契約を解除することが前提とされるものがあるところ、ファイナンス・リース契約における再生申立解除特約を無効とした最高裁判決（最判平20.12.16（判時2046号16頁））からすれば、上記の非典型担保に関する契約については、再生申立解除特約に加え、再生申立を理由とする期限の利益喪失条項に基づく全債務の不履行を理由とする解除も無効とされる蓋然性が高い。したがって、非典型担保が実行される前に中止命令を発令する余地はある。

もっとも、債務者が開始決定後に生じた債務を相当期間滞納するなどして新たな契約解除事由が発生した場合には、非典型担保権者は、リース目的物を引き揚げたり、譲渡担保の目的物を処分清算するなど、担保権を実行することができると解すべきである。

このように、一般論としては非典型担保に対する中止命令の規定の適用ないし類推適用が可能であるとしても、実際の運用には課題が残されている。

第3節　担保権消滅請求

1　担保権の消滅請求

　担保権消滅請求制度は、債務者が手続開始後、事業継続に不可欠な財産の担保権の実行を止める等の理由から担保抹消を図りたい場合に、担保目的物の価額を裁判所に納付して担保権の消滅を請求する制度である。

　担保権者は価額が適正かどうか裁判所の価額査定を請求することができる。

1．財産相当額を裁判所に納付し担保権消滅を請求できる

　担保権消滅請求は、債務者が再生手続開始決定後、担保目的物が事業継続に欠くことができない財産である場合、裁判所に財産の価額相当額の金銭を納付して、財産上の全ての担保権の抹消を請求できる制度である。

　従来の和議手続では、債務者が事業継続に不可欠なために担保目的物の換価を望まない場合に、担保権者に対し担保権を実行しないことを交渉する法的手段がなかった。このため、被担保債権額に比べ担保目的物の価額が低い場合にも価額相当額の弁済による担保権の抹消を法的に主張できない問題があった。

　この問題を解決するため、民事再生法は再生債務者による担保目的物の受戻制度といえる担保権消滅請求制度を導入した。担保目的物の価額をめぐり担保権者と債務者の攻防が予想される。

2. 裁判所は上位の担保権者から配当を実施

　消滅請求は、目的財産に抵当権、質権、特別の先取特権または商事留置権が存在する場合を想定しており、財産の種別は問わず利用できる。

担保権消滅手続フローチャート

```
        ┌──────────────────────┐
        │  担保権消滅許可申請  │-------- 対象担保権
        └──────────┬───────────┘         財産の価額記載
                   │
┌────────┐    ┌───┴───┐
│即時抗告│────│ 許 可 │
└────────┘    └───┬───┘
                   │
        ┌──────────┴───────────┐
        │  担保権者への通知    │-------- 通知後2週間で
        └──────────┬───────────┘         根抵当権は確定
                   │
        ┌──────────┴───────────┐
        │                       │
┌───────┴────────┐    ┌────────┴────────┐
│担保権者の異議なし│    │ 担保権者の異議  │
│ （1カ月以内）   │    │ 価額決定の請求  │
└───────┬────────┘    └────────┬────────┘
        │                       │
        │              ┌────────┴────────┐
        │              │   費用の予納    │
        │              └────────┬────────┘
        │                       │
        │              ┌────────┴────────┐
        │              │ 評価人の選任・評価│
        │              └────────┬────────┘
        │                       │
┌───────┴────────┐    ┌────────┴────────┐
│  価額の決定    │    │   価額の決定    │
└───────┬────────┘    │   価額の確定    │
        │              └────────┬────────┘
        │                       │
        │                  ┌────┴────┐
        │                  │即時抗告 │
        │                  └────┬────┘
        │                       │
        │                  ┌────┴──────┐
        │                  │価額の確定 │
        │                  └────┬──────┘
        │                       │
        └───────────┬───────────┘
                    │
          ┌─────────┴──────────┐
          │  一定期間内に      │
          │   価額納付         │
          ├────────────────────┤
          │   担保権消滅       │
          └─────────┬──────────┘
                    │
        ┌───────────┼───────────┐
        │           │           │
  ┌─────┴─────┐ ┌───┴────┐ ┌───┴────┐
  │登記登録抹消│ │配当実施│ │費用精算│
  └───────────┘ └────────┘ └────────┘
```

債務者は申立にあたり財産の表示・価額・消滅対象となる担保権・被担保債権額を記載する必要があり、担保権者は、裁判所の許可決定に即時抗告するか、申出価額自体に異議をとなえ裁判所に価額の決定を請求することができる。

裁判所は、価額決定請求がなされた場合、評価人を選任し、財産の評価を命じ、この評価に基づき価額決定を行う。この決定の効力は担保権者全てに及び、決定された価額に基づき代金納付がなされた場合、裁判所は配当表に基づき上位の担保権者から配当を実施する。

代金納付に伴い担保権の登記・登録は嘱託による抹消登記・登録手続がなされる。代金は一括して納付することとなっており、債務者は、受戻資金を調達しなければならない。そこで、債務者は、スポンサーからの資金調達や、金融機関から新規融資を受け、分割弁済を行っていくこと等を検討する必要がある。

2 担保権消滅の手続

再生手続開始決定後、再生債務者は一定の場合に担保権消滅に関する許可を求めることができる

1．まず必要事項を記載した書面を提出

担保権消滅の許可の申立は、債務者が次の事項を記載した書面を裁判所に対し提出して行う必要がある。その書面には
　①担保権の目的財産の表示
　②その財産の価額
　③消滅すべき担保権の表示
　④③の担保権によって担保される債権額
　⑤財産が事業の継続に不可欠であること
を記載する必要がある。（民再148、民再規70）。この担保権消滅請求制

度は、債務者による一種の担保目的物の受戻しというべき制度で、②の財産の価額は、再生債務者から担保権者に対する**受戻希望額の提示**ともいえる。

担保権者は不服があるときは許可決定に対し即時抗告し（民再148④）、また、財産の価額に異議があるときは、申出裁判所に対し、担保権抹消の対価たる価額の決定請求を行うことができる。

2. 財産相当の金銭を一括納付して消滅する

裁判所の許可は、「当該財産の価額に相当する金銭を裁判所に納付して当該財産の上に存するすべての担保権を消滅させる」ことがその内容となる（民再148①）。納付すべき金銭は、担保権者による価額決定の請求がない場合は、債務者が許可申立書に記載した財産の価額であるし、価額決定の請求があった場合は、裁判所により決定された価額である。金銭の納付は、すべて**一括納付**で分割支払は認められない。納付の期間は裁判所がこれを定める（同152①）。一括納付がなされたときに、目的財産の担保権は消滅し（同152②）、裁判所書記官は、目的財産上の担保権に関する登記または登録の抹消を嘱託しなければならない（同152③）。

以上のように金銭納付は一括払いのため、担保権抹消請求を行うために、債務者はこのための資金が必要となる。通常、再生手続を申立る債務者は資金が潤沢でないので、担保権消滅請求を行うために資金支援を行うスポンサー等が必要となるケースが多いと思われる。

ただし、再生債務者が金銭を一括納付できないときは、分割弁済によらざるをえないが、これは担保権消滅手続の問題ではなく、債権者の同意を得ることが必要であることは言うまでもない。

ただ、担保権消滅手続があることによって、担保権者と交渉しやすくなったことは明らかである。一括納付できる場合にも、この手続をバックにすることにより価格交渉が可能となるであろう。

なお、裁判所の許可に基づき抹消される権利は担保権だけで、賃借権・地上権等の用役権の消滅は競売手続と異なり法文上認められていない。したがって、担保権者に対抗できない用益権は消滅せず、用益権の負担を前提とし、これを引受ける場合の担保目的物の価額が算定されることになる。

3 許可に対する抗告

担保権消滅が許可されたが、納得できないときは、即時抗告をすることで対処する。

1．即時抗告することによりアピールする

担保権者は、裁判所が担保権消滅請求を許可した場合に不服がある場合は、即時抗告をすることができる（民再148④）。即時抗告の裁判がなされた場合、裁判所はその決定書を担保権者に送達しなければならない（同148⑤）。担保権者が争う内容は、
　①消滅請求自体が民事再生法148条に定める要件を満たしていないこと
　②債務者が許可申立で示した当該財産価額が適正な価額でないことの二つの内容がある。

①は、「当該財産が再生債務者の事業の継続に欠くことのできないものであるとき」という要件が問題となる。この要件の解釈をめぐって、対象となる財産について事業継続が不可能となるような代替性のない財産を意味するとし、その適用範囲を狭める見解と、事業資金を捻出するための利用も認め、その適用範囲を広くする見解がある。担保権の消滅請求が強力な効果を有していること、および「事業の継続に欠くことのできない」との文言から事業資金を捻出するための利用を認めることを一般化することができないと考えられる一方で、事業資金を捻出するた

めの利用を認める趣旨の裁判例（名古屋高決平16.8.10判時1884号49頁）も存在する。②は、元来、許可に対する価額決定請求により確定させる内容であり、即時抗告の対象とはならないと解される。

2．一部の担保権者が即時抗告した場合

即時抗告は、目的財産に複数の担保権者が存在する場合にいずれかの担保権者がこれを行うことができる（民再148④）。許可に基づく担保権の消滅はすべての担保権者と合一的に効果を生じさせる制度なので、一部の担保権者が即時抗告をした場合、その裁判がなされるまで他の担保権者との関係でも許可の効果は生じない。例えば、当該財産の第一順位の担保権者は納得したが、債務者の申出による価額では第二順位の担保権者が納得しない場合がこれに該当する。

4 価額を定める裁判

財産価格の評価について納得できないときは、裁判所に価値の決定の請求をすることができる。

1．価格決定請求裁判を行う

担保権消滅許可の申立書には、金銭の納付により担保権が消滅する財産の価額（以下、「申出額」という）が記載される（民再148②）が、担保権者のいずれかがこの価額に異議がある場合、申立書の送達を受けた日から1カ月以内に裁判所に担保権の目的物である財産の価額の決定を請求することができる（同149①）。

また、裁判所はやむをえない事由がある場合は、担保権者の申立によりこの価額決定請求が可能な期間を伸長することができる（同149②）。この価額決定請求に関する裁判は、当該民事再生事件を扱う裁判所の管轄となる（同149③）。

価額決定の請求をする者は、手続費用を裁判所に納めなければならない（同149④）。この予納金には、価額決定の裁判を行う場合に選任する評価人の報酬等が含まれることになる。

裁判所は価額決定の請求があった場合、当該請求を却下する場合を除き、評価人を選任し財産の評価を命じなければならない（同150①）。評価人は、例えば、担保目的物が不動産の場合は不動産鑑定士が選任されるし、工場や機械設備の場合は特殊な鑑定が必要な場合もある。

2. 評価手法が重要な問題となる

裁判所は、評価人の評価に基づき決定で財産の価額を定めるが（民再150②）、この財産評価は処分価額によって行われる（民再規79①）。例えば、財産が不動産である場合には、評価人はその評価に際し、不動産の所在地、環境、規模、構造等に応じ、取引事例比較法、収益還元法、原価法その他の評価の方法を適切に用いる必要がある（同79②）。そして、社団法人日本不動産鑑定協会「民事再生法に係る不動産の鑑定評価上の留意事項について」、「同（各論）」（判例タイムズ1043号82頁、96頁）で明らかにされており、実務ではこれを指針として評価されている。

この処分価額は、不動産競売の場合の最低売却額とは異なり、実際に換価する場合の見込額となるが、早期の処分を前提として通常取引価格よりは低くなると考えられる。

5 価額配当の手続

担保権消滅請求で債務者が裁判所の許可をえて担保目的物の価額に相当する金銭を納付した場合、裁判所は配当を実施することになる。

1. 納付された金銭で足りる場合は、弁済金の交付

担保権者が1人である場合、または担保権者が2人以上の場合にも、

納付された金銭で各担保権者に対する被担保債権および諸費用の支払いができる場合には、裁判所は、金銭の交付計算書を作成して担保権者に弁済金を交付し、剰余金を再生債務者等に交付する（民再153②）。

2. 納付された金銭で足りない場合は、配当

1. 以外の場合には執行裁判所は、配当表に基づき、担保権者に対する配当を実施することになる（民再153①）。この配当表の作成には民事執行法の規定が準用され（同153③）、裁判所は配当期日において配当表を作成し、配当期日には債権者と債務者が呼出されることになる。配当にあたり、確定期限の到来していない債権は、配当について弁済期が到来したものとみなされる。

6 配当表に対する異議

裁判所の作成した配当表について納得できない場合には、配当期日において異議の申出をすることができる。

1. 配当表について異議

配当表に記載された各債権者の債権および配当の額について不服のある債権者および債務者は、配当期日において、異議の申出をすることができる。裁判所は配当の異議が出された場合、配当の異議がない部分に限り、配当を実施することになる。

配当異議の申出をした債権者は、配当異議の訴えを提起する必要があり、この裁判は執行裁判所が管轄することになる。

2. 金銭の供託

配当を受けるべき債権者の債権につき次に掲げる事由があるときは、裁判所書記官は、その配当等の額に相当する金銭を供託する。具体的には、

①債権が停止条件付または不確定期限付であるとき
②その債権の抵当権、質権または先取特権の実行を一時禁止する裁判の正本が提出されているとき
③配当異議の訴えが提起されたとき

等である。

　裁判所書記官は、配当等の受領のため執行裁判所に出頭しなかった債権者に対する配当等に相当する金銭を供託する扱いになる。

　以上のような供託がなされた場合でも、供託の事由が消滅したときは、裁判所は供託金につき配当を実施する扱いとなる（民再153③、民執88ないし92）。

7 非典型担保と担保権消滅請求

1．はじめに

　民事再生法148条1項は、同法53条1項に規定する担保権すなわち特別の先取特権、質権、抵当権または商法もしくは会社法の規定による留置権が担保権消滅請求の制度の対象となる旨規定する。したがって、非典型担保については、同制度の適用はなく、類推適用が問題となるが、立法担当者は類推適用の可否は解釈に委ねられるとしている（『一問一答民事再生法』16頁）。

2．類推適用肯定説

　担保権消滅請求の制度は、再生債務者の事業の継続に欠くことのできない財産に担保権が設定されている場合に、担保権の実行によって、当該財産を失い、事業継続ができなくなることを避けるために認められたものである。したがって、上記の制度趣旨は、当該担保権が典型担保である場合のみならず、非典型担保の場合にも合致するのであり、担保権

消滅請求の制度は類推適用されるべきであるとする見解も有力である。

3. 裁判例

　リース契約に関する下級審裁判例（大阪地決平 13.7.19（金法 1636 号 58 頁）、東京地判平 15.12.22（判タ 1141 号 279 頁））は、非典型担保であるリース契約に担保権消滅制度の規定の類推適用があることを前提としているものと解される。また、担保権消滅制度に関する判例ではないが、最高裁は、担保権の実行中止命令の規定（民再 31）が非典型担保に類推適用されることを認めている（債権譲渡担保につき最決平 19.9.27（金商 1277 号 19 頁）、リース契約につき最判平 20.12.16（以下「平 20 最判」という。金商 1308 号 40 頁）。

4. 個々の非典型担保権ごとに類推適用の有無を検討すべきとする見解

(1) 一律類推適用否定説

　上記 2. の見解に対し、非典型担保の種類および担保物の種類ごとに、実体的な観点のみならず、手続的な観点をも踏まえて類推適用の有無を検討すべきと主張する有力な見解もある（田原睦夫『担保権消滅請求制度の機能と課題』133 頁以下、西謙二『民事再生手続における留置権及び非典型担保の取扱いについて』70 頁）。

(2) ファイナンス・リースへの類推適用について

　フルペイアウト方式のファイナンス・リース契約について、平 20 最判は、リース物件の交換価値によって未払リース料や規定損害金の弁済を受けるという担保としての意義を有する旨判示し、担保権説を採用することを明らかにした。リース料債権を担保権付き債権であると考えると、その担保の目的物をどう考えるかが問題となるが、下級審裁判例（東京地判平 15.12.22（金法 1705 号 50 頁）等）は、ユーザーの有する利用権が担保の目的物であるとする見解を採用している。

上記の東京地裁判決は、リース期間満了前のリース物件の引渡しを求める前提としてリース契約を解除する場合には、その解除権の行使をもって担保権の実行と評価することができるとする。担保権実行後、利用権はリース会社に移転すると同時に混同により消滅し、リース会社は制限のない所有権を有することになる。そして、リース会社は、再生債務者に対し、所有権に基づく取戻権を主張することにより、リース物件の返還請求をすることができるとする。

中止命令の申立の場合、民事再生法31条2項において担保権者の意見を聞かなければならない（前掲最決平19.9.27）と規定されていることから、リース会社が中止命令の申立を知ることとなり、裁判所における意見聴取に先んじて担保権の実行すなわち契約解除の意思表示をしてしまう可能性の存することが問題であると指摘されている。

担保権消滅請求の制度には、法律上、上記のような意見聴取の規定はないが、事実上、担保権者であるリース会社の意見を聴取する機会を与えるとすると同様の問題が生じる。東京地裁においても担保権者に対して申立書を送付した上で審尋しているとのことである（『破産・民事再生の実務［新版］下』172頁）。この問題については、平20最判の対応機会の付与の観点からリース会社の担保権実行が制限されると争う余地がある。平20最判の対応機会の付与の詳細については第6章第4節⑨「リース契約の扱い」参照。また、第6章第2節⑤「非典型担保と中止命令」も参照のこと。

第4節　個別担保権の処遇

1　抵当権の処遇

1．総論

抵当権は、再生手続において別除権とされ（民再53①）、再生手続によらずに担保権を実行することができる（同53②）。

そして、別除権者は、担保権を実行した場合に担保目的物から回収できない債権を「予定不足額」として債権届出し、不足額について再生計画に従った弁済を受けることができる。

2．抵当権に対する再生債務者の対応

再生債務者は、傷んだ事業を再生しなければならず、一方的に担保権を実行されるがままでは、事業の再生がままならないことから、以下の手段をとることが考えられる。

(1) 担保権の実行中止命令

再生債務者は、再生手続申立後、再生債権者の一般の利益に適合し、かつ、競売申立人に不当な損害を及ぼすおそれがないものと認めるときは、担保権の実行手続の中止命令を申立ることができ、相当な期間、担保権の実行手続が中止することとなる（民再31①）。

(2) 担保権消滅請求

再生債務者は、再生手続開始決定後、抵当権の目的財産が再生債務者の事業の継続に欠くことのできないものであるときは、裁判所に対し、当該財産の適正価格に相当する金銭を裁判所に納付したうえ、担保権の

消滅請求をすることができる（民再148①）。当該請求が認められると抵当権が消滅するため、以後抵当権を実行されることがなくなり、事業の継続に支障が生じなくなる。ただし、再生債務者は資金繰りに窮していることが予測されるため、担保権消滅請求を使うためには、スポンサーから資金を導入すること等を考えなければならない。

(3) 別除権協定

再生債務者が、別除権者と交渉をし、例えば、抵当権の目的物の評価額を合意し、当該評価額については全額支払い（弁済方法等については一括ないし早期の弁済が求められるであろう）、評価額を超える債権額については、再生計画に基づいて弁済する等の内容を定めた協定を取り交わすことである。

(4) 担保目的物の任意売却

事業の継続に不可欠でなく、資産のリストラをする場合には、再生債務者が、抵当権の目的物を任意売却することが考えられる。

通常、不動産に抵当権が付いていない状態での売却が条件となることから、抵当権者に対し、担保解除の承諾を得ておく必要がある。また、資産売却は監督委員の同意事項となっている場合が一般的であるから、再生債務者は、監督委員の同意を得た上で、抵当権の目的物を売却しなければならない。監督委員の同意がない売却は無効となる（民再41①Ⅰ）。

なお、売却代金から売却費用を控除した金額を担保権者に弁済することになるが、売却代金の一部を再生債務者の財産に組み入れる交渉もあり得る。

3. 担保権者の債権届出

抵当権者は、再生債務者に対する債権額から抵当権の目的物の評価額を差し引いた金額を、予定不足額として債権届出することになる。

ただし、抵当権の目的物の評価額は、担保権者と再生債務者で異なる

ことが往々にしてあることから、結局のところ、抵当権の目的物の評価額を合意しなければならないため、別除権付債権の弁済方法、及び予定不足額を含めた別除権協定を締結することが望ましいといえる。

2 根抵当権の確定

1．再生手続と根抵当権の確定

　民事再生法においては、破産法と異なり、根抵当権の元本が再生手続の開始によって当然に確定するとの規定が置かれていないので、民法398条の20に定める元本確定事由が発生して初めて根抵当権の元本が確定する。

　ただし、民事再生法は、再生債務者の財産の上に担保権（根抵当権を含む）が設定してある場合、その財産が再生債務者の事業の継続に欠くことができないものであるときは、再生債務者は裁判所の許可を得て、担保権の目的である財産の価額に相当する金銭を裁判所に納付して担保権を消滅させることができると定める（民再148①）。根抵当権の消滅請求を行った場合、根抵当権者が、担保権消滅の許可決定書、および再生債務者が裁判所に提出した、担保権の消滅の許可を求める申立書の写しの送達を受けたときから2週間を経過したときに、根抵当権の元本は確定するとする（同148②、⑥）。なお、この許可が取下げ、あるいは取消されたときは元本は確定しなかったものとみなされる（同148⑦、民398の20②）。

2．根抵当権の元本確定の効果

　元本が確定すると、再生計画案にその根抵当権の被担保債権のうち極度額を超える債権の部分についての仮払い、およびその根抵当権の行使によって弁済を受けることができない債権の部分が定まった場合におけ

る適正な精算に関する条項を定めることができることになる（同160）。

なお、民法上は、根抵当権者は、確定した元本ならびに利息その他の定期金および債務不履行により生じた損害の賠償の全部につき、極度額を限度として根抵当権を行使できることとされている。すなわち、元本の確定は、その根抵当権による優先弁済を受けることができる限度を画することになる（民398の3）。

3 集合債権譲渡担保

1．集合債権譲渡担保とは

集合債権譲渡担保とは、譲渡担保、すなわち債権担保の目的で財産を譲渡する形式の一つであり、**債務者が第三債務者に対して現在有する債権並びに将来取得する債権を包括的に債権者に譲渡することにより、債権者に対して負担する債務の担保に供するもの**である。

2．集合債権譲渡担保の有効性

判例によれば、集合債権譲渡担保が有効となるためには、適宜の方法により期間の始期と終期を明確にするなどして譲渡の対象となる債権が特定されていることが必要であり（最判平11.1.29民集53巻1号151頁）、特定の程度については、譲渡の対象となる債権が譲渡人の有する他の債権から識別することができる程度に特定されていることが必要である（最判平12.4.21民集54巻4号1562頁）。

また、上記基準を満たす集合債権譲渡担保であっても、譲渡契約締結時における譲渡人の資産状況、営業等の推移に関する見込み、契約内容、契約に至る経緯等を総合的に考慮して、契約内容が譲渡人の営業活動等に対して社会通念に照らし著しく相当性を欠き、または他の債権者に不当な不利益を与えるなどの特段の事情の認められる場合は、公序良俗に

反し、その効力の全部または一部が否定されることがある点に注意が必要である（前掲平 11 年最判）。

3. 対抗要件の具備

再生債務者は対抗要件を要する第三者と解されるため、集合債権譲渡担保の設定を受けた者は、再生手続開始時よりも前に、第三者対抗要件を具備しなければならない。集合債権譲渡担保の第三者対抗要件は、譲渡人の第三債務者に対する確定日付のある証書による通知もしくは確定日付のある証書による第三債務者の承諾（民 467 ②。最判平 13.11.22 民集 55 巻 6 号 1056 頁）または債権譲渡登記（動産及び債権の譲渡の対抗要件に関する民法の特例等に関する法律 4 ①）である。既発生の債権だけでなく、将来債権についても、対象債権の発生を待つことなく、確定日付通知、確定日付承諾または債権譲渡登記がなされた時点で、第三者対抗要件の効力が発生する。

4. 停止条件付集合債権譲渡担保、集合債権譲渡担保の予約

債権譲渡契約時に第三債務者に対して確定日付通知を発送すると、譲渡人の信用不安を惹起するおそれがあるため、担保設定当事者間では、現実に担保権を実行する必要が生じる直前まで、債権譲渡通知は控えたいとの要請が起こることになる。一方、債権譲渡担保契約を締結しつつ、第三者対抗要件を留保した場合には、債権譲渡の日から 15 日を経過した後、支払の停止等があったことを知ってした対抗要件具備行為であるとして、その効力が否認されるリスクが生じる（破 164、民再 129）。

そこで、実務上、集合債権譲渡担保を停止条件付または予約の形式にして、譲渡人が支払停止等の経済的危機に陥った時点で、条件が成就するようにしまたは予約完結権の行使をして、その時点で債権譲渡の効力を生じさせることにより、上記 15 日の起算点を繰り下げて否認を免れるという手法が編み出され、活用されていた。

しかし、このような方法は、偏頗行為否認に関する破産法162条1項1号、民事再生法127条の3第1項1号の規定の趣旨に反し、その実効性を失わせるものであり、その契約内容を実質的にみれば、債務者に支払停止等の危機時期が到来した後に行われた債権譲渡と同視すべきものであるから、上記規定に基づく否認権行使の対象となる（旧破産法の事案であるが、最判平16.7.16、平成16.9.14民集58巻5号1744頁）。

したがって、譲渡人の信用不安の惹起が懸念される場合は、債権譲渡登記による対抗要件具備を検討しなければならない。

5. 開始決定後に生じた債権に担保の効力は及ぶか

以上で述べたとおり、判例により、集合債権譲渡担保の有効性及び対抗要件の具備方法が確立されたが、集合債権譲渡担保の対象となる債権のうち、再生手続開始決定後に発生する債権についても、譲渡担保の効力が及ぶかについて、活発な議論がなされている。

この点、近時は、効力が及ぶとする肯定説が有力であるが、開始決定後に発生する債権について無限定に担保の効力を認めたのでは、民事再生は不可能となる。開始決定後に、再生会社が売掛金等の債権を発生させるためには、原材料の購入や人件費の支払いなどの経費を捻出しなくてはならない。したがって、開始決定後に発生する債権の全額について、担保の効力を認めるということは、一般債権者に対する弁済原資を削って必要経費を捻出し、譲渡担保権者の利益を増加させるという構造になるので、一般債権者に対して公平誠実義務を負う再生債務者がこのような行為をすることは本来許されない。

だからといって、集合債権譲渡担保の存在のゆえに、民事再生を断念して事業を停止するという事態になったのでは、利害関係人全員にとって不利益であるし、担保の対象となる債権の価値が毀損され、結局、集合債権譲渡担保権者にとっても不利益な結果となる。

したがって、この問題については、再生債務者と担保権者との間で、

一定の利害を調整することが必要なのであるが、下記のとおり、集合債権譲渡担保設定についての当事者の合理的意思を解釈することによって、適切な解決を導くことができると考える。

まず、この問題については、例えば再生債務者が所有する不動産の賃料債権など、対象となる債権が、開始決定時に再生債務者が保有している資産さえあれば、将来的に発生し続けて累積していく性質のものなのか（以下、「累積型の将来債権」という）、それとも、事業における売掛金のように、当該債権が回収されて現金となり、その現金をもって原材料の仕入れや人件費の支払いが行われる結果、商品・製品が産み出され、その商品・製品が売却されることにより売掛金が生じるというように、累積せず循環していく性質のものなのか（以下、「循環型の将来債権」という）の二つに分けて分析することが有用である。

そして、事業の仕組みを知りつつ集合債権譲渡担保の設定を受けた担保権者は、上記のうち循環型の将来債権については、ひとたび担保権を実行すれば、売掛金を回収して現金化し、新たな原材料の仕入れや人件費の支払いを行って、商品・製品が産み出されるという事業のサイクルが分断され、新たな売掛金が発生することがなくなることが分かっている。したがって、集合債権譲渡担保を設定した当事者の意思を合理的に解釈すれば、開始決定後の将来債権についても担保の効力は及ぶが、ひとたび担保権を実行した場合には、担保の対象は固定化され、担保実行の時点で存在する債権のみが担保の対象となり、担保実行後に発生する債権については担保の効力は及ばない、と解することができる。

これに対し、累積型の将来債権については、上記のような事情はないので、原則として、担保権者が、累積的に将来債権からの回収を図ることを認めてよいと考える。

また、前述のとおり、集合債権譲渡担保の有効性を認めた平成11年最判も、無限定で有効性を認めたものではなく、一定の場合には、公序良俗に反して、全部または一部が無効となる旨明言している。この判例

の基準は明らかではないが、担保権の行使により、再生会社の事業の存続が不可能になるような集合債権譲渡担保は無効とされる余地がある。

　以上を踏まえると、再生手続において、集合債権譲渡担保が設定されている事案の場合は、再生債務者としては、誠実に迅速に担保権者と交渉して、担保権の実行を控えるよう要請しつつ、開始決定後に発生する新たな債権のどの部分に担保権が及ぶかを明確にし（場合によっては、監督委員の同意を得て担保を付け替える）、適切な評価額を支払う内容の別除権協定を締結すべく努力することが必要である。また、そのような交渉をされているにもかかわらず、担保権者が、担保権を実行して再生債務者の事業を停止させて、対象債権の回収を図るような場合は、公序良俗違反になると解すべきである。

4 商事留置権の扱い

1. 総論

　商事留置権は、再生手続において別除権とされ（民再53①及び②）、手続外で形式競売手続（民執195）をとることが可能であるし、かつ再生手続開始決定後の留置的効力も失われない。また、留置的効力は、留置物に不可分的に及ぶ（民296）ので、例えば、金1,000万円の再生債権者である倉庫業者が、倉庫にある再生債務者の5,000万円相当の商品につき留置権を主張し、商品全部を占有することも法的に可能である。

　しかし、再生債務者の商品等、事業の再建に不可欠な物につき商事留置権を主張されると、事業継続に支障をきたすことになるから、再生債務者は、留置物の返還を受け事業を継続していくために、次の手段をとることが考えられる。

2. 再生債務者の対応

(1) 再生手続申立後～再生手続開始決定前

再生債務者は、担保権の実行中止命令を申立ることが可能である。もっとも、商事留置権者が留置権に基づく競売手続を申立ていない場合には、担保権の実行手続が行われていることにはならないため、担保権の実行中止命令の制度は功を奏さない。

そのため、商事留置権者との交渉による解決が必要となるが、再生手続申立に伴う保全処分命令発令後は、債務の弁済が禁止されることから、商事留置権者に被担保債権を支払うことに法的な制約がある。

そこで、再生債務者としては、商事留置権者と個別に交渉のうえ裁判所の許可を得て保全処分の個別的な解除を認めてもらうことにより弁済し、商事留置権を消滅させる方法、または将来的に（再生手続開始決定時）別除権となる商事留置権について、後述する別除権協定を監督委員の同意を得て（一般に再生手続申立時に発令される監督命令において、監督委員の同意事項に別除権の受戻しを定められていることが多い）商事留置権者と締結することにより弁済し、商事留置権を消滅させる方法をとることが考えられる。

(2) 再生手続開始決定後

再生債務者は、再生手続開始決定後、留置物が事業継続に不可欠な財産であることを理由に、目的物の価額相当額を納付して商事留置権を消滅させることができる（担保権消滅請求）。ただし、目的物の価額相当額が被担保債権額に比して著しく高額の場合には、僅かな債権額のために高額な目的物の価額相当額を納付することを資金繰りに窮している再生債務者に期待することはできない。

そこで、再生債務者は、留置物を解放できる金額を商事留置権者と個別に交渉し、裁判所の許可または監督委員の同意を得た上で、一定の金額を支払うことを条件に留置物を解放することを主たる内容とする別除

権協定（別除権の受戻し）、または再生債務者の事業に必要な留置物の搬出を認め、搬出した留置物に見合う商品を搬入して開始決定当時の留置物の総額を維持しつつ、他方で留置権の被担保債権を分割弁済することを内容とする別除権協定を締結することが考えられる（民再41①Ⅸ）。

3. 商事留置権の優先弁済権

　留置権（商事留置権も含む）は、実体法上、留置的効力のみを有し、優先弁済的効力を有しないことから、目的物を占有し、物質的に支配して弁済を促す権利を有するに過ぎないのが本来的な性質であり、倒産手続において別段の定めがない限り、優先弁済的効力を認めることはできない。

　この点、破産手続においては、商事留置権を特別の先取特権とする規定があるが（破66①）、再生手続においては、商事留置権を別除権として扱うのみで破産法と同様の規定はないことから、優先弁済的効力を認めることはできない。

　なお、銀行取引約定において、債務不履行の場合に、銀行の占有している債務者の手形等の有価証券を取立または処分し、債務の弁済に充当することができるといった規定が存するが、あくまで私人間の約定であり、再生手続において、商事留置権の優先弁済的効力を認める根拠となるものではない。

　したがって、商事留置権者は、優先弁済的効力がないことから、留置物を処分または形式競売をしたとしても、その処分代金等から優先的に債権を回収することはできない。

　銀行が保有する取立委任手形につき商事留置権を主張し、当該手形の取立金から債務の弁済に充当した事案において、東京高裁平成21年9月9日判決は、上記と同様の趣旨で銀行の弁済充当を否定し、再生債務者の銀行に対する取立金相当額の不当利得返還請求を認めた。

5　譲渡担保手形の扱い

　再生手続の申立をした貸付先から、申立前に譲渡担保として約束手形を受領していた場合、譲渡担保権者は、譲渡担保手形を取り立て、その取立代り金を貸付債権に充当することができる。

1．譲渡担保手形の法的性質

　手形の譲渡担保権が、再生手続において別除権となるか否かについて、肯定説と否定説がある。

(1) 別除権否定説

　否定説は、手形の譲渡担保においては、担保手形を担保権者である被裏書人が取り立て、取立金を被担保債権の弁済に充当するとされており、裏書人が被担保債権を弁済して、担保手形を取り戻すことは予定されておらず、実質的に被裏書人に手形が帰属していることを根拠とする（伊藤眞『破産法・民事再生法（第2版）』（有斐閣）343頁）。

(2) 別除権肯定説

　肯定説は、手形の譲渡担保も他の譲渡担保と同様の取扱をすべきであり、譲渡担保としての手形は担保権者に裏書譲渡されているとはいえ、設定者には一種の物件的地位が認められ、会社財産から完全に離脱した財産とはいえないことを根拠とする（上北武男『新倒産法判例百選』（有斐閣）118頁）。なお、破産手続についてであるが、手形の譲渡担保を別除権とする裁判例がある（名古屋高判昭53.5.29）。

　もっとも、上記のように二つの説があるが、いずれの説をとっても、再生手続においては会社更生手続とは異なり結論に大きな差異はないことから、以下においては通説である別除権肯定説を前提とする。

2．譲渡担保手形の債権回収方法

　再生手続において、別除権者は、再生手続外でその権利を行使しうる

(民再53)。手形の譲渡担保の場合、再生手続によらない別除権の行使として、譲渡担保手形を順次取り立て、担保手形代り金をもって、貸付債権等の弁済に充当することができる（破産手続による裁判例として前掲名古屋高判昭53.5.29）。なお、譲渡担保権で担保される債権の範囲については、例えば銀行取引約定等のある取引であれば、約定に基づく取引一切に及び、遅延損害金にも及ぶと解される。

このように手形の譲渡担保であれば、担保権者と再生債務者との間で問題となるケースはほとんどないが、債権者が取立委任手形に関して商事留置権を主張する場合、民事再生法においては、破産法と異なり、商事留置権を特別の先取特権とみなす規定（破66①）がないことから、担保権者が取立委任手形の代り金から債権を回収できるか否かについて大きな問題がある。

6 集合動産譲渡担保の扱い

近年、企業が一定の倉庫または工場に保有する在庫商品や機械設備等の集合動産を担保に、中小企業・ベンチャー企業向け融資の実行が増えている。集合動産譲渡担保の対象物（以下「担保目的物」という）は、通常事業の継続に不可欠な物がほとんどであるが、再生手続において集合動産譲渡担保がどのように取り扱われるか。

1. 再生手続における譲渡担保の法的構成

譲渡担保権は、再生手続において、目的物の所有者として取戻権を有すると解する説もあるが、目的物は再生債務者の所有に属し、譲渡担保権者は別除権を有するものと解するのが実務の取扱である。したがって、譲渡担保権者は、再生手続外で譲渡担保権を実行することができる。なお、会社更生手続における判例において、譲渡担保権を更生担保権とした（最判昭41.4.28）。

2. 担保目的物の固定化

　譲渡担保設定契約の条項如何にかかわらず、再生手続の開始により、担保目的物が固定化するか否かについて、見解が分かれるところではあるが、通常、譲渡担保設定契約に再生手続を含む法的整理手続の申立または開始決定が、担保目的物の固定化事由として定められていることが多い。

　担保目的物が固定化すると、集合動産がその時点で一定の保管場所に現存する個別の動産譲渡担保に転化し、担保権者は担保権の実行ができ、以前に認められていた担保権設定者の処分権が失われることとなると考えられる。

　なお、譲渡担保権の対抗要件が具備された後に、通常の営業範囲を逸脱した搬出が行われた場合に、担保権の効力が及ぶか否かという問題があるも、担保権設定者がその目的物である動産につき通常の営業の範囲を超える売却処分をした場合、当該譲渡担保の目的である集合物から離脱したと認められない限り、当該処分の相手方は目的物の所有権を承継取得することはできないとされており（最判平 18.7.20）、この判例を前提とすると、担保権の効力が及ぶものと考えられる。

3. 譲渡担保権の実行と中止命令

　譲渡担保権のように非典型担保について、中止命令（民再 31 ①）が類推適用されるかという問題があるも、類推適用を認めるのが通説・判例（最決 19.9.27）であり、詳細は本章第 2 節⑤で述べたとおりである。

　類推適用が認められることを前提として、譲渡担保における中止命令がいかなる手続を止めるのかということについて、譲渡担保権の実行の完了がいつであるかという点が問題となる。

　動産譲渡担保権を実行し清算金がない場合に、清算金がないことの通知によって受戻権が消滅し、担保権の実行が完了する（最判昭 62.2.12

参照）と考えれば、清算金がないことの通知が中止命令の対象であると考えることができる。

　清算金がないことの通知が中止命令の対象であるとすると、裁判所が中止命令を発する場合には、担保権者の意見を聴かなければならず（民再31②類推）、担保権者の意見を聴かないでなされた中止命令は無効であるとされている（最決平19.9.27）ことから、意見聴取期日の呼出状が送付され、再生債務者が中止命令を申立ていることを知った担保権者が、清算金がないことの通知を送付することにより、中止命令を回避できることになるのではないか、との疑問も投げかけられている。もっとも、近時最高裁がファイナンス・リース契約における再生申立解除特約は無効とする判決をした（最判平20.12.16）ことから、譲渡担保契約についても、再生申立を理由とする譲渡担保実行特約も無効になると解され、担保権者による清算金がないことの通知が意味のないものになるとも考えられるが、担保権者による担保実行が認められないとしても、担保価値保存義務の観点から担保目的物を無制限に使用してよいことにはならない。

　再生債務者としては、担保権者と交渉をし、別除権協定を締結することにより、在庫商品について、通常の営業サイクルで売却することを認めてもらい、その売却代金のうち担保価値（開始決定日の時価）に相当する部分を担保権者に弁済し、その余を事業継続資金とすることが実務上考えられる。また、別除権協定がまとまらない場合には、再生債務者としては、担保権消滅請求（民再148①）を行うことも考えられる。非典型担保と担保権消滅請求の可否の詳細については、本章第3節7を参照のこと。

7　有価証券担保の扱い

　株券に対する譲渡担保権の実行としての売却処分・債務充当ができる

が、これが中止命令によって制限される可能性は少ない。

1. 有価証券に対する譲渡担保権

譲渡担保契約において、担保権者は、通常、実行方法として、当該有価証券を市場等において売却し、その代金から費用等を控除した金額を債務弁済に充当できると約定している。

譲渡担保について、担保権実行に対する中止命令の規定（民再31）が類推適用されるとの見解（大阪高判平21.6.3）をとったとしても、株式のような金融資産の処分停止が、**債務者の事業継続に資するとは通常考えられないこと**（取引先の株式であり担保処分されると当該取引先との取引に支障が出る、とのクレームが考えられるが、中止命令を出すまでの理由にはならないと考える）、現実問題としても中止命令の前に処分することが容易であり、かつそうされることが多いこと、株式のような市場価格が変動するものに中止命令を出すと市場価格の下落による担保権者に「不当な損害」を及ぼすおそれがあることなどから、中止命令が出される可能性は少ないと考える。

2. 処分の時期について

上場している株式等の有価証券の市場価格は常に変動しており、売却のタイミングの決断は難しい。

譲渡担保契約上は、担保権者は、その判断によりいつ売却してもよく、債務者はクレームを言えないことになってはいる。

しかし、債務者が再生手続申立をした後も、株価上昇を見込んで、株式処分を見合わせていたところ、予想に反して株価が下落した場合、下落分だけ不足額が多くなるため弁済率の低下を招くので、債務者から事実上のクレーム（担保権者の思惑で債権減額幅が少なくなったとのクレーム）が出るおそれはある。ただし、市場の動きを読むことは困難であることから、法律上の責任が発生する可能性は少ない。

逆に、申立後速やかに株式処分したところ、その後株価が上昇した場合、債務者からのクレーム（もっと待っていてくれれば高く売れたのにとのクレーム）も出るおそれはあるが、これについても法律上の責任が発生する可能性は少ない。

どちらにしても速やかに処分しておいた方が一般には無難である。

8 預金担保の扱い

1. 預金担保の概略

預金担保は、主に金融機関が企業に融資するに際して、貸金債権のために、当該企業の預金口座に担保権（質権）を設定することがある。特に、プロジェクト・ファイナンスにおいて、プロジェクトから生み出される資金が入ってくるプロジェクト会社名義の預金口座に担保権を設定することは多い。

普通預金担保においては、事業運営及び担保権実行前における余剰金の効率的な資金利用の観点から、担保設定者の信用悪化が現実化するまで、一定の範囲内で口座内資金の出入金を行う権限を担保設定者に与えている。

なお、普通預金担保においては、担保権を設定し、かつ対抗要件を具備した場合には、担保権設定後に流入してくる預金についても対抗要件の効力が及んでいるとされるので、対抗要件を具備し直す必要はないと考えられるが、定期預金担保については、対抗要件を具備し直す必要があるか否かで争いがあり注意を要する。

2. 再生手続における取扱

担保権者が預金担保（質権）を設定している場合には、当該担保は別除権として扱われ、再生手続によらないで担保権を実行することができ

る。

　したがって、担保権者は、担保権を実行し預金から債権の回収を図ることができる。

　もっとも、金融機関が自行の預金口座に担保権を設定している場合には、金融機関は、債務者の金融機関に対する再生手続開始決定日の預金債権と金融機関の債務者に対する貸金債権を相殺することができるから、自行の預金口座に担保権を設定するか否かによる結論の相違はさほどない。

　再生手続開始決定後にプロジェクト等から生み出された資金が担保権を設定した預金口座に入金された預金については、担保権者が、当該預金を回収することができるかという問題がある。

　預金担保権の実行は、相殺とは異なるので、再生手続開始後に再生債務者に対して負担した債務との相殺を禁止する規定（民再93①Ⅰ）の制約を受けることなく、預金を回収することができると考えられる。このように考えた場合には、自行の預金口座に担保権を設定する意味があり、差別化が図られる。

　なお、預金は、一般に再生債務者の事業の継続に欠くことができないものとはいえないと考えられるため、再生債務者は、担保権の実行中止命令や担保権消滅請求を行うことはできない。

9　リース契約の扱い

1．リース契約の概観

　リース契約は非典型契約であり、リースの概念について定義した法律はないため、その内容は契約によって様々である。しかしながら、一般的にリース契約といえば、ファイナンス・リースを指すことが多く、本稿においても、もっとも議論されているフルペイアウト方式のファイナ

ンス・リースに限定して論じることとする。フルペイアウト方式のファイナンス・リースとは、リース期間満了時においてリース物件に残存する価値はないものとみて、物件の購入代金その他の費用を回収できるようにリース料が算定されているものをいう。

2. リース契約の法的性質と平20最判

(1) 従前の学説の対立

　従前、リース契約の法的性質について、リース料支払債務とユーザーの使用収益を受忍する義務が対価関係に立つ双方未履行の賃貸借契約であって、ユーザーに倒産手続が開始された場合に当該リース物件を使用し続けた場合は、未払いのリース料は共益債権になるとする見解（共益権説）とリース契約の金融取引的な性質を重視して、リース料の支払とユーザーの使用収益を受忍する義務は対価関係に立たず、リース料債権は担保付きの債権となるとする説（担保権説）が対立していた。

(2) 最高裁判例

　最高裁判例（平20.12.16、以下「平20最判」という。金商1308号40頁）は、リース物件の交換価値によって未払リース料や規定損害金の弁済を受けるという担保としての意義を有する旨判示し、担保権説を採用することを明らかにしている。また、平20最判は、再生手続開始の申立を解除事由とする解除特約の有効性につき、特約のうち、再生手続開始の申立があったことを解除事由とする部分は、再生手続の趣旨、目的に反するものとして無効と解する旨判示した。

　この平20最判の意義は、単に再生手続開始の申立をしたというだけでは、リース契約を解除できないことを明らかにしたものということができ、それ以外の場合については判示していない。下記3. (1) で述べるとおり、再生手続においては、担保権は別除権として構成され手続によらないで行使することができるのであるから、何カ月にも旦って具体的な被担保債権の未払いをしたり、また、協議にも応じないような場合

には債務不履行となり、リース会社はリース契約を解除することができるものと考える。

3. 具体的な問題点

(1) 再生手続と解除

　保全命令による不払いの場合および再生手続開始決定によって、再生債務者は旧債務の弁済を禁止されるが、これに基づくリース料の不払いを理由とするリース契約の解除は、有効かどうかが問題とされている。

　この問題につき、平20最判の補足意見は、保全命令による不払いの場合は、保全命令により弁済することが禁止されているから、この不払に基づいてリース契約の解除をすることはできないが、開始決定後は、保全処分の効力が失われるから、再生債務者がリース料金を支払わなかった場合には、債務不履行に陥ることとなるので、リース契約を解除することができるという。

　しかしながら、上記の平20最判補足意見は、再生債権に対する弁済禁止の効力の問題を別除権者に対してそのまま当てはめた理論的に問題のあるものである。すなわち、再生手続は、担保権を別除権として構成し、再生手続によらないで行使できると定める（民再53②）。したがって、保全命令発令後であろうと、再生手続開始決定後であろうと、担保権の被担保債権に対する弁済がなされない場合には、債務不履行によるリース契約の解除という担保権の実行が再生手続外でできるのが原則というべきであろう。

　しかし、民事再生法は、他方で、担保権消滅請求制度や担保権実行中止命令の制度をも設けており、平20最判が判示する対応機会の付与すなわち再生手続の中でリース物件の必要性に応じた対応をする機会を与える必要があるという制約が加わることを認めざるを得ない。このような観点から、保全命令発令後であろうと、再生手続開始決定後であろうと、何カ月にもわたって担保権の被担保債権に対する弁済がなされず、

かつ、リース会社が再生債務者に対して上記の対応機会の付与を与えた場合においては、債務不履行によるリース契約の解除という担保権の実行が再生手続外でできるものと考える。

(2) 中止命令の申立の際の問題点

再生債務者がリース会社の担保権実行を阻止すべく、中止命令(民再31類推適用)の申立をする場合も想定しうる。その場合、同法2項において担保権者の意見を聴かなければならない(最決平19.9.27(金商1277号19頁))と規定されていることから、リース会社が中止命令の申立を知ることとなり、裁判所における意見聴取に先んじて担保権の実行すなわち契約解除の意思表示をしてしまう可能性の存することが問題であると指摘されている。上記の意思表示によって、担保目的物とされていた利用権がリース会社に移転し、上記の利用権は所有権を有するリース会社に移転したと同時に混同により消滅する。これにより、リース会社には何らの制限のないリース物件の所有権が帰属することになってしまい、担保権者の権利実行を阻止する中止命令の規定の適用基礎が失われてしまうからである。

この問題については、上記2.(2)の平20最判が判示する対応機会の付与すなわち再生手続の中でリース物件の必要性に応じた対応をする機会を与える必要があるという観点からリース会社の担保権実行が制限されるとして、中止命令の規定の適用があるとして争う余地がある。また、最高裁判決の趣旨からすると、再生申立解除特約に加え、再生申立を理由とする期限の利益喪失条項も無効であるとされる蓋然性が高い。この場合にも、非典型担保が実効される前に中止命令が発令される余地があるものと考えられる。詳細については、本章第2節5「非典型担保と中止命令」を参照のこと。

10 取立代り金による弁済

1. 相殺することにより処理することになる

　為替銀行が、依頼者に再生手続開始の申立等（民再93①ⅡないしⅣ）があったことを知らないで取立代り金を取得したときは、再生債権届出期間満了までの間であれば、その支払義務と依頼者に対する貸付金等の債権を対等額で相殺することができる（同92①）。一方、為替銀行が、依頼者の破産手続開始後、取立代り金を取得したときは、同銀行が依頼者の破産手続開始の事実を知らなかったとしても、その支払義務と依頼者に対する貸付金等の債権を相殺することはできない（同93①Ⅰ）。

2. 取立代り金による債権充当の可否

　取立の委任を受けた手形を取立に回す前に、依頼者に再生手続開始の決定があった場合に、商事留置権に基づいて留置する当該手形を銀行取引約定に従って、自ら取り立て、その取立金を貸付金の弁済に充当することができるかという点については争いがある。

　この点、東京高判平21.9.9は、別除権者が別除権の行使によって、優先的に弁済を受けられるためには、当該別除権者が他の債権者に対して優先して弁済を受けられる権利を有していることが必要であると解すべきとした上で、再生手続において、商事留置権に法律上優先弁済権が付与されていると解することはできないこと、銀行取引約定の手続によって手形等につき取引先の債務不履行を停止条件とする譲渡担保権や質権等の担保権が設定されたと解することはできないことなどを理由に、当該銀行は、手形取立金について何ら法的な優先権を有するものではなく、手形取立代り金を貸付金の弁済に充当することはできない旨判示した。

11 担保建物の火災保険

　再生債務者に属する物件につき、再生手続開始後に発生した火災保険料は、再生債務者の財産の管理に関する費用と解されるので、共益債権として弁済されることになる。

1．再生手続における共益債権

　再生手続では、再生債務者は事業を継続して再生を図ることになるので、民事再生法においても会社更生法127条等に準じた共益債権の規定が定めれられており（民再119以下）、この共益債権については、基本的に会社更生法と同様の解釈がなされるものと考えられる。
　そうだとすると、民事再生法119条2号で共益債権の一つとして規定されている再生手続開始後の再生債務者の業務、生活ならびに財産の管理および処分に関する費用についても、会社更生法127条2号と同様に解されるから、これには、再生債務者の業務および財産の修繕維持等の財産の管理・保存に係わる費用が含まれると解される。

2．担保建物の火災保険料の性質

　再生債務者が債権者に対して建物を担保提供している場合、通常であれば、担保物の保存とそのための火災保険の付保が義務づけられている。
　そうだとすると、担保建物の火災保険料は特定の担保権者の利益のために支出されるものであって、再生債務者の事業を遂行するための財産の保存・管理等の費用ではないとも考えられる。
　しかし、火災保険の付保がなく、担保建物が火災で消滅した場合には、再生債務者は債権者から上記の義務違反を問われ、その損害賠償等により事業の遂行が妨げられるおそれがある。
　かかる点からすれば、担保建物の火災保険料は、やはり再生債務者の事業遂行を確保するのに必要であるから、**再生債務者の業務および財産**

の管理に関する費用にあたると解すべきである。
　したがって、再生手続開始後に発生する担保建物の火災保険料は共益債権として随時弁済することができることになる。

12　デリバティブの扱い

　破産法が平成16年に改正されたのに伴い、再生手続の申立がなされた場合にも、一括清算ネッティングの有効性が認められた。これによって、デリバティブ取引の信用リスクは差引残額（純合計額）だけに限られるようになった。

1．問題の所在

　金利、通貨のスワップ取引や有価証券オプション取引等のいわゆるデリバティブ取引は最近急激に増加し、その取引高も巨額になってきている。
　このようなデリバティブ取引の当事者の一方（A社）が倒産した場合、相手方（B社）との間で行われてきた複数の取引をどのように清算するかが問題になる。
　個々の取引を時価に引直した場合に、相手方（B社）から見て、例えば、第1の取引ではプラス30、第2の取引ではマイナス50、第3の取引ではプラス40という結果になったとする。
　これらの時価を合算して差引残額だけの清算を行う（一括清算ネッティングという）場合には、B社の債権は、純合計額のプラス20に止まることになる。
　しかし、一括清算ネッティングが認められずに、個々の債権を届出し、個々の債務を弁済することになると、B社はプラス70の債権を倒産債権として届出し、マイナス50の債務は満額弁済しなければならないことになってしまう。

2. 基本契約書の有効性

このような信用リスクを避けるために、ISDA（International Swaps & Derivatives Association）のマスターアグリーメント（店頭デリバティブ取引一般に利用される）や、IFEMA（International Foreign Exchange Master Agreement 先物為替予約取引で利用される）、ICOM（International Currency Options Market）のマスターアグリーメント（通貨オプション取引で利用される）などでは、取引当事者に倒産手続開始申立があった場合には、全ての取引を一括して清算する旨の約定が定められている。

しかし、このような約定は、管財人に双方未履行の双務契約の履行または解除の選択権を認めている破産手続（破53）や会社更生手続（会更61）では無効なのではないかとの疑問が提起されていた。

BIS（国際決済銀行）のバーゼル銀行監督委員会が、このような一括清算条項が法的に有効と認められている国の場合には、銀行の自己資本比率の算定にあたって、デリバティブ取引の信用リスクの削減効果を認める旨を表明したため、各国は立法措置によって一括清算ネッティングの有効性を承認するようになった。

3. 民事再生法の成立に伴う改正

再生手続では、双方未履行の双務契約について、再生債務者等に履行または解除の選択権を認めている（民再49）。そのため、破産や会社更生と同様に、一括清算ネッティング条項の有効性が再生手続でも問題になる。

その後、平成16年の破産法の改正に伴い、民事再生法と会社更生法も改正され、金融機関等の当事者ではない場合にも、一括清算の約定の有効性が認められることとなった（破58、民再51、会更63）。

13 ABS所有者の立場

　オリジネーターの倒産はABS（資産対応証券：Asset-Backed Securities）には影響を与えないのが原則である。オリジネーターが債権回収のサービサーを兼ねている場合には、バックアップ・サービサーへの移行がスムーズになされないと、証券の格付けが低下したりして、影響を受けることがある。

1. 資産流動化と資産証券化

　資産の流動化・証券化が新しい金融のあり方として注目されると共に、証券化関連商品については、投資家保護のための法制上の枠組みの整備が必要だといわれていた。これを受けて「特定目的会社による特定資産の流動化に関する法律」（旧SPC法と略称する）が、平成10年6月に制定され同年9月1日から施行された。その後、同法は平成12年に改正され、改正に伴って名称も「資産の流動化に関する法律」（資産流動化法と略称する）に変更された。

2. 資産対応証券（ABS）の発行

　特定資産の所有者（オリジネーターと呼ばれる）は、流動化しようとする資産をSPC（特定目的会社：Special Purpose Company）に譲渡し、SPCはこの資産を引当にして「資産対応証券」（ABS。資産担保証券とも呼ばれる）を発行する。資産流動化法で認められている「資産対応証券」は、優先出資、特定社債および特定約束手形の三種である（資産流動化法2⑪）。次頁図表に示すように、SPCは、これら証券の発行によって得られた金銭で、特定資産の譲受け代金を支払い、特定資産の管理・処分によって得られる金銭で資産対応証券の元利払いあるいは配当・残余財産の分配等を行う（同2②）。

3. オリジネーターの倒産

　オリジネーターは、SPC に資産を譲渡し、すでに譲渡代金の支払いを受けて、SPC との契約関係は終了しているから、オリジネーターが倒産しても、SPC や、SPC の発行した ABS には影響がないはずである。しかし、SPC は通常、譲受けた資産の管理・処分の業務をオリジネーターに委託している（同 200 参照）。したがって、オリジネーターが資産の管理・処分の業務を満足に行えない場合には、ABS の価値が下落する等の事態を招くおそれがある。SPC は業務委託契約において、受託者（この場合はオリジネーター）が倒産手続の申立をした場合には、**自動的に契約が解除され、バックアップサービサーに契約関係が引継がれる**旨を定めておくのが普通である。しかし、受託者の申立てた手続が再建型の手続である場合には、受託者の管財人や保全管理人は契約解除の効力を争い、会社再建のために受託業務の継続を希望して争いになることがある（日本リースの会社更生事件でも、米国で発行された ABS につき同様の争いが生じたが、バックアップサービサーが日本リースをサブ・サービサーとして再委任する旨の和解をして解決している）。

　日本リースのリース債権を引当にした ABS については、R&I とムーディーズが一時格付けの見直しを公表したが、サービサー業務の引継ぎが円滑化したのを受けて格付けは据置かれた。

　なお、同法 200 条 3 項は、同条項に掲げる特定資産の管理・処分業務の委託先を、「当該資産の譲渡人又は当該資産の管理及び処分を適正に

ABS の仕組み

```
                  資産の譲渡 →              ABS発行 →
オリジネーター                    SPC                    投資家
                  ← 譲渡代金                ← 証券代金
(対象資産)不動産              資産の管理
    指名金銭債権              運営の委託
                                ↓
                            サービサー
```

遂行するに足りる財産的基礎及び人的構成を有する者」に限定している。

4. SPCが倒産した場合

　SPCは、特定資産の流動化業務とその附帯業務以外の他業を営むことを禁止されており（資産流動化法195①）、譲受けた特定資産の管理および処分による収益によってABSの利払いや配当ならびに償還を行うだけであるから、他業で損失を被るおそれもなく、倒産のリスクは少ないはずである。しかし、経済情勢の変化等によって債務超過に陥るおそれもないとは言えない。そこで、同法はこのような場合に対処するために特別清算手続を定めている（同180）。特別清算手続においては、ABSのうち特定社債と特定約束手形に対しては資産の処分代金から債権額の割合に応じて弁済がなされる（同180④、会社537①）。余剰があれば優先出資証券にも残余財産の分配がなされることは言うまでもない。

　民事再生法22条は、他の法律によって特別清算開始申立の義務がある場合でも再生手続開始の申立ができる旨を定めているから、SPCについても再生手続が開始されることがありえる。この場合は、ABS債権者は再生計画の定めに基づいて弁済を受けることになる。

第7章

再生計画

第7章 再生計画

第1節 再生計画の概要

1 再生計画の概要

再生計画案では、再生債権者の権利を変更する条項などが定められ、債権者集会で可決されたのち認可決定が確定すると、再生債権者等の権利は再生計画のとおり変更される。

1. 再生債権者の権利の変更の一般的基準を定める

再生手続が開始されると、債権届出期間の満了後裁判所の定める期間内（原則2カ月以内。民再規84）に、**再生債務者は再生計画案を作成し、裁判所に提出することとしている**（民再163）。

ここに、再生計画案というのは、会社更生の場合の更生計画案に相当するものであり、**再生債権者の権利の一部または全部を変更する条項、共益債権および一般優先債権の弁済に関する条項を定めることとなっている**（同154）。

再生債権者の権利を変更する場合には、再生計画において債務の減免、期限の猶予その他の権利の変更の一般的基準を定めるとともに、各債権者の変更されるべき権利を明示し、一般的基準により変更した後の権利の内容を定めなければならない（同156①、157）。

例えば、債務の減免を定める場合は、

「再生債権者は、再生債権の元本の70%および利息および損害金の全額を免除する。

再生債務者は、再生債権者に対し、再生債権元本のうち30%を以下のとおり支払う。

・本件再生計画認可決定確定後1カ月以内に15%

・同じく1年以内に15%」

などと、**再生債権の権利を変更する一般的基準**を定めたうえで、その一般的基準を適用した後の個別的権利変更条項を各債権者ごとに記載することになるが、これは再生計画によって認められた債権についての債権者表の記載に執行力をもたせるためである（同180③）。

また、再生計画案には以上のほかに、債権者委員会を置き再生債務者がその費用を負担するときはその負担に関する条項、再生計画により資本の減少に関する条項、再生債務者またはそれ以外の者が再生のために担保を供与したり、債務を負担するときはその条項、未確定の再生債権に関する定め、別除権者の権利に関する定め、株式の取得、募集株式を引き受ける者の募集なども、再生計画案におくことができる（同154）。

2. 再生計画案が可決されると、計画は効力を生ずる

再生計画案が、債権者集会（書面による決議の場合もある）において、債権者集会に出席した（または書面投票した）議決権を行使することができる**再生債権者の過半数**と、議決権を行使できる再生債権者の**議決権の総額の2分の1以上**の同意がえられれば、再生計画として可決されたこととなり（民再172の3①）、再生計画認可の決定（同174）の確定により、再生計画は、再生債務者、すべての再生債権者などのために、かつそれらの者のために効力を有し（同177）、再生債権は免責され、変更されることになる（同178、179）。

3. 認可決定確定後に遂行される

再生計画認可決定が確定したときは再生債務者等は速やかに再生計画を遂行しなければならず（民再188）、再生手続は目的を達成して終了する。しかし、監督委員が選任されている場合に、再生計画が遂行されたとき、または計画確定から3年を経過したときは、再生手続終結決定

がなされ（同188）やむを得ない事由が生じたときは再生計画が変更され（同187）、再生計画の履行を怠ると再生計画が取消されたり（同189）、再生計画の遂行の見込みがないことが明らかになったときは再生手続の廃止決定がなされ（同194）、申立または職権によって破産手続に移行する（同248ないし254）。

2 再生計画の条項

　再生計画の条項は、再生債務者の再建のために、利害関係人の権利をいかに変更するかを定めたものであり、具体的には、再生債権の減免・猶予、共益債権・一般優先債権の弁済、未確定の再生債権・別除権者の権利、再生債務者の株式の取得、等に関して定められる。

1. 再生債権の権利の変更

(1) 一般的基準

　再生債権者の権利を変更する条項は、債務の減免、期限の猶予その他一般的基準を定めなければならない（民再156）。この定めによって、届出して、または自認されて確定した再生債権だけではなく、債権調査中で未確定なもの、知れたる債権で自認されなかったものも含め、全ての再生債権は変更される。

(2) 変更される権利の明示と内容の定め

　届出した、または自認された再生債権については、変更されるべき再生債権を明示して、かつ一般的基準に従って変更した後の権利の内容を定めなければならない（民再157①）。再生計画認可決定が確定したときは、再生計画の定めによって認められた権利については、再生債権者表に記載され、これは確定判決と同一の効力を有し、これによって強制執行することができる（同180）。また、同時に、再生計画の定めまたは、民事再生法の規定によって認められた権利を除き、免責される（同

178)。

2. 共益債権及び一般優先債権に関する定め

共益債権及び公租公課・労働債権等の一般優先債権は、再生手続に拘束されないので随時弁済すべきものである（民再121①、122②）。共益債権及び一般優先再建の弁済に関しても再生計画の条項を定めなければならないが（同154②Ⅱ）、将来弁済すべきものを明示すればよい（民再規83）。

3. 未確定の再生債権に関する定め

異議等のある再生債権で、未確定のものがある場合には、これについては、「未確定の間は弁済せず、係争部分が確定したときは、第1項の再生債権の権利の変更の定めを適用する」等の、適確な措置を定めなければならない（民再159）。

4. 別除権者の権利に関する定め

別除権の行使によって弁済を受けることができない債権の部分が確定していない再生債権を有する者があるときは、再生計画に「再生債務者が別除権の目的物を仮に評価して、この評価額を超える再生債権について、仮に前記第1項記載の再生債権の権利の変更による免除及び弁済する事を想定して算定した額を預託し、不足額が確定したときに、第1項の変更の定めを適用し、前記預託額を精算する」等の適確な措置を定めなければならない（民再160①）。

5. 株式等に関する定め

再生債務者が株式会社である場合には、株式の取得、併合、募集株式を引き受ける者の募集、減資、発行可能株式総数に関する定款の変更について再生計画で定めることができ（民再161、162）、これらを記載し

た再生計画の認可決定が確定すると、会社法の定めによらずに効力を生ずる（同183）。ただし、募集株式を引受ける者の募集を定める再生計画案は、再生債務者のみが提出でき（同166の2）、管財人、債権者は提出できず、またこの募集株式は譲渡制限株式であるものに限られ（同154④）、取締役会の決定によって募集要項を定めることができる（同183の2）。なお、株式の譲渡制限を定めない公開会社では、特に有利な発行価格でない場合には、もともと募集要項の決定は取締役会の決議によってなせるので（会社201）、民事再生法で特則を定める必要がない。

6. その他の条項

その他としては、知れている開始後債権の内容、債権者委員会の費用、再生債務者以外の債務の負担と担保の提供（民再154①Ⅲ、154②、158）などに関する定めがなされることがある。

3 再生計画が満たすべき条件

再生計画で再生債権の権利の変更をする場合には、原則、再生債権者の間では平等でなければならず、債務の弁済期間は原則10年以内でなければならない。また再生計画は法令に違反し、遂行する見込みがなく、再生債権者の一般の利益に反する、など不認可事由に該当するものであってはならない。

1. 平等原則

(1) 平等原則

再生計画による権利の変更の内容は、再生債権者の間では平等でなければならない（民再155①）。再生手続では、担保権及び一般優先債権を手続外の債権として、これらを拘束せず、再生計画による権利の変更は、再生債権という同質の債権だけが対象となるので、更生手続のよう

に異質な債権者間の衡平を定める必要がなく、平等原則だけを定めている。

再生手続では多数決制度を採用しているので（民再172の3）、多数決の濫用から少数者の権利を保護するために平等原則が定められている。

ゴルフ会員権者と一般債権者との間で異なる扱いを定めた再生計画について平等原則に反しないとした裁判（東京高裁平13.9.3金商1131号24頁等）と、反するとする裁判（東京高裁平16.7.23金法1727号84頁）とがある。

なお、破産手続が開始されたとすれば、その配当の順位が劣後的破産債権に後れる旨の合意がなされている、いわゆる約定劣後債権（民再35④）については、公正かつ衡平な差等を設けなければならない（同155②）。

また、再生手続開始前の罰金等（同97）は再生計画において減免等の定めはできないが（同155④）、再生計画による弁済期間中は弁済等をすることができない（同181③）。

(2) 例外

再生債権者間で差を設けても実質的平等、衡平を害しない場合には、平等原則の例外を定めることができる（民再155①但書）。

具体的には①不利益を受ける再生債権者の同意がある場合、②少額の再生債権で、これを弁済しなければ再生債務者の事業の継続に著しい支障を来すときなど（同85⑤）、③再生手続開始後の利息、遅延損害金、再生手続参加費用など（同84②）、④このほか、不法行為による損害賠償請求権や、場内下請業者の請負代金につき優先的に扱い、経営者や支配株主の親会社等の債権を劣後化する場合、などがこれにあたる。

2. 弁済期間

再生計画で債務が負担され、または期限が猶予されるときは、特別の

事情がある場合を除き、再生計画認可決定確定から10年を超えない範囲で、その債務の期限を定めるものとする（民再155④）。

弁済期間が10年を超えてもよい特別の事情としては、特に大規模かつ複雑な事業の場合などがこれにあたるとされている。

なお、再生手続には担保権の弁済期間の制限はないので、担保権者と合意ができれば、その弁済期間は10年を超えられる。また更生計画では更生債権の弁済期間は15年以内である（会更168⑤）。

3. 不認可事由の不存在

再生計画案について不認可事由（民再174②）があると認められると、再生計画案が可決されても不認可とされるだけではなく、そもそも再生計画案を決議に付する旨の決定がなされず（同169①Ⅲ）、決議に付されるに足りないものとして廃止の決定がなされる（同191Ⅱ）。

したがって、再生計画は、法令に違反し、遂行する見込みがなく、再生債権者の一般の利益に反する、などの不認可事由に該当するものであってはならず、これらの点について再生計画案を提出する前に、慎重に検討しておくことが必要である。

4 清算を目的とする再生計画

債務者の営業等を譲渡して、その譲渡代金を債権者に分配する方法による清算を内容とする再生計画のみならず、事業を廃止し、その事業体を構成する資産を換価し、換価処分代金を債権者に分配する清算を目的とする再生計画も許されるものと解される。

1. 民事再生法の目的

民事再生法の目的は、「経済的に窮境にある債務者について」「…当該債務者の事業又は経済生活の再生を図ること」（民再1）とされている。

そこでは、本来的に債務者の事業の継続・再建を前提としているものと考えられる。

それでは、債務者の事業を廃止して事業体を構成する資産を換価し、得られた換価処分益を債権者に分配し、清算的に債務を整理する清算目的の民事再生計画は許されないのであろうか。

2. 旧和議法下の清算型和議

旧和議法の下では、清算を内容とする和議については適法説と不適法説とに分かれ、近時は適法説が通説と考えられていた。また、実務においては、旧和議法において、破産回避を目的とした和議申立は棄却すべきものとする規定（和18①）があったことに関連し、清算型の和議は、この破産回避目的ではないかと疑われ、必ずしも一般的に行われていたわけではない。

しかし、清算型の和議自体が否定されていたわけではなく、清算型の和議条件で和議認可されたケースも散見された。他方、会社更生法においては、一定の条件の下で、清算を内容とする計画案の作成が許容されている（会更196⑤Ⅱハ）。

3. 清算を目的とする再生計画の許容性

民事再生法においては、清算を内容とする再生計画を正面から認める規定はない。

しかしながら、これを否定する規定もなく、また、旧和議法のように破産回避目的の申立を申立棄却事由とする規定もない。

しかし、旧和議法下での清算型和議不適法説が、主として、
①認可後の履行手続に裁判所の監督が及ばない和議手続では、履行確保の確実性が損なわれ、債権者を害するおそれがあること
②破産法上の否認権制度を使用できないので、過去の不公平行為などの是正ができないこと

③破産法上の強制和議については、法人の継続や財産管理権の回復を前提とする規定（旧破311①、312③、325）があって清算型強制和議は認められておらず、和議法による和議についてもこの法意が準用されるべきこと

をその根拠としていたことからすれば、民事再生法が、旧和議法における制度的欠陥を認識し、監督委員による監督などによって計画認可後の履行確保を図り、監督委員等による否認権制度を創設していることなどから、民事再生法の下で清算を内容とする再生計画の作成を否定する理由はない。

また、再生計画前の簡易な営業等の譲渡の規定（民再42、43）が創設されていることからすれば、むしろ事業として維持再生がなされる限り、再生債務者が営業等譲渡の対価を得て、その対価を債権者に分配し、事業を清算する態様の清算的な再生計画は当然に予定されているものと考えられる。

いずれにしても、『事業の維持・再生の見込みありとして手続が進められているうちに、たまたま清算型の再生計画が最も適切であるということになり、その計画が成立、認可されることがあっても、それを再生手続の目的に反するとして否定する必要はなく』(『民事再生手続の目的・類型・他手続との関係』福永有利著「銀行法務21」556号29頁（経済法令研究会））、このような清算を内容とする再生計画も許容されるものと考えられる。

5 再生計画検討時の注意点

再生計画の各条項が、民事再生法の規定に適合しているか、再生債権者の権利をどのように変更するのか、債権者委員会の設置の有無、株式の取得や定款変更の有無などから、再生債務者がどのような再生方法をとろうとしているのかを読みとったうえで、再生計画が履行可能なもの

かどうかを検討し、もし不相当な場合は積極的に意見を述べる必要がある。

また、再生計画の作成を再生債務者に委ねておけないとき、再生債権者において監督委員や管財人の選任の申立をしたり、さらに、再生計画の履行に不安のあるときは債権者委員会が再生手続に関与することの承認を求め、再生手続に意見を反映させる方法もある。

1．再生債務者の再生方法について読みとる

民事再生法では、再生計画には、
① 再生債権者の権利の全部または一部を変更する条項ならびに共益債権および一般優先債権の弁済に関する条項（民再154①）
② 債権者委員会が再生計画で定められた弁済期間内にその履行を確保するため監督その他の関与を行う場合、再生債務者がその費用の全部または一部を負担するときは、その負担に関する条項（同154②）
③ 裁判所の許可があった場合には、再生計画の定めによる株式の取得等に関する条項（同154③）
④ 裁判所の許可があった場合には、募集株式を引き受ける者の募集に関する条項（民再154④）
⑤ 再生債務者またはそれ以外の者が再生のために担保を供与したり、債務を負担するときはその条項（同158）、未確定の再生債権に関する定め（同159）、別除権の権利に関する定め（同160）
なども定めることと規定している。

そこで、再生計画（案）に定められた各条項が、これらの規定のどれに該当するのか、各規定に違反していないか、各条項により再生債権者の権利がどのように変更されたのか、また債権者委員会の設置の有無、株式の取得、株式引受人の募集などから、再生債務者がどのような**再生方法**をとろうとしているのかを読みとったうえで検討する必要がある。

2. 履行可能性について検討すべき

　まず、再生計画（案）が履行可能なものかどうかを検討する。そのためには再生債務者の財産状況を報告するために招集される債権者集会での再生債務者、監督委員ないしは管理人の報告要旨が重要である。

　再生債権の一般調査期日が終了し、かつ、財産状況報告集会における再生債務者等による報告または民事再生法125条1項の報告書が提出された後でなければ再生計画案を決議に付することができない（民再169）こととしているのは、その趣旨からである。

　再生計画（案）は、**債権者集会または書面等投票（同169）で議決可決（同172の3）**のうえ裁判所の認可決定が確定すると、債務者は再生計画の定めまたはこの法律に認められた権利を除き免責され(ただし、手続開始前の罰金は免責されない)、また再生債権者の権利は再生計画の定めに従い変更されてしまう（同176、178、179）。そのため、再生債務者等の提出する再生計画が不相当と判断されるときは、多数を占める再生債権者と意見交換をし共同歩調をとるように進めるとともに、裁判所や監督委員に意見書を提出することが必要であり、場合によっては、再生計画認可決定に対する即時抗告（同175）も検討すべきであろう。

　また、再生計画が不相当のものであり、再生計画の作成を再生債務者に委ねておくことが望ましくないときは、再生債権者において監督委員、保全管理人や管財人の選任の申立をしたり（同54、64、79）、さらに、再生計画の履行に不安のあるときは債権者委員会が再生手続に関与することの承認を求め（同118）、再生手続に意見を反映させる方法もある。

第2節　再生計画の内容

1　再生計画の類型

　再生計画の内容の前提となる基本方針について、大きく分けると、再建型と清算型に、また、再建型については、長期分割弁済型と短期一括弁済型に類型化することができる。

1．短期一括弁済再建型

　再生債権者にとっても再生債務者にとっても、再生債権の全額を短期一括弁済して、再生手続が終結して早期に再建することが一番望ましいことは明らかである。

　優良なスポンサーがついて、事業譲渡または会社分割等の第二会社方式による譲渡代金、または、再生債務者自身はそのまま存続させたままで融資金等、スポンサーから一括弁済資金の出捐が得られれば、これを実現できる。

　スポンサーがつかないで、自力再建をする場合でも、退職金債権者の長期分割弁済の同意、遊休不動産の売得金等により、一括弁済するケースもあるが、その場合の再生債権の弁済率は、ごく低いものにならざるを得ないであろう。

2．長期分割弁済再建型

　スポンサーがついても、スポンサーがその出捐する金員を、再生債務者の株式の取得資金や、運転資金、設備投資資金等に限定すると、再生債権の弁済方法としては、長期分割にならざるを得ない。

スポンサーがつかず、また、一括弁済資金を捻出できないときも同様である。

しかし、M&Aブームのときは別として、経済的に破綻した企業に対するスポンサーを見つけることは、非常に難しく、見つからないのが普通であり、本来自力再建を目指さざるを得ないのである。

長期分割弁済となると、二次破綻の恐れもあり、ましてスポンサーがついていないと、再生債権者等の利害関係人の理解を得るのが難しいが、清算よりは再建する方がメリットがあり、それが実現可能であることを、情報を十分に開示して説明し、誠意をもってこれらの困難を克服するよりない。

なお、再生計画における弁済期間は、再生計画認可決定確定から10年を超えることができないのが原則である（民再155③）。

3. 清算型

そもそも清算型の再生計画が許されるか否かについては、議論が分かれるところである（詳細は本章第1節④参照）が、民事再生法には、これを禁ずる条項は見当たらないし、かえって営業等譲渡の条項（民再42）があり、営業の全部譲渡後の再生債務者は清算せざるを得ない。

ゼネコン等では、直ちに破産清算してしまっては、仕掛現場の立腐れなど、社会的見地からの損害の拡大等の問題も出てき、再生申立により中断した工事を他のゼネコンに引継ぐになどにより、再生債権の弁済も可能になることもあるなど、民事再生を成立させた方が、破産清算よりはるかに有意義な場合もある。

もっとも、破産清算した場合より、再生手続の方が債権者にとって有利であるという清算価値保障原則を充たす必要があるが、実務ではその比較する時点は、再生開始決定時ではなく、再生計画認可決定時でよいとされている。再生手続開始決定時の破産清算の場合と比較して破産手続の方が有利だったとしても、再生計画可決後の認可するか否かを判断

する時点では、その後に、再生手続から破産手続に移行した方が債権者にとって不利になっているので、実務の考え方の方が現実的であると考える。

2 再生債権の弁済方法

1．総論

再生債権は、再生手続開始決定後は、特別の規定がある場合を除いて原則として再生計画によらなければ、弁済その他これを消滅させる行為（免除を除く）をすることはできない（民再85①）。

再生計画では、再生債権者の権利の変更につき、一定割合の免除を受けて弁済率を定め、さらにその免除後の残額について期間の猶予を受け弁済時期を定めるのが一般的である。もっとも、再生債権者の権利の変更は、清算価値保障原則（権利の変更に基づく弁済が破産清算がなされた場合より有利でなければならないという原則）を充足しなければならず（同174②Ⅳ）、また、再生債権者間で平等でなければならないとの制約が存する。

2．弁済率

再生債権者に対する弁済率が破産・清算の場合の清算配当率を上回らなければならないことは、清算価値保障原則より当然である。清算配当率を上回ってどれだけの弁済率にすべきかは事案による。しかし、あまりに高い弁済率を定めると履行可能性の問題が生ずる。この点については、低い弁済率であることを理由に不認可事由がある（民再174②Ⅳ）として付議しないよりも、再生計画案の可否を通じて最終的には債権者の判断に委ねるべきであると考える。もっとも、再生手続開始時に債権者取消訴訟が係属していたにもかかわらず、監督委員が民事再生法140

条3項によって同訴訟を受継しなかった場合、監督委員が受継をしていれば、再生債権者に対して再生計画によるよりも多額の弁済を可能にするようなときは、同法174条2項4号の不認可事由に該当するとした下級審裁判例（東京高裁平15.7.25）があり、回収できるものを回収せずに殊更に弁済率が低くなっているような例外的な場合には不認可事由となる場合もあり得る。

　また、弁済率は、債権者平等原則により、一定の弁済率で一律に弁済する方式（一律弁済方式）が原則形態であるが、以下のように区分された債権毎に段階的に異なる弁済率を定めることも、債権者間の衡平を害しない限り認められる（同155参照）。

(1) 段階方式

「50万円以下の債権は70%免除、50万円超の債権は80%免除」というように、債権額に応じて段階的に弁済率を変動させる方式である。かかる方式は、少額債権者を他の債権者に比較して手厚く保護することは実質的な衡平を害するものではなく、平等原則に反しないといえる（民再155①但書）。しかし、上記条項の定め方によると、50万円の債権者は15万円の弁済が受けられるのに対し、60万円の債権者は12万円の弁済しか受けられないという逆転現象が起こってしまうので、以下のような方式がとられている。

① 債権放棄方式

　再生計画に「元本50万円を超える再生債権者が、再生計画案の認可決定が確定してから2週間以内に、再生債務者に対して元本50万円を超える相当額の放棄を文書によって申し出た場合には、その再生債権についても50万円以下の再生債権者と同様の扱いとする」などと定めることにより、逆転現象が起きることを防止する。

② 債権額区分方式

　再生計画に「50万円以下の部分は免除なし、50万円超の部分は80%免除」などのように、各債権を一定の金額で区分し、各区分毎に弁済率

を定めることにより、個別の債権放棄を待たなくても逆転現象を回避することができる。

(2) 選択方式

配当率はやや高いが、弁済期間が長期に渡るものと、配当率はやや低いが、弁済期間が一括ないし短期で終わるもののいずれかを債権者に選択させる方式である。選択方式を採用することにより、早期に債権者の数を減らすことが可能になりえ、債権者監理コストを削減することが可能となる。

3. 弁済期間

再生債権に係る債務の期限が猶予されるときは、特別の事情がある場合を除き、再生計画認可の決定の確定から10年を超えない範囲で、その際の期限を定めるものとするとされている（民再155③）。

近年、事業譲渡型の再生計画により、事業譲渡代金を原資として一括弁済することが多く、通常の収益弁済型の再生計画においても、弁済期間が10年より短縮される傾向にある。

③ ゴルフ会員権の処理

1. ゴルフ会員権の特殊性

再生債権は、再生手続開始決定後は、特別の規定がある場合を除いて原則として再生計画によらなければ、弁済その他これを消滅させる行為（免除を除く）をすることはできず（民再85①）、預託金制のゴルフ会員債権（以下「会員債権」という）もその例外ではない。

もっとも、会員債権は、ゴルフ場施設の優先的利用権（以下「プレー権」という）という非金銭債権と預託金返還請求権という金銭債権の複合的な権利であるという特殊性、及び会員の確保という要請から、再生

計画において会員債権を他の一般再生債権に比して優遇した取扱をする事例が多くみられる。

2. 優遇の具体例

(1) 会員プレー権の維持継続

会員が退会せず、会員であり続ける場合には、プレー権が失われないとするものである。

(2) 優遇された免除割合での新たな会員権の付与

例えば、一般再生債権（退会した会員の会員債権を含む）の免除率が95％であるのに対し、会員債権の預託金返還請求権の免除率を40％としたうえ、現預託金の60％の会員権を付与するという方式である。

(3) 抽選弁済方式

例えば、プレー会員は、再生計画認可決定確定後10年を経過した日以降に預託金返還請求権を行使するに際して、ゴルフ場事業者に対する退会希望者の預託金返還請求権の合計額が一定額を上回った場合には、抽選に当選しなければ預託金の返還を受けられないとするという方式である。

3. 会員債権の優遇と債権者平等原則

再生計画における権利変更の内容は平等でなければならず（民再155①本文）、例外が認められるのは、①不利益を受ける再生債権者全員の同意がある場合、②再生債権者の間に差を設けても衡平を害しない場合（同項但書）であるから、上記優遇が債権者平等原則に違反しないかが問題となる。

一般再生債権者と会員債権者に差異を設けている点について、会員債権は、ゴルフ場施設の優先的利用権（以下「プレー権」という）という非金銭債権と預託金返還請求権という金銭債権の複合的な権利であるという一般再生債権とは異なる特殊性があり、また会員に対して、会員契

約の継続を希望するインセンティブを与え、退会会員の比率をできるだけ低く抑制し、再生計画の円滑な遂行を目指す必要もあることから、会員債権を優遇することにも合理性があると考えられ、裁判例上も概ね再生債権者間の衡平を害しないとされている（大阪高裁平 18.4.26、東京高裁平 14.9.6）。

　また、会員債権者相互間にも差異を設けている点について、会員に退会するかしないかの選択権を与えていること、抽選弁済方式を採用した場合プレー会員に抽選を受ける権利が平等に与えられ、抽選に落選した者はプレー権を失わないこと、及び市場で売却できる可能性もあることなどから合理性があり、裁判例上も概ね再生債権者間の衡平を害しないとされている（大阪高裁平 18.4.26、東京高裁平 14.9.6）。

　もっとも、東京高裁平成 16 年 7 月 23 日判決は、2. 優遇の具体例（1）ないし（3）を定めた再生計画案について、抽選弁済による弁済率を一般再生債権者の 300 倍にしたことは合理的理由がなく、また、再生計画の抽選弁済方式では、毎年度の当選者が 2、3 名しかおらず、プレー会員相互間においても大きな格差が生じるため債権者平等に反するとしていることから、合理的理由なくあまりに著しい差異を設けた場合には、会員債権を優遇した再生計画が違法となる余地もあるので注意を要する。

4　債務免除益の処理

1. 債務免除益の税務上の取り扱い

　例えば再生債権金 10 億円の内金 7 億円につき免除を受け、金 3 億円を弁済する旨の再生計画案が認可されるとすると、法人税法上、別段の定めがある場合を除き、免除を受けた金 7 億円につき益金の額に算入すべき金額となる（法人税法 22 ①）。しかしながら、再生手続開始決定が

あった場合において、再生会社が債務免除益等を受けたときは、下記に詳述するとおり、青色欠損金（白色欠損金の場合には災害欠損金）およびいわゆる期限切れ繰越欠損金に達するまでの金額は、所得の金額の計算上、損金の額に算入することを認め、課税されないこととなっている（同法59②、同法施行令118）。

2. 益金の種類

　法人税法59条2項は、以下の三種類の益金の合計額に達するまで繰越欠損金を損金に算入する旨規定する。すなわち、①債務の免除を受けた金額（1号）、②法人の役員等から金銭およびそれ以外の資産の贈与を受けた場合は金銭の額および資産の価額（2号）、③資産の評価益の金額から評価損の金額を減算した金額（3号）である。

3. 繰越欠損金について

　債務免除益課税等を回避するための方法として、主に①繰越欠損金の充当と②資産評価損の計上の方法が考えられるが、まず、前者につき説明する。

(1) 控除可能な欠損金

　控除可能な繰越欠損金は三種類ある。すなわち、①青色申告法人の各事業年度開始の日前7年以内に開始した事業年度において生じた欠損金（法人税法57）、②白色申告法人の各事業年度開始の日前7年以内に開始した事業年度において生じた欠損金のうち、棚卸資産、固定資産等について、災害により生じたもの（同法58）、および③いわゆる期限切れ繰越欠損金（同法59、同法施行令118）である。

(2) 控除する順番

　上記三つの欠損金について、どの欠損金を優先的に控除するかについて二つの方法がある（法人税法59②）。後述のとおり、②より①の方法による方が有利であるので、なるべく①の方法を採用することを検討す

べきである。

①資産評価換え方式による場合

　法人税法33条4項および25条3項に基づき、資産の価額につき評定を行って、その評定損の額を損金の額に算入する場合は、青色欠損金から優先的に控除するのではなく、期限切れ繰越欠損金から優先して控除できる。この場合、(1) 債務免除益、私財提供益および資産評価損益（評価がマイナスの場合はマイナス分を差し引く）の合計、(2) 税務上の欠損金額の合計から青色欠損金の繰越合計額を差し引いた額（いわゆる期限切れ欠損金の合計額）および (3) 欠損金算入前の所得額（大まかにいうと経常利益の額に債務免除益等の益金の金額を加えた金額）を比較し、一番少ない金額について、期限切れ欠損金を充当できる。なお、上記充当後においてもなお益金が存する場合には、続いて青色欠損金を充当することができる。このように、期限切れ欠損金から優先して控除するので、この方法による方が下記②の方法によるよりも繰り越せる青色欠損金の金額が多くなる。また、再生計画認可確定後の事業譲渡益について欠損金をあてて法人税を払わなくてよくなるので、税負担が軽くなり、その分再建しやすくなる。

②法人税法33条2項に基づく方法

　上記①の資産評価換え方式の適用を受けない場合は青色欠損金から優先して控除されることになる。

4．評価損の計上が認められる資産

(1) 法人税法施行令68条1項は、棚卸資産、有価証券、固定資産および繰延資産が評価損の計上対象となる資産である旨規定する。また、同条項には列挙されていないが、平成21年改正によって、預金、貯金、貸付金、売掛金その他の債権（以下「預金等」という）をも評価損の計上対象となることになった（法人税法33②ないし④）。なお、上記の評価においては、財産評定における清算価値（民再規56①）によ

るのではなく、法人税法上の時価は、資産が使用収益されるものとしてその時において譲渡される場合に通常付される価額（法人税法基本通達9－1－3）である。
(2) 当該内国法人の借入金その他の債務で利子の支払の基因となるものの額が10億円に満たない場合には、資産の評価の差額の最低限度を金100万円とした（法人税法施行令24の2④）。なお、上記を超える規模の事件の場合は、当該法人の資本金等の額の2分の1に相当する金額と金1000万円のいずれか少ない額を最低限度とする。

5．繰越欠損金等が不足する場合の再生スキーム

　債務免除益等を繰越欠損金等で吸収できない場合で、かつ、再生債務者の資金計画上このような税負担に耐えられない場合、再生債務者自身を活かしたままでの再生スキームは採用できないこととなる。この場合には、現在の再生債務者の事業を会社分割または事業譲渡の方法により、受皿会社に移転させる方法によることになろう。

　なお、事業譲渡等をする場合は、会社の設立にかかる費用や資産を譲渡する際のコスト等が発生する場合があるので、それらも含めて、当該案件において適切な方法を検討すべきことになろう。事業譲渡の場合、元々事業を有する会社（以下「抜殻会社」という）が別会社に対して、事業を譲渡する見返りとして譲渡代金を得ることとなり、また、会社分割の場合は、抜殻会社の有する新設設立株式会社等の株式等を受皿会社に譲渡する代わりに株式の譲渡代金を受領することになる。抜殻会社は、この代金等を原資にして、再生債権の弁済をし、再生計画の履行をすることになる。まず、抜殻会社を解散して清算し、債務の免除を受ける方法によるべきである。

　清算決議の翌日以降の課税標準は清算所得であり清算所得は、残余財産の価額から、解散時の資本等の金額と利益積立金額等の合計額を控除した残額である（法人税法93①）から、解散後に債権放棄を受ければ

残余財産がゼロとなり、清算所得は生じないという結果になる。したがって、債務免除益への課税という問題も生じないからである。なお、清算手続が1年を超えると、清算中の所得にかかる予納申告が必要となり予定納税をする必要がでてくる（同法102）。したがって、そのような手続負担および税負担を負わないよう予め清算事務の終了時期について具体的な目処を立てた上で、株主総会の解散決議や債務免除を受ける日等のスケジュールを綿密に立てる必要があろう。

6. 税理士等税務専門家との協同作業の必要性

　上記のとおり、税務問題は複雑な上、法律等の改正も頻繁に行われる。そこで、税務のエキスパートではない弁護士が再生事件の申立代理人となっている場合には、再生事件受任の当初から、補助者として税理士等の税務の専門家にも加わってもらって、財産評定や再生計画案の税務面等をチェックしてもらい、協同して再生手続の遂行にあたるべきであろう。

5　別除権者への対応

1. 再生計画における別除権者の権利に関する定め

(1) 原則論

　民事再生法は、担保権を別除権とし、別除権の行使によって弁済を受けることができない債権の部分が確定していない再生債権を有する者があるときは、再生計画において、その債権の部分が確定した場合における再生債権者としての権利行使に関する適確な措置を定めなければならないとし、相対的必要的記載事項となっている（民再160①）。これは、別除権者は、別除権の行使によって弁済を受けることができない債権の部分が確定すれば、その債権の部分について、認可された再生計画の定

めによって認められた権利を行使することができるので（同88および182）、将来の権利行使を考慮して、他の再生債権との不公平や履行上の不都合が生じないようにすることを趣旨とする。

　適確な措置とは、別除権不足額が確定した場合の取扱が、他の再生債権と比べて、処遇内容上及び履行確保上、衡平になされなければならないことを意味する。

　別除権者の有する再生債権の処遇内容の定めとしては、別除権不足額が確定した時点で、不足額として確定した債権部分について、再生計画に定められた一般的基準（民再156）に従い、債務の減免、期限の猶予その他の権利変更を行うというのが一般的である。もっとも、別除権不足額確定時において、既に再生計画に基づく弁済が開始されている場合については、「既に再生計画による弁済期が到来している未払額は、別除権不足確定後最初に到来する弁済期日に加算して支払う」等と記載することになろう。

　別除権の行使によって弁済を受けることができない債権の部分について、再生計画立案時点で、別除権不足額確定時の履行上の不安が予想される場合には、衡平性の観点より、民事再生法158条によって、再生計画自体において、人的・物的担保提供の措置を講じることができると考えられる（『条解民事再生法　第2版』（弘文堂）755頁）。

(2) 別除権が根抵当権である場合

　別除権が根抵当権であり、その元本が確定している場合には、根抵当権の被担保債権のうち極度額超過部分を確定債権額とみなし、再生計画の定める権利変更の一般的基準（民再156）に従って権利変更を行ったとして、別除権付再生債権者に仮に弁済することを再生計画に定めることができる（同160②前段）。この場合には、当該根抵当権の行使によって弁済を受けることができない債権の部分が確定した場合において、別除権不足額を基準とした原則的な弁済内容と、仮払によって前倒し実施されている弁済内容との精算に関する措置をも設けなければならない

（同160②後段）。

　仮払の定めは、根抵当権者が希望しない場合にまで認める必要はないことから、仮払の定めを置く再生計画案を提出する場合には、根抵当権者の書面による同意を取り付け、再生計画案と同時に同意書面を裁判所に提出しなければならない（同165、民再規87①、②）。

　なお、実務家の間では、根抵当権以外の別除権について、仮払の定めを再生計画案に定めることができるとする見解がみられる。

2．別除権不足額の確定方法

　別除権不足額の確定方法としては、①別除権実行による未回収被担保債権額の確定、②担保権消滅請求による別除権の消滅、③別除権の放棄、④目的物の任意売却による別除権の解除、⑤被担保債権の変更を内容とする別除権協定が考えられる。なお、別除権不足額の確定のために抹消・変更登記手続が必要か否かにつき争いがあり、実務上の運用としても抹消・変更登記手続を行う場合と行わない場合があるようである。

6　未確定再生債権への対応

1．条文及び趣旨

　民事再生法159条では、「異議等のある再生債権で、その確定手続が終了していないものがあるときは、再生計画において、その権利確定の可能性を考慮し、これに対する適確な措置を定めなければならない」と規定されている。

　債権調査手続で否認され、または異議が述べられた再生債権のうち、査定の裁判（民再105①）やこれに対する異議の訴え（同106①）で債権の存否またはその額が争われている未確定再生債権については、その債権が未確定であるがゆえ、権利の変更や変更後の権利内容を定めるこ

とができない。それにもかかわらず、再生計画に定められない結果、未確定再生債権を失権させてしまう（同178）と、他の確定再生債権との間で実質的衡平を害する処遇となってしまうので、民事再生法159条の規定は、このような不都合を回避することを趣旨とする。

2. 権利確定の可能性と適確な措置

民事再生法159条は、未確定再生債権について、「その権利確定の可能性を考慮し」て適確な措置を求めているが、必ずしも権利が認められる可能性の大小を問題にしているわけではないようである。

適確な措置とは、別除権不足額が確定した場合の取扱が、他の再生債権と比べて、処遇内容上及び履行確保上、衡平になされなければならないことを意味する。

未確定再生債権の処遇内容の定めとしては、債権が確定した時点で、確定した債権額について、再生計画に定められた一般的基準（民再156）に従い、債務の減免、期限の猶予その他の権利変更を行うというのが一般的である。もっとも、債権確定時において、既に再生計画に基づく弁済が開始されている場合については、「既に再生計画による弁済期が到来している未払額は、債権確定後最初に到来する弁済期日に加算して支払う」等と記載することになろう。

裁判所は、再生計画の遂行を確実にするため必要があると認めるときは、再生債務者等または新たな人的、物的担保の提供者に対し、未確定債権者等のために、相当な担保を立てるべきことを命ずることができるとされている（民再186③Ⅱ、④）。この規定は、再生計画認可後の後発的事情により、再生計画に従った履行が困難になる状況が予測される場合を想定している。

そこで、再生計画立案時点で、債権確定時の履行上の不安が予想される場合には、衡平性の観点より、民事再生法158条によって、再生計画自体において、人的・物的担保提供の措置を講じることができると考え

られる(『条解民事再生法　第2版』(弘文堂) 749頁)。

7 敷金・保証金の処理

1. はじめに

　敷金返還請求権は、不動産明渡時に賃貸人としての一切の債権を控除し、なお残額があることを条件として、その残額につき発生するものとされ(最判昭48.2.2)、敷金の充当による未払賃料等の消滅は、敷金契約から発生する効果であって、相殺のように当事者の意思表示を必要とするものではない(最判平14.3.28)とされている。

　また、民事再生法92条3項において、再生債権者たる賃借人が、再生手続開始決定後の賃料につき、弁済期に遅滞なく弁済したときは、敷金返還請求権のうち賃料の6カ月分に相当する範囲において共益債権化される。

2. 再生計画による敷金返還請求権の権利変更

　再生計画によって権利変更を受ける敷金返還請求権が、上記当然充当及び共益債権化との関係で、どのように処理されるかにつき解釈が二つに分かれる。そこで、賃料月額100万円、敷金1,200万円とする賃貸借契約において、賃貸人が再生手続を申立て、再生債権を90%免除とする再生計画が認可された後、賃借人が4カ月分の賃料を滞納したという事例を前提に、二つの解釈を紹介する。

(1) 当然充当先行説

　敷金返還請求権は、不動産明渡時に一切の債務を敷金に充当したうえで発生するという敷金の性質を重視し、再生計画に基づく敷金返還請求権の権利変更は、未払賃料を敷金に充当した後の残額に対してなされるとの見解である。

当該見解を事例に当てはめると、敷金1,200万円−未払賃料400万円＝800万円が権利変更の対象となり、その10％である80万円が再生計画に基づく弁済額となり、賃借人の実回収額は480万円となる。また、再生手続開始決定後の6カ月間、賃料を弁済期に支払っていた場合においては、敷金返還請求権が共益債権化されることになるので、賃借人の実回収額は、当然充当400万円、共益債権化600万円、再生計画に基づく弁済額20万円（残額200万円の10％）を足した合計1,020万円となる。

　この見解に対しては、未払賃料について敷金に当然充当されることになるので、賃借人は、最終的に賃料の支払を止めることによって、全額回収を図ることができ、他の一般再生債権者との関係で不平等な取扱になると批判されている。

　この批判を回避するために、民事再生法92条2項及び3項に基づいて、賃料の6カ月分に限って、当然充当ないし共益債権化を認めるとの見解もある。この見解による実回収額は、当然充当ないし共益債権化としての600万円と再生計画に基づく弁済額60万円（残額600万円の10％）とを足した合計660万円となる。

　しかし、この見解に対しては、同条項が定める「相殺」に当然充当を含めるという解釈をするのは困難であると批判されている。

(2) 権利変更先行説

　敷金返還請求権の全額が、再生計画に基づく権利変更の対象となり、明渡時に未払賃料がある場合には、権利変更後の金額から控除されるとする見解である。

　当該見解を事例に当てはめると、敷金1,200万円が権利変更の対象となり、その10％である120万円が再生計画に基づく弁済額となる。もっとも、4カ月分の滞納があるので、賃借人は、未払賃料400万円−弁済額120万円＝280万円を賃貸人に支払わなければならなくなる。

　ただし、再生手続開始決定後において賃料を弁済期に支払っていた場合においては、敷金返還請求権が共益債権化されることになるところ、

賃借人が6カ月間賃料を弁済期に支払っていた場合の実回収額は、共益債権600万円と再生計画に基づく弁済額60万円（残額600万円の10%）とを足した合計660万円となる。

3. 対象不動産の譲渡における敷金返還請求権の承継の可否

目的物の所有権移転に伴い賃貸人たる地位に承継が合った場合には、旧賃貸人に差し入れられた敷金は、賃借人の旧賃貸人に対する未払賃料債務等に当然充当され、その限度において敷金返還請求権は消滅し、残額についてのみその権利義務関係が新賃貸人に承継される（最判昭44.7.17）とされているが、再生手続における処理について二つの解釈に分かれる。

対象不動産の譲受人が債務引受をすれば、不動産の譲渡価格が下落することとなり、一般再生債権者に対する弁済原資が減少することとなる結果、債権者平等を害することになること等を理由に、再生手続においては、対象不動産の譲渡によって敷金返還請求権は承継されないと考える説がある（山本和彦「倒産手続における敷金の取扱い（1）」NBL 831号18頁）。

しかし、対象不動産に担保権が設定され、オーバーローンである場合には、そもそも一般再生債権者への弁済原資として把握されないことから、担保権者の同意があれば問題がない。また、一般再生債権者への弁済原資となる場合でも、仮に敷金返還請求権の承継がないとすると、賃借人が賃料の支払いをストップしたり、退去したりするなど、賃貸物件として非常な混乱をきたすおそれが考えられ、その結果として売却金額が割安になるおそれが存することから、却って弁済原資が少なくなり、一般再生債権者の利益を害するおそれもある。

したがって、対象不動産の譲渡により、譲受人に、敷金返還請求権が承継されるのが妥当である。承継される敷金の額について、再生計画に基づいて権利変更前の額が承継されるとする説と権利変更後の額が承継

されるとする説が存する。前説は前記当然充当先行説に整合的であり、後説は権利変更先行説に整合的である（野村剛司・余田博史『賃貸人の倒産における敷金返還請求権の取扱い（上）（下）』「銀行法務21」（経済法令研究会）No 678、28頁及びNo 680、32頁）。

8 過払い金の処理

1. 再生債権としての過払金返還請求権の処理

再生手続開始決定日時点において利息制限法所定の法定利息にて引き直し計算をすれば、過払いが生じている顧客に対する過払金返還請求権が再生債権として取り扱われるべきであることは、第5章第1節8で述べたとおりである。

届出のない再生債権は、届出期間経過後は原則として失権する（民再181①）が、再生債権者がその責めに帰することができない事由により、債権届出期間内に届出することができなかった再生債権で、その事由が再生計画案を決議に付する旨の決定（同95④）がされる前に消滅しなかった場合には、再生債権は失権しない（同181①Ⅰ）。過払金返還請求権者のほとんどは、過払金返還請求権の存在及び金額を知らず、再生債務者に対し、過払金の存否及び金額を照会し、その回答を得ない限り、債権届出が困難であるという実体があり、過払金返還請求権を他の一般破産債権と同様に失権させてもよいのかという問題がある。

この問題について、届出をした再生債権者にとって、再生債権としての過払金返還請求権が失権しないとすると、失権する場合に比し、自己への弁済率が低下することになり、また法的手続を経て、本来遮断されたはずの潜在的債務が免責されないことになるため、二次破綻やスポンサー候補者が現れないリスクが生じる。そもそも、過払金返還請求権者は、取引履歴の照会をすれば過払いの有無を知ることができ、「責めに

帰することができない事由により」届出することができなかった場合には該当しないとする考え方が存する。

一方で、上述したように、過払金返還請求権者のほとんどは、過払金返還請求権の存在及び金額を知らず、再生債務者に対し、過払金の存否及び金額を照会し、その回答を得ない限り、債権届出が困難であるという実体があり、また、再生債務者も届出期間満了までに全ての照会に対応することは物理的に困難であることから、「責めに帰することができない事由により」届出することができなかった場合に該当するとの考え方も存する。

近年、消費者金融会社が再生手続を申立た事件においては、過払金返還請求権者が届出期間内に再生債権を届け出ないことにつき「責めに帰することができない事由」が存在するものとして取り扱っており、再生計画で「請求があれば再生債権額の確定を行った上で、債権届出を行った債権と同じ条件にて弁済を行う。弁済率の算定にあたっても、潜在過払利息返還請求権の将来における請求総額を予想して、一定の金額を留保し、更に全ての潜在過払利息返還請求権が消滅時効等により権利行使ができなくなった時点において、実際の弁済総額が、予定弁済総額等を下回った場合には、その差額について、再生債権者に対し、債務免除額按分にて更なる追加弁済条項を設ける。」とされた例がある。

2. 共益債権としての過払金返還請求権の処理

開始決定日後に生じた過払金返還請求権は共益債権となる。再生手続開始決定後、利息を法定利息に下げたとしても、開始決定時に引き直し計算を行わない限り、開始決定後の回収金には、過払金が含まれており、これらは、開始決定後に生じる債権であるから、一定の割合で共益債権となる過払金返還請求権が発生することになる。ところが、全ての引き直し計算をすることは困難であるため、再生債務者または顧客の双方にて、共益債権が発生した事実を感知しない事態が生じ、共益債権として

の過払金が含まれる回収金によって得た資金をもって、再生計画の定めに従い、再生債権を弁済する事態が生じ得る。このような事態は、共益債権は、再生手続によらないで随時弁済され、また再生債権に先だって弁済されるという法の定め（民再121①、②）、及び再生債務者の公平誠実義務（同38②）に抵触するか否か解釈が分かれている。

9 株主構成の変更

1. 株主構成の変更にかかる再生計画の条項

再生計画案を定める際、旧株主の責任を明確化するために、旧株主の持株比率を希釈化させたり、また、スポンサーが再生債務者の募集株式を引き受ける等、株主構成の変更がなされる場合がある。このように株主構成の変更を再生計画案の条項に盛り込む場合には、裁判所の許可を得て、これを定めることができるとされている（民再154③、④）。

2. 株式取得、株式併合および減資に関する条項について

(1) 民事再生法161条の趣旨

例えば、再生債務者の旧株主の権利を失わせるためには、株式を強制的に全部取得することが必要となる。また、株式の併合と募集株式を引き受ける者の募集等を行うスキームによれば、再生債務者の旧株主の持株比率を一定程度希釈化することができる。さらに、実務的には、資本金の額について、全部または一部の減資を行い、旧株主から受け入れた資本金を減少させた上で、募集株式を引き受ける者の募集をすることも多い。民事再生法161条は会社法に規定（会社155、180以下、447以下）する手続によらないで、強制的に株式を取得等をすることができるものとしたものである。

(2) 手続

　民事再生法154条3項に規定する条項すなわち株式取得、株式併合および減資に関する条項を定めるには、同法166条1項に基づく裁判所の許可が必要である。裁判所は、再生債務者が債務超過の場合に限り許可をすることができるとされている（民再166②）。債務超過であれば、株式の価値はいわばゼロであり、株主は、保護されるべき利益を有していないと考えられるからである。許可の決定をした場合、裁判所は、決定の要旨を記載した書面を株主に送達しなければならない（同166③）。なお、株主は、許可の決定に対して即時抗告できる（同166④）。

(3) 効果

　民事再生法154条3項の規定により再生債務者の株式の取得等に関する条項を定めた再生計画の認可決定が確定したときは、再生計画の定めによって、株式の取得、株式の併合や資本金の額の減少をする（民再183①、②、④）。なお、上記の株式併合の場合は、反対株主の株式買取請求（会社116）や株式の価格の決定等（同117）の規定は適用されない（民再183②）。また、減資の場合は、債権者の異議の規定（会社449、740）は適用されない。民事再生法154条3項の規定により再生債務者の株式の取得等に関する条項を定めた再生計画の認可決定が確定したときは、再生計画の定めによって、株式の取得、株式の併合や資本金の額の減少をする（民再183①、②、④）。なお、上記の株式併合の場合は、反対株主の株式買取請求（会社116）や株式の価格の決定等（同117）の規定は適用されない（民再183②）。また、減資の場合は、債権者の異議の規定（会社449、740）は適用されない。

3. 募集株式を引き受ける者の募集に関する条項

(1) 民事再生法162条の趣旨

　再生債務者がスポンサーを得て、同社から資本の払込みを受けるために、募集株式（譲渡制限株式に限る）を引き受ける者の募集をする場合、

会社法の手続によると株主総会の特別決議が必要となる（会社199②）。しかしながら、再生債務者が債務超過である場合には、株主を保護する理由に乏しいから、一定の要件の下で上記の会社法上の手続を要せず、再生計画で定めることができるものとした。この規定は民事再生法制定の当時は存在しなかったが、平成17年の会社法の成立に伴って設けられた制度である。なお、公開会社の場合には、もともと募集事項は取締役会で決定できるので（同201①）、民事再生法で特則を設ける必要はない。

(2) 手続

　民事再生法154条4項に規定する条項すなわち募集株式を引き受ける者の募集に関する条項を定めるには、同法166条の2第2項に基づく裁判所の許可をあらかじめ得る必要がある。この募集株式を引き受ける者の募集を定めた再生計画案は再生債務者のみが提出できる（民再166の2①）。裁判所は、再生債務者が債務超過の状況にあり、かつ、当該募集株式を引き受ける者の募集が再生債務者の事業の継続に欠くことのできないものであると認められる場合に限り許可をすることができるとされている（同166の2③）。株主への送達や即時抗告に関する定めは、株式取得等の場合の規定を準用している（上記2.(2)、民再166の2④）。また、民事再生法183条の2がその他の手続に関する会社法の特則等を定める。

(3) 効果

　民事再生法154条4項の規定により再生計画において募集株式を引き受ける者の募集に関する条項を定めたときは、会社法199条2項にかかわらず、取締役会の決議によって、同項に規定する募集事項を定めることができる（民再183の2①）。

第3節 再生計画の決議

1 再生計画案の提出

1. 再生計画案の提出者

(1) 必要的提出者

　再生手続は、開始決定後も、再生債務者が、その業務を遂行し、またはその財産を管理し、処分する権利を有する（民再38①）、DIP型の再生手続であるから、再生計画案の提出の側面においても、再生債務者が中心的な役割を有する。そこで、法は、管財人が選任されていない場合には再生債務者が、また、管財人が選任されている場合には管財人（以下両者を併せて「再生債務者等」という）が、再生計画案を作成して裁判所に提出しなければならないものとする（同163①）。

(2) 任意的提出者

　管財人が選任されている場合の再生債務者や届出債権者は、当該再生事件に利害関係を有するから、裁判所の定める期間内に、再生計画を作成して裁判所に提出することができるものとされている（民再163②）。なお、外国倒産処理手続がある場合の外国管財人も同様に提出権が認められている（同209③）。

2. 再生計画案の提出時期等

(1) 原則的な提出時期

　再生債務者等は、原則として、債権届出期間の満了後裁判所の定める期間内に、再生計画案を作成して裁判所に提出しなければならない（民

再163①)。なお、東京地方裁判所は、一般的な運用として、再生計画の草案を申立から2カ月までに、また、再生計画案を申立から3カ月までに提出することを求めている。

(2) 提出期間の伸長

　裁判所は、申立によりまたは職権で、民事再生法163条1項および2項の規定により定めた期間を伸長することができる（民再163③)。ただし、期間内に再生計画案を提出できない旨およびその理由を記載した報告書を裁判所に提出しなければならない（民再規84②)。なお、期間の伸長は、特別の事情がある場合を除き、2回を超えてすることができない（民再規84③)。

　東京地方裁判所においては、手続の遅延を防止するために、再生計画案の提出期間の伸長を原則として一回限りとし、その期間も1カ月程度とする運用をしているとのことである（『破産・民事再生の実務［新版］下』256頁)。

3. 再生計画案の事前提出

(1) 事前提出の時期

　再生債務者等は、民事再生法163条1項の規定にかかわらず、再生手続開始の申立後債権届出期間の満了前に、再生計画案を提出することができる（民再164①)。再生手続申立前において債権者等との交渉が進んでいる場合などにおいて、事前提出を認めることが迅速な再生に資するからである。

(2) 再生計画案の条項の補充

　民事再生法164条1項による事前提出の場合には、届出再生債権者等の権利に関する定めおよび未確定の再生債権に関する定めに関する事項を定めないで、再生計画案を提出することができる。この場合においては、債権届出期間の満了後裁判所の定める期間内に、これらの事項について、再生計画案の条項を補充しなければならない（民再164②)。

4. その他

(1) 再生計画案の修正

再生計画案の提出者は、再生計画案を決議に付する旨の決定がされる前において、裁判所の許可を得て、再生計画案を修正することができる（民再167①）。

(2) 労働組合等の意見

裁判所は、再生計画案および修正があった場合の修正後の再生計画案について、労働組合等の意見を聴かなければならない（民再168）。

(3) 弁済した再生債権等の報告

再生債務者等は、再生計画案を裁判所に提出するときは（上記3. で述べた事前提出の場合を除く）、裁判所の許可を得て弁済した再生債権、相殺した再生債権および再生債権者が外国で弁済を受けた再生債権について記載した報告書を併せて提出しなければならない（民再規85①）。なお、上記3.（2）で述べたとおり、再生計画案の事前提出後、民事再生法164条2項後段に基づいて再生計画案の条項を補充する場合も同様である（同85②）。

2 付議決定

1. 付議決定の要件

再生計画案の提出があったときは、裁判所は、次の各号のいずれかに該当する場合を除き、当該再生計画案を決議に付する旨の決定をする（民再169①）。

(1) 一般調査期間が終了していないとき（民再169①Ⅰ）

一般調査期間が終了しなければ、決議に参加できる再生債権者が確定しないからである。なお、上記の趣旨から、本規定は、債権の調査

確定手続がない簡易再生手続および同意再生手続には適用がない（民再216、220）。

(2) **財産状況報告集会における再生債務者等による報告または民事再生法125条1項の報告書の提出がないとき（民再169①Ⅱ）**

決議の前提として、利害関係人に対して、予め当該再生手続に関する適切な情報が提供されている必要があることから、上記のとおり、再生債務者等からの報告や同法125条1項の報告書の提出があることが必要とされている。

(3) **裁判所が再生計画案について174条2項各号（3号を除く）に掲げる要件のいずれかに該当するものと認めるとき（民再169①Ⅲ）**

民事再生法174条2項は、再生計画案の不認可事由を定めるものであるが、これらの事由がある再生計画案を決議に付し、法定多数の賛成を得たとしても、いずれにせよ当該再生計画案は不認可になる。そこで、再生計画案に不認可事由がある場合には、このような無駄を省くべく、決議に付さないこととしたものである。

2. 議決権行使の方法

議決権者は、裁判所の付議決定によって定められた決議方法に従って議決権を行使する。すなわち、①債権者集会を開催する方法（集会型）、②書面等投票を実施する方法（書面型）、③①の集会型と②の書面型を併用する方法（併用型）のいずれかの方法に従って議決権を行使する。また、議決権者は、その有する議決権を統一しないで行使することができる（民再172②前段）。これらの詳細については、次項3を参照のこと。

3. 公告および通知

裁判所は、民事再生法169条1項の決議に付する旨の決定をした場合には、議決権の不統一行使をする場合における裁判所に対する期限を公告し、かつ、当該期限および再生計画案の内容またはその要旨を115条

1項本文に規定する者、すなわち、再生債務者、管財人、届出再生債権者および再生のために債務を負担しまたは担保を提供する者に通知しなければならない（民再169③）。

3 決議の方法

1．決議の方法

　前節で述べたとおり、裁判所は、付議決定において議決権者の議決権行使の方法を定めなければならない（民再169②柱書）。決議の方法として、①債権者集会を開催する方法（集会型）、②書面等投票を実施する方法（書面型）、③①の集会型と②の書面型を併用する方法（併用型）の三つがある（民再169②各号）。

　再生計画案変更の可能性や債権者集会続行の可能性を考慮すると、債権者集会を開催する方法が基本となる。しかし、従来は、決議のための債権者集会を開催する場合、その集会に出席して議決権を行使することしか認められていなかった。そこで、再生債権者が集会当日に差し支えがある場合でも投票できるようにするべく平成14年に併用型の決議方法が新設された。

　なお、併用型によるときは、書面等投票期間の末日は、債権者集会の期日より前の日でなければならない（同169②Ⅲ後段）。また、書面型または併用型の方法によるときは、裁判所は、議決権行使の方法として当該方法を定めた旨を公告し、かつ、議決権者に対して、書面等投票は裁判所の定める期間内に限ってすることができる旨を通知しなければならない（同169④）。

2．集会型及び書面型のメリット・デメリット

　集会型のメリットとしては、①再生債権者が集会に出席することによ

り決議の過程を確認することができる、②再生計画案を付議した後に判明した再生債務者側の事情について、集会の場で再生債務者等から報告を受け、その場で議決権を行使できる点が挙げられる。一方、デメリットとしては、遠方の再生債権者が容易に議決に参加できない点が挙げられる。

　書面型のメリットは、①遠方の再生債権者も議決に平等に参加できる、②債権者集会場の確保の労力が不要となるといった点が挙げられる。一方、デメリットとしては、①再生計画案の付議決定後の変更が許されない（民再172の4）、②決議が否決された場合に続行が許されない（同172の5）、③賛否の状況を債権者が知る機会を得ないまま認可・不認可の決定がなされるといった点が挙げられる。

3. 実務の運用

　実務（東京地方裁判所破産再生部）では、集会型と書面型の双方の長所を享受できるよう、原則として併用型が採用されている（西謙二・中山孝雄編『破産・民事再生の実務〔新版〕《下》民事再生・個人再生編』283頁）。

　議決権者数が多く債権者集会を開く場所を確保するのが困難な場合には、書面型を選択せざるを得ないとも考えられるが、併用型をとった場合であっても、多くの議決権者は書面等による投票を行うと考えられるので、併用型でなく書面型でなければならない場合というのは、それほど多くはないと考えられる。

4. 決議方法の変更

　上記2.で述べたとおり、書面型においては、メリットがある一方、デメリットも多々ある。そこで、法は、裁判所が裁量により議決の方法として書面型を採用した場合であっても、再生債務者や一定の要件を満たした再生債権者等（民再114前段）が債権者集会招集の申立をした場

合には、裁判所は、議決権行使の方法として、書面型を取り消し、集会型または併用型を採用しなければならないとしている（同169⑤）。

4 議決権

1．議決権者

再生計画案の決議において議決権を行使しうる者は、届出をなし、議決権を認められた再生債権者である。一般優先債権者、共益債権者及び開始後債権者は、決議に参加できず、別除権を有する再生債権者は、その不足額に相当する議決権についてのみ行使できるにすぎない（民再88本文）。また、届出再生債権者であっても、再生手続開始後の利息請求権や罰金等の再生債権者は、議決権を有しない（同87②）。さらに、約定劣後再生債権を有する者は、再生債務者が再生手続開始の時においてその財産をもって約定劣後再生債権に優先する債権に係る債務を完済することができない状態にあるときは、議決権を有しない（同87③）。

再生計画案の決議は、本来、その決議時の権利者が議決権を行使するべきである。しかし、届出をした再生債権を取得した者及び自認債権として認否書に記載された再生債権を取得した者は、債権届出期間が経過した後でも、届出名義の変更を受けることができる（同96）ため、再生計画案を決議するまでの間に再生債権者が変動する場合がある。したがって、そのような場合には、議決票の作成や集計等の決議のための事務処理に支障を来すおそれがある。そこで、裁判所は、相当と認めるときは、再生計画案を決議に付する旨の決定と同時に、一定の日（基準日）を定めて、基準日における再生債権者表に記載されている再生債権者を議決権者と定めることができる（同172の2①）。もっとも、この場合、裁判所は、基準日を公告しなければならず、また、基準日は、当該公告の日から2週間を経過する日以後の日でなければならない（同172の2

②）ため、同制度には、集会が開催されるまでの時間的なロスが大きいという問題がある。そこで、東京地方裁判所破産再生部では、集会直前に名義変更に伴うデータの変更や、議決票発行作業に追われて集会の運営に影響を及ぼすことが明らかに予想される事件に限って、同制度を例外的に採用する方針をとっている（西謙二・中山孝雄編『破産・民事再生の実務〔新版〕《下》民事再生・個人再生編』274頁）。

2. 議決権額

　届出再生債権者の議決権は、債権の内容とともに、再生債権の調査および確定の手続によって確定される建前であるが、決議までに議決権を確定することができない場合が生じうる。しかし、再生計画案の決議をするためには、届出再生債権者の議決権行使の可否およびその額を決定しなければならない。そこで、法は、債権の内容の確定とは別に、債権者集会における議決権のみを決定する手続を定めている。

　まず、再生債権の調査において、**再生債務者等が認め**、かつ、**調査期間内に届出再生債権者の異議**がなかったときは、その再生債権者の議決権の額は確定し（民再104①）、当該再生債権者は、その確定額の議決権を行使することができる（同170②Ⅰ、171①Ⅰ）。この場合、債権者集会が開催される場合であっても、再生債務者等または届出再生債権者は、債権者集会の期日において、届出再生債権者の議決権につき異議を述べることができない（同170①但書）。

　次に、債権調査手続において議決権額が未確定な場合は、債権者集会の開催の有無で取扱いが異なる。債権者集会が開催される場合は、再生債務者等または届出再生債権者は、債権者集会の期日において、届出再生債権者の議決権につき異議を述べることができ（同170①本文）、異議が述べられたときには裁判所が議決権行使の可否及び行使できる議決権額を定め（同170②Ⅲ）、異議がないときには届出債権額が行使できる議決権額となる（同170②Ⅱ）。一方、債権者集会が開催されない場

合は、集会の期日における異議というものはありえないので、裁判所が議決権行使の可否及び行使できる議決権額を定める（同171①Ⅱ）。

この点、民事再生法170条1項の異議は、債権者集会における議決権のみに関するものであり、一般調査期間における異議（同102①）または特別調査期間における異議（同103④）とは異なる。すなわち、同条項の異議が述べられなかったとしても、確定判決と同一の効果が生ずるということ（同104③）はなく、また、民事再生法170条1項の異議が述べられた場合も、異議者または異議を受けた者が別途の手続をとる必要はなく、再生裁判所が債権者集会期日において、ただちに異議に対する裁判を行うことになる（園尾隆司・小林秀之編『条解民事再生法〔第2版〕』792頁）。

なお、裁判所が議決権額を定める場合、裁判所は、利害関係人の申立によりまたは職権で、いつでも当該決定を変更することができる（同170③、171②）。

5 社債権者の議決権の扱い

社債管理会社が存在する場合、議決権行使に制限がある。社債権者は、個別に再生債権の届出をするか、議決権行使の申出を行う必要がある。ただし、社債権者集会において、議決権行使についての決議が成立したときは個別に議決権の行使はできない。

1. 社債権者等の法的地位

社債権者は再生手続において、再生債権者として、他の再生債権者と議決権行使の取扱において異なるところはない。しかし、社債管理会社設置債の場合（会社702）の議決権行使には一定の制約がある（民再169の2）。社債管理会社は銀行、信託会社またはこれに準ずるものとして法務省令で定められた者に限られる（会社703）。なお、民事再生法

120条の2第6項各号の債権と法人は、社債及び社債管理会社と同様に取り扱われる。

2. 社債管理会社が設置されている場合の社債権者の議決権行使の方法

① 社債管理者は、債権届出については、債権保全行為として、これを行うことができるが（会社705①、706①Ⅱ括弧書）、再生計画案に対する議決権行使については、社債権者集会の決議によらなければ、これを行うことができない（同706①）。

② しかし、社債権者のほとんどは投資家であり、発行会社が倒産した場合、手続に対する積極的関与は期待できず、また、社債権者の数は膨大であることが多く、社債権者集会での決議の成立は困難となる。この場合、再生手続に無関心な社債権者の権利不行使により、再生計画案が可決できなくなるという不都合が生じる。

③ そこで、上記の不都合を回避し、社債権者の個別の議決権行使の手続を整備したのが民事再生法169条の2であり、会社更生法の規定（会更190）を取り入れたものである。すなわち、個々の社債権者が議決権を行使するには、以下のア、イいずれかの要件を充足することが必要である（民再169の2①）。

　ア．社債について債権の届出をしたこと、または届出名義の変更を受けたこと

　イ．社債管理会社が債権届出をした場合に、再生計画案を決議に付する旨の決定があるまでに、裁判所に対し、議決権行使を行う意思を申し出たこと

④ 上記アまたはイの要件を充足しない場合には、当該社債権者は議決権行使ができないこととなり（民再35①Ⅲ）、再生計画案可決要件の議決権者（同172の3①）に含まれない。手続に無関心な社債権者の存在により、再生計画案が可決されないという事態を回避するためであ

る。
⑤③のアまたはイの要件を充足する場合でも、社債権者集会で議決権行使についての決議が成立したときには、当該決議は、裁判所の認可を受けて総社債権者に対して効力を生じるので（会社734①、②）社債権者の個別の議決権行使は認められない（民再169の2③）。

6 議決権の行使方法

1．総論

　議決権者は、裁判所の付議決定によって定められた決議方法（本節3「決議の方法」参照）に従って議決権を行使する。すなわち、①債権者集会を開催する方法（集会型）、②書面等投票を実施する方法（書面型）、③①の集会型と②の書面型を併用する方法（併用型）のいずれかの方法に従って議決権を行使する。

　具体的には、債権者集会を開催する場合（①または③の方法の場合）は、議決権者は、債権者集会に持参した議決票を提出することによって議決権の行使を行う。一方、書面等投票を行う場合（②または③の方法の場合）は、議決権者は、議決票を議決権行使期間内に裁判所に提出することにより議決権を行使する。なお、この場合の投票期限は、特別の事情がある場合を除き、書面等投票を実施する旨の決定の日（基準日を定めた場合は、当該基準日の翌日）から2週間以上3カ月以内の範囲内で定めなければならないとされている（民再規90④）。

2．代理人による議決権行使

　議決権者は、代理人をもってその議決権を行使することができる（民再172①）。この場合、代理人の権限は書面で証明しなければならない（民再規90の4）。

第7章 再 生 計 画

　代理人の権限を証明する書面としては、委任状や印鑑証明書等が考えられるが、実務（東京地方裁判所破産再生部）では、弾力的な運用をとっている。すなわち、再生債権者に対し事前に議決票を送付し、当該議決票に基づいて議決権を行使する場合は、原則として、議決票を「代理人の権限を証する書面」とみなし、その他に代理権や代表権を証する書面の提出を求めない運用をしている（西謙二・中山孝雄編『破産・民事再生の実務〔新版〕《下》民事再生・個人再生編』279頁）。なお、このような運用に関し、いかなる書面をもって代理人を証する書面とみなすかは裁判所の運用に委ねられているとした裁判例がある（東京高決平13.12.5）。

3．議決権の不統一行使

　議決権者は、その有する議決権を統一しないで行使することができる（民再172②前段）。この議決権の不統一行使の制度は、再生計画案に対する意見が異なる複数の者から債権の管理・回収の委託を受けたサービサー（債権回収会社）が、委託者の意思を議決権の行使に反映させる場合等に必要であることを考慮したものであり（小川秀樹編『一問一答新しい破産法』（商事法務）395頁）、また、信託の受益者等が多数いる場合の受託者、合併して間がない金融機関等の利用も想定されている。この議決権の不統一行使の制度は、代理人による議決権行使についても準用される（同172③）。

　法は、決議事務の円滑な遂行の観点から、議決権の不統一行使をしようとする者は、再生計画案を決議に付する旨の決定において定める期限（同169条の2前段）までに、裁判所に対してその旨を書面で通知しなければならないとしている（同172②後段）。しかし、東京地方裁判所破産再生部では、裁判所の事務処理の便宜よりも議決権者の利益を優先し、通知の期限を定めない運用をしている（西謙二・中山孝雄編『破産・民事再生の実務〔新版〕《下》民事再生・個人再生編』273頁）。

なお、議決権の不統一行使がなされた場合の再生計画案の可決要件(頭数要件)に関しては、特別な規律が設けられている（同172の3⑦）。この点については、後述8の「可決要件」で述べる。

7 再生計画案に対する反対意見の表明

再生計画案の決議のための債権者集会が招集された場合は、債権者集会において、同意しない旨の投票をする。

書面による再生計画案の決議の場合は、再生計画案に同意しない旨を明示した書面を、提出期間内に裁判所に提出する。

1. 集会による再生計画案の可決の要件と同意しない旨の投票

債権者集会において再生計画案を可決するためには、議決権を行使することができる再生債権者で出席したものの過半数であって、議決権を行使することができる再生債権者の議決権の総額の2分の1以上の議決権を有する者の同意が必要である（民再172の3①）。

再生計画案に同意しないのであれば、債権者集会に参加して、同意しない旨の投票をすることになる。

なお、債権者集会に欠席した場合は、再生債権者の頭数の投票の部分については、決議のうえでは分母にも分子にも算入されないが、議決権の総額の部分では、分母には算入され分子には算入されないので結果として、同意しない旨の投票をしたのと同じ結果になる。

2. 書面による再生計画案の決議の要件と同意しない旨の投票

書面等投票方法の場合は、再生計画案に同意するかどうかを記載した書面を提出期間内に提出した、議決権を行使することができる再生債権者の過半数の同意と、議決権を行使することができる再生債権者の議決権の総額の2分の1以上の議決権を有する者の同意のいずれもがないと

再生計画案を可決することかできない（民再 172 の 3 ①）。

再生計画案に同意しないのであれば、同意しない旨の書面を提出期間内に裁判所に提出することになる。

なお、同意しない旨の書面を提出期間内に提出しなかった場合については、債権者集会に欠席した場合と同様である。

8 可決要件

1. 再生計画案の可決要件

再生計画案を可決するには、①議決権者（債権者集会に出席し、または書面等投票をしたものに限る）の過半数の同意（頭数要件）、および②議決権者の議決権の総額の 2 分の 1 以上の議決権を有する者の同意（議決権額要件）がなければならない（民再 172 の 3 ①）。集会に欠席または書面等投票をしない場合、頭数要件では、反対の議決権行使をしたことにはならないが、議決権額要件では、結果的に反対の議決権行使をしたことになる。

2. 約定劣後再生債権の届出がある場合

約定劣後再生債権の届出がある場合には、再生計画案の決議は、約定劣後再生債権を除く再生債権を有する者と約定劣後再生債権を有する者とに分かれて行うものとされている（民再 172 条の 3 ②本文）。約定劣後再生債権を有する者と約定劣後再生債権を除く再生債権を有する者との間においては、再生計画の内容に公正かつ衡平な差を設けなければならないとされており（同 155 ②）、両者の議決結果を同等に評価することはできないからである。ただし、議決権を有する約定劣後再生債権を有する者がないときは、組分けの必要はない（同 172 の 3 ②但書）。また、組分けの必要がある場合でも、裁判所が相当と認めるときは、組分けを

しないで決議を行うものとすることができる（同172の3③）。

再生計画案の決議を約定劣後再生債権を除く再生債権を有する者と約定劣後再生債権を有する者とに分かれて行う場合には、双方について上記1.の可決要件を満たさなければ、再生計画案は可決されない（同172の3⑥）。

3. 議決権の不統一行使の場合の可決要件

議決権の不統一行使（民再172②③）がなされた場合の再生計画案の可決に関する頭数要件（同172の3①Ⅰまたは同⑥）は、次のように計算される。すなわち、当該議決権者一人につき、債権者集会に出席し、または書面等投票をした議決権者の総数（分母）に1を加え、議決権の一部を同意するものとして行使し、残りを行使しなかった場合（放棄した場合）には、再生計画案に同意する旨の議決権の行使をした議決権者の数（分子）に1を、議決権の一部を同意するものとして行使し、残りを積極的に同意しないものとして行使した場合には、分子に2分の1を加算して計算する（民再172の3⑦）。

同計算方法は、積極的な意思表示として同意のみがなされたときは、一人の議決権者として扱い、同意・不同意双方について積極的な意思表示がされたときは、同意の議決権者数が加重されることを防ぐために、2分の1の議決権者として扱う趣旨である（小川秀樹編『一問一答新しい破産法』（商事法務）396頁）。

4. 続行集会

再生計画案についての議決権行使の方法として、債権者集会を開催する方法または書面等投票を実施する方法と債権者集会を開催する方法を併用する方法が定められ（すなわち、書面投票を実施する方法では、続行ということがない）、かつ、当該再生計画案が可決されるに至らなかった場合においても、決議の可決要件（頭数要件または議決権額要件）の

うち、いずれかの同意がある場合、または債権者集会の期日における出席した議決権者の過半数であって出席した議決権者の議決権の総額の2分の1を超える議決権を有する者が期日の続行に同意した場合、裁判所は、再生計画案の提出者の申立または職権で、債権者集会を続行しなければならない（民再172の5①）。

これは、再生計画案が可決されるための可能性を探るための措置である。すなわち、可決要件を満たしていない場合でも、ただちに集会期日を終了させて再生計画案を不成立とすることは適切ではない場合がある。大口債権者が欠席するなどしたために可決要件を満たさなかった場合や債権者集会までに大口債権者の再生債権者の稟議がとれなかった場合、あるいは再生債権者に対する再生債務者の説明が不十分であることから賛成が得られなかった場合には、債権者集会の期日を続行すれば可決要件を満たす可能性があり、可決の可能性を探るべき合理的期待が存するからである。

なお、再生手続の遅延を防止する趣旨から、続行期日は再生計画案が決議に付された最初の債権者集会の期日から2カ月以内にされなければならない（同172の5②）。裁判所は、必要があると認めるときは、再生計画案の提出者の申立によりまたは職権で、続行期日までの期間を伸長することができるが、かかる期間は、1カ月を超えることができない（同172の5③）。

第4節　再生計画の認可

1　再生計画の認可

　債権者集会または、書面等投票により可決された再生計画は、再生計画の認可決定の確定によって効力を生ずる（民再176）。しかし、一定の場合には裁判所は認可をしないこととされている（同174②）。

1．再生計画の認可が設けられた趣旨

　民事再生法174条2項は、可決された再生計画が不認可となる場合を定めているが、こうした要件が定められ、かつ、裁判所の認可決定の確定によって再生計画の効力が生ずるものとされているのは、民事再生法が、一般債権者等多くの権利者の権利を法定多数の手続によって強制的に変容させるものであるから、再生計画を債権者集会の意思のみに任せるのは相当ではなく、再生計画が、民事再生法本来の目的に適合するものであるか等の審査をする必要があるからである。

2．不認可事由

　不認可事由は以下の四事由である。

(1) 再生手続または再生計画が、法律の規定に違反し、かつ、その不備を補正することができないものであるとき

　債権者集会の招集手続の違法、計画案作成手続の違法、などがあげられる。例えば、債権者集会に議決権を行使できない者が加わり、その者の議決権を除外すると法定多数の可決数に達しない場合などは、その不備を補正することができないものであるときにあたると考えられる。

349

第7章 再生計画

　裁判例としては、営業譲渡の代替許可が不許可とされたこと等を理由としての不認可事由に該当するとしたものがある（東京高決平16.6.17金法1719号51頁）。

　なお、ゴルフ会員権者と一般債権者との間で異なる扱いを定めた再生計画について、平等原則に反し、再生計画の内容が法律の規定に反するとした裁判（東京商決平16.7.23金法1727号84頁）と反しないとした裁判（東京高決平13.9.3金商1131号24頁、大阪高決平18.4.26判時1930号300頁）がある。

(2) 再生計画が遂行される見込みのないとき

　会社更生法198条2項3号が更生計画を遂行することが可能であることを積極要件としているのと異なり、民事再生法では、再生計画が遂行される見込みのないことという消極要件とされている。弁済原資の確保ができないことが明白な場合などが考えられる。

　監督委員が再生計画遂行の見込みを肯定していることなどを理由に、この不認可事由に該当しないとした裁判がある（東京高決平14.9.6判時1826号72頁）。

(3) 再生計画の決議が不正の方法によって成立するに至ったとき

　再生計画が公正なものでなければならないことは民事再生法174条2項1号の趣旨からも明らかであるが、本号はさらに、不正の方法によって成立した計画を不認可事由としたものである。

　本号の不認可事由は、再生計画の可決が信義則に反する行為に基づいてされた場合も含むとした上で、議決権者の過半数の同意が見込まれない状況において、再生債務者の取締役から他の取締役に、債権が譲渡され、再生計画案が可決された場合は、不認可事由に該当するとした裁判がある（最決平20.3.13判時2002号112頁）。

(4) 再生計画の決議が再生債権者の一般の利益に反するとき

　弁済率が債務者の財産状態からみて過少であること（再生計画が破産清算配当率を下回る場合）、据置期間が不当に長いこと、その他再生計

画が破産に比べて債務者に不利益である場合などがこれにあたると考えられる。

再生手続開始時に債権者取消訴訟が係属していたにもかかわらず、監督委員が同訴訟を受継しなかった場合に本号の不認可事由に該るとした裁判がある（東京高決平 15.7.25 金法 1688 号 37 頁）。

3. 再生計画に重大な利害関係を有する者の関与

再生債務者、管財人、届出再生債権者および再生のために債務を負担しまたは担保を提供した者および労働組合等は、再生計画に重大な利害関係を有しているので、**再生計画を認可すべきかどうかについて意見を述べることができる**（民再 174 ③、115 ①）。また、再生計画の認可または不認可の決定があった場合には、労働組合を除くそれらの者に対して、その主文および理由の要旨を記載した書面を送達するものとし（同 174 ④）、労働組合には、主文を通知するものとされた（同 174 ⑤）。

2 清算価値保障原則

清算価値保障原則とは、再生計画の内容は、再生債務者が仮に破産した場合に、再生債権者が受ける利益よりも上回らなければならないことをいい、これに反する場合には不認可となる。

1. 清算価値保障原則

再生計画の決議が再生債権者の一般の利益に反するときは、再生計画案が可決されても不認可決定がなされ（民再 174 ②Ⅳ）、破産手続開始決定をなし得る（同 249、250）。ここに「再生債権者の一般の利益に反するとき」とは、再生計画の内容を総合的に判断して、再生債務者が破産したと仮定した場合に再生債権者が享けうる利益を下回る結果、再生債権者全体の利益に反する場合をいうと解されている（東京高裁平成

19.4.11判時1869号59頁)。

また、再生手続開始時に債権者取消訴訟が係属していたにもかかわらず、監督委員が同訴訟を受継しなかった場合、監督委員が受継していれば、再生債権者に対して再生計画によるよりも多額の弁済を可能にするようなときは、民事再生法174条2項4号の不認可事由に該当するとの裁判例がある(東京高裁平15.7.25金法1688号37頁)。なお、破産の場合の清算価値を評価する場合には、仮定する破産開始決定時点での資産を評価すべきであり、当該時点以後に将来得るべき収入は考慮に入れるべきではないと解されている(破産法における固定主義)。

2. 判断の基準時

清算価値保障原則を満たしているかどうかを再生計画の内容と比較する仮定の破産開始決定時点については、理論的には再生手続開始決定時か、再生計画認可決定時か、いずれの時点を基準日とするかについて解釈が分かれるところであるが、訴訟経済上の観点から、再生計画認可決定時と解すべきである。実務でもそのように解するのが一般的である。

3 認否の決定に対する異議

再生計画の認可または不認可の決定に対しては、即時抗告をすることができる(民再175①)。再生手続に関する裁判に対しては、法に特別の定めがある場合に限り、即時抗告が認められるところ(同9)、再生計画は再生手続において重要な地位を占めるものである。そこで、法は、特別の定め(同175)を設け、再生計画の効力発生に関する裁判に対して、即時抗告による不服申立を認めている。

1. 申立権者

再生計画の認可または不認可の決定に対する即時抗告の申立権者は、

利害関係人とされている（民再175①、9）。この利害関係人とは、再生計画の効力を受けるべき地位にあるために、計画に効力が付与され、または付与されないことによって、自己の利益を害される者であり（『条解民事再生法〔第2版〕』820頁）、具体的には以下のとおりである。

(1) 再生債権者

再生債権者は、再生計画の効力を受けるべき地位にあるため（民再177①）、利害関係を有する者として、再生計画の認可または不認可の決定に対して即時抗告を申立ることができる。届出をしなかった再生債権者も、再生債権者であることを疎明した場合には、即時抗告をすることができる（同175③）。

これに対し、約定劣後再生債権者は、再生債務者が再生手続開始時の財産をもって約定劣後再生債権に優先する債権にかかる債務を完済することができない状況にある場合には、約定劣後再生債権者間において平等原則違反（同155①）があることを理由とする場合を除き、即時抗告をすることができない（同175②）。

(2) 再生債務者

再生債務者は、自らが提出した再生計画案に対して不認可決定がなされた場合に、かかる決定に対して即時抗告することができる。また、管財人や再生債権者が提出した再生計画案に対する認可または不認可の決定がなされた場合にも、即時抗告を申立てることができる。

(3) 再生のために債務を負担し、または担保を提供する者

再生計画の効力は、再生のために債務を負担し、または担保を提供する者にも及ぶため（民再177①）、これらの者も、利害関係を有する者として、再生計画の認可または不認可の決定に対して即時抗告を申立てることができる。

(4) 別除権者

別除権は、再生計画によって影響を受けないが（民再53②）、別除権の行使によって弁済を受けることができない債権の部分については、再

生債権者としてその権利を行使することになり（民再88本文）、通常の再生債権と同様、再生計画による権利変更の対象となる。したがって、別除権者も、別除権の行使によって弁済を受けられない限度で、再生計画の効力を受ける立場にあるから、利害関係人として即時抗告を申立ることができる（『新注釈民事再生法［下］』（きんざい）107頁）。

(5) 株式会社である再生債務者の株主

再生債務者が株式会社である場合の株主は、再生計画に資本の減少を定める条項（現在では株式取得条項）があるときは、株主は再生計画の認可または不認可の決定に直接的な利害を有することになるから、即時抗告をすることができるものと解される（東京高決平成16.6.17、金法1719号51頁）。

(6) 管財人

管財人については、会社更生法202条における解釈と同様、無条件に即時抗告をなしうるとする見解と、管財人は再生計画を遂行する者であるので認可決定に対して即時抗告する利益はないとする見解に分かれるものと考えられる（『条解民事再生法〔第2版〕』822頁）。

2. 即時抗告の手続

即時抗告は、利害関係人が抗告状を原裁判所に提出することにより行う（民再18、民訴331、286①）。即時抗告をなしうる期間は、決定の主文および要旨を記載した書面が送達された日から1週間の不変期間内であるが（民再174④、18、民訴332）、送達に代えて公告の方法による場合には、公告が官報に掲載された日の翌日から起算して2週間とされる（民再9後段、10①ないし③）。

4 認可決定確定の効力

再生計画は、認可決定の確定によって効力を生ずるが、その効力は、

再生債務者、すべての再生債権者および再生のために債務を負担し、または担保を提供する者のために、かつ、それらの者に対して及ぶ。

しかし、再生計画は、別除権者が有する民事再生法53条1項に規定する担保権、再生債務者の保証人、物上保証人等には及ばない。

1. 認可決定の確定による効力発生

再生計画は、認可の決定の確定により効力を生ずる（民再176）。即時抗告（同175）がされた場合には、当該裁判の確定を待って再生計画の効力が生ずる。

2. 再生計画の効力範囲

(1) 効力の及ぶ者

再生計画は、再生債務者、すべての再生債権者および再生のための債務を負担し、または担保を提供する者のために、かつ、それらの者に対して効力を有する（民再177①）。

再生債権者は、再生債権の届出をしたかどうか、決議に加わったかどうか、再生計画に賛成したかどうかを問わず、全て再生計画の効力を受ける。

(2) 効力の及ばない者

別除権者の有する民事再生法53条1項に規定する担保権、再生債務者の保証人、物上保証人等には再生計画の効力は及ばない（同177②）。別除権者は、別除権を再生手続によらないで行使でき、再生計画は別除権者の有する担保権に、その効力を及ぼさない。また、再生債務者に代わって債権者に満足を与えるべき責任を負っている連帯保証人等の共同義務者や、物上保証人に対する権利は影響を受けないものとして、保証債務や担保権の付従性、連帯債務の連帯性の例外とされる。

再生手続開始決定があっても、また、再生債権などの減免または期限の猶予を定めた再生計画が認可されても、再生債権者の保証人に対する

権利には何らの影響も及ぼさない。したがって、本来の弁済期が到来すれば、再生債権者は、再生手続外において即時かつ全額の支払を請求し、また供された担保権の実行ができるものと解される（最判昭 33.6.19 民集 12 巻 10 号 1562 頁。この判例は、会社更生手続についてのものであるが、再生手続においても同様であると解される）。

「再生債務者とともに債務を負担する者」とは、会社の共同義務者で民法等の原則により債務の減免がなされた場合に、その者の債務も影響を受ける者をいう。例えば保証人、連帯保証人の他、重畳的債務引受人（最判昭 45.6.10 民集 14 巻 6 号 499 号は会社更生法上同様の判示をしている）、手形・小切手法上の合同債務者などをいう。

「再生債務者以外の者が再生債権者のために提供した担保」とは、再生債権者が物上保証人に対して有する権利だけでなく、第三者の財産について取得した留置権や先取特権なども含まれると考えられる。

5 再生計画に反対した債権者の処遇

再生計画認可の決定が確定したときは、再生計画の定めまたはこの法律の規定によって認められた権利を除き、再生債務者は、すべての再生債権につき、免責され（民再 178）、届出債権者その他認否書に記載された再生債権者の権利は、再生計画の定めに従って変更される（同 179 ①）。

1. 再生計画による再生債務の免責および権利の変更

再生計画認可の決定が確定したときは、再生計画の定めまたはこの法律の規定によって認められた権利を除き、再生債務者は、すべての**再生債権**につき、その責任を免れる（民再 178）。免責主義を定めたものである。

このように、全ての再生債権について免責されるものとしたうえで、

再生債権者の権利は、再生計画の定めに従い変更される（同179①）。

再生計画認可の決定が確定したときは、裁判所書記官によって再生計画の条項が再生債権者表に記載され（同180①）、その再生債権者表の記載が、確定判決と同一の効力を有するものとされる（同180②）。

債権調査の結果、確定した再生債権は再生債権者表に記載され（同104②）、再生債権者全員に対して確定判決と同一の効力を有する（同104③）。再生計画の確定によって変更された再生債権の権利の内容についても確定判決と同一の効力を有するものとして後に争うことができないものとされている。したがって、再生計画に反対した再生債権者は、確定した再生計画を争うことができない。

(1) 免責の対象

免責の対象となるのは、すべての再生債権である。届出のなされた再生債権はもちろん、届出のなかった再生債権についても再生法に定める例外を除き免責の対象となる。

(2) 免責の例外

①罰金、過料等の再生債権……再生手続開始前の罰金、科料、刑事訴訟費用、追徴金または過料については、再生計画の認可による免責の例外として免責されないが（同178但書、97）、再生計画が確定すると劣後的扱いとなる（同181③）。

②届出のない再生債権者の取扱（同181①）

債権の届出がなく、または再生債務者が自認しない場合には再生債権として認められないことになるが、以下の例外がある。

　ア）再生債権者がその責に帰することができない事由により債権届出期間内に届出をすることができなかった再生債権で、かつ、その事由が民事再生法95条4項に規定する決定前に消滅しなかったもの

　イ）同95条4項に規定する決定後に生じた再生債権

　ウ）再生債務者が届出がされていない再生債権があることを知りながら認否書に記載しなかった再生債権（同101③）。なお、この再生

債権は同 181 条 2 項により劣後的扱いとなる。

2．再生計画の効力

　再生計画認可決定の確定により、届出再生債権者および民事再生法 101 条 3 項の規定により認否書に記載された再生債権を有する再生債権者の権利は、再生計画の定めに従い変更される（民再 179 ①）。認可決定の確定により再生計画のとおりに実体的権利の変更がなされると解すべきである。

　この再生債権は、その有する債権が確定している場合に限り、再生計画の定めによる権利の行使ができる（同 179 ②）。

　変更の内容としては、例えば、債務の一部の免除、債務の減額、期限の猶予などがある。再生債権の確定方法としては、調査手続による確定（同 104）と再生債権の確定に関する訴訟（同 111）によるものとがあるが、権利が確定した者についてのみ再生計画による権利の行使を認める趣旨である。

6　保証人等に対する権利の行使

　再生計画は、認可決定の確定によって効力を生ずるが、民事再生法 177 条 2 項によれば再生計画の効力は、別除権者の担保権（民再 53 ①）、再生債務者の保証人や再生債権者のために提供された担保には及ばないので、保証人に対しては全額請求することができる。

1．保証債務と民事再生法の効力

　民事再生法 177 条 1 項は、再生計画の効力を受ける者の範囲を、**再生債務者、すべての再生債権者**および**再生のための債務を負担し、または担保を提供する者**とした。しかし、同法第 2 項で、再生計画は保証人に対して影響を及ぼさないと規定している。これは、民法上の原則である

保証債務の付従性の例外として再生計画による免責の効果を保証人に及ぼさないものとしたものである。したがって、本来の弁済期が到来すれば、再生債権者は、再生手続外で保証人に対して即時かつ全額の支払いを請求することができる（最判昭 33.6.19 民集 12 巻 10 号 1562 頁は会社更生についての同旨の判例である）。

2. 失権した再生債権等の保証債務

再生債権者がその権利を届出期間内に届出ず（民再 94、95）、この法律の規定によって定められた例外に該当せず、しかも自認債権にならずに失権してしまったような場合、再生債権者は保証人に対する権利も失ってしまうかについては、旧会社更生法下において、同様の問題が議論されており、民事再生法の解釈においてもこの解釈が参考になる。

再生債権者に対する届出をせずに失権した場合、再生債権者は保証人に対する権利をも失うという説もあるが、付従性の例外を定めた趣旨が、主たる債権関係の権利変動を保証人に及ぼさないというとすることに重点を置いて、保証債務の請求を認める説や判例（東京高判昭 47.4.27 判タ 668 号 53 頁）が有力である。

3. 当該再生債権が不存在として再生債権者が敗訴した場合

上記のケースが手続上届出をしないなどの理由によって失権した場合であって、実体上権利の存否が判断されたわけではないのと異なり、この場合は、届出た再生債権が存在しないことが裁判上確定されたというケースである。保証債務の付従性と再生計画による免責の効果を保証債務に及ぼさないとする民事再生法 177 条 2 項の趣旨とをどのように調整するかという問題である。

この問題についても双方の説があるが、債権者の保証人に対する権利の帰趨については、会社更生法や、民事再生法を離れて、債権者の主債務者・連帯債務者等に対する敗訴判決が保証人にどのような影響、効力

を及ぼすかという一般的な問題を含んでいる。

7 債権届出の失念と再生債権の扱い

届出を失念しても所定の要件があれば届出の追完ができる。また、再生計画認可の決定が確定した場合にも、所定の要件が備われば一定の再生債権は、再生計画に基づく再生債権者の権利の変更に関する一般的基準に従い、変更される。

1. 再生債権の届出手続

再生手続に参加しようとする再生債権者は、裁判所により定められた再生債権の届出をすべき期間（債権届出期間）内に、各債権の内容および原因、議決権の額その他の事項を裁判所に届出なければならない（民再94①）。

2. 届出の追完等

民事再生法95条1項は、再生債権者がその責に帰することができない事由によって債権届出期間内に届出をすることができなかった場合には、その事由が消滅した後1カ月以内に限り、その届出を追完することができると規定している。なお、民事再生法95条2項ないし4項に、追完に関する一定の要件等が定められている。

追完を認めないと、場合によっては届出再生債権者にとって酷な結果となることが考えられるため、一定の要件のもとにその届出の追完を認めたものである。

3. 届出のない再生債権の取扱い

債権の届出がなされない場合に、再生債務者等が自認しなかった場合には、その再生債権は再生計画に記載されず失権するのが原則である（民

再178)。

　再生計画認可の決定が確定したときには、以下の①～③の各債権について、民事再生法156条1項の一般的基準（再生債権者の権利の変更をする場合には、債務の減免、期限の猶予その他の権利の変更の一般的基準を定めなければならない）に従って変更される（同181①）。

①再生債権者がその責に帰することができない事由により債権届出期間内にその有する再生債権の届出をすることができず、かつ、その事由が民事再生法95条4項に規定する決定（再生計画案について決議をするための債権者集会を招集する旨の決定または再生計画案を書面による決議に付する旨の決定）前に消滅しなかった場合における当該再生債権（同181①Ⅰ）。

　これは、上記決定の段階まで継続して届出をできなかった事情がある場合には、**再生債権の届出をした効果を与えることが適当**であると考えられるので、再生計画の変更の基準に従い変更されるものとされた。

②前号の決定後に生じた再生債権（同181①Ⅱ）

　この再生債権者は、届出をする機会がなかったのであるから、①の再生債権と同様の扱いをするものとされた。

　なお、①②の再生債権は再生計画に定められた再生債権と同じく、一般的基準によって変更されて弁済を受ける。

③再生債務者が知りながら認否書に記載しなかった再生債権（同181①Ⅲ）

　このような場合には、**再生債権**として認めない理由がないと考えられるので上記基準にしたがって変更されるものとした。ただし、変更後のこの再生債権は再生計画に基づく弁済期間が満了する時までの間は、弁済をし、弁済を受け、その他これを消滅させる行為（免除を除く）をすることができないものとされ（同181②）、劣後的扱いを受ける。また、再生計画認可決定が確定した場合には同法97条に規定する請求権（再生手続開始前の罰金、科料等）も同様に劣後的扱いとなる（同181③）。

第7章 再生計画

第5節　認可決定確定後の手続

1 再生計画の遂行

再生計画認可の決定が確定したときは、再生債務者は、速やかに再生計画を遂行しなければならない（民再186①）。管財人が選任されている場合は、管財人が再生計画を遂行することとなる（同2Ⅱ）。

1．再生計画遂行の監督

(1) 監督委員が選任されている場合、監督委員は、再生計画の遂行状況について再生債務者から報告を受け、帳簿、書類その他の物件を検査する（民再59①）などして、再生債務者の再生計画の遂行を監督する（同186②）。この点につき、東京地方裁判所民事第20部では、再生債務者に対して、再生計画による弁済をした場合には、その都度、裁判所および監督委員に報告書を提出させるとの運用をしている（『破産・民事再生の実務〔新版〕下』294頁）。

監督委員が選任されている場合において、再生計画認可の決定が確定した後3年を経過したときは、再生手続終結の決定がなされるため（同188②）、監督委員による再生計画遂行の監督期間も3年間に限られる。

(2) 管財人が選任されている場合には、管財人が再生計画を遂行する。この場合、再生手続は、再生計画が遂行されたとき、または遂行が確実であると認めるに至ったときに終結するところ（民再188③）、終結までの管財人の業務遂行は、裁判所により監督されることになる（同78、57）。なお、再生計画の弁済期間は10年という制限がある（同

155③)。
(3) 監督委員または管財人が選任されていない場合には、再生手続は再生計画認可の決定の確定により終結することとなり（民再188①）、その後の再生計画の遂行を監督する機関は存しない。もっとも、この場合であっても、終結決定をする前に新たに監督命令を発し（同54①、②）、再生計画の遂行を監督させることは可能である（『条解民事再生法〔第2版〕』869頁）。

2．担保提供命令

　裁判所は、再生計画の遂行を確実にするため必要があると認めるときは、再生債務者等または再生のために債務を負担し、もしくは担保を提供する者に対し、相当な担保を立てるべきことを命ずることができる（民再186③柱書）。この「再生計画の遂行を確実にするため必要があると認めるとき」とは、原則として再生計画認可後に発生した事情により、法186条3項各号に定める者の権利につき、再生計画に従った実現が危ぶまれる状況が生じた場合をいう（『注釈民事再生法〔新版〕下』101頁）。

　担保の提供を受けることができるのは、再生計画の定め等により認められた権利を有する者（民再186③Ⅰ）、異議等のある再生債権でその確定手続が終了していないものを有する者（同186③Ⅱ）、別除権の行使によって弁済を受けることができない部分が確定していない再生債権を有する者（同186③Ⅲ）である。

3．再生計画認可後の再生計画の変更

　再生計画認可の決定があった後、やむを得ない事由で再生計画に定める事項を変更する必要が生じたときは、裁判所は、再生手続終了前に限り、再生債務者、管財人、監督委員または届出債権者の申立により、再生計画を変更することができる（民再187①）。

　再生計画の変更には「やむを得ない事由」が必要であるところ、この

第7章 再生計画

「やむを得ない事由」とは、再生計画策定時に予測できなかった事由が生じて再生計画の遂行が困難になった場合などをいう(『新注釈民事再生法[下]』154頁)。

この再生計画の変更が再生債権者に不利な影響を及ぼすものと認められる場合、再生計画を変更するためには、再生計画案の提出があったときと同様の手続を踏まなければならない(同187②本文)。もっとも、この変更によって不利な影響を受けない再生債権者は手続に参加する必要がなく、また、従前の再生計画に同意した者が変更計画案に対して議決権を行使しないとき(債権者集会に出席した場合を除く)には、変更計画案に同意したものとみなされる(同187②Ⅱ但書)。

なお、計画変更の効力は、計画変更決定の確定により生じる(同187③、176)。

2 再生手続の終結

再生手続は、原則として開始後は再生計画案の認可決定の確定により終結するが、監督委員や管財人が選任されている場合には、以下のように終結時期に違いがある。終結決定により、再生手続は終了し、再生債務者は、裁判所の監督を離れることになる。

1. 再生手続の終結

再生手続の終結とは、再生手続がその目的を達したものとして終了することをいう。再生手続が終結する場合は以下のとおりである。

(1) 再生手続認可決定確定による終結

裁判所は、再生計画認可の決定が確定したときは、監督委員または管財人が選任されている場合を除き、再生手続終結の決定をしなければならない(民再188①)。再生計画の認可が確定すると、再生計画に基づく金銭給付について強制執行をすることができるなど(同180③)、再

生計画の履行確保のための方策が用意されていることから、原則として再生計画認可決定確定をもって再生手続の終結時期とした。

(2) 監督委員選任の場合の終結時期

監督委員が選任されている場合において、再生計画が遂行されたとき、または再生計画認可決定が確定した後3年を経過したとき、裁判所は、再生債務者もしくは監督委員の申立により、または職権で、再生手続の終結決定をしなければならない（民再188②）。

(3) 管財人選任の場合の終結時期

管財人が選任されている場合において、再生計画が遂行されたとき、または再生計画が遂行されることが確実であると認めるに至ったとき、裁判所は、再生債務者もしくは管財人の申立により、または職権で、再生手続終結の決定をしなければならない（民再188③）。

2. 終結の効果

終結決定があると、監督命令および管理命令の効力は失われる（民再188④）。また、裁判所は、利害関係人に対して終結決定があったことを明らかにするため、その注文および理由の要旨を公告しなければならない（同188⑤）。

3 再生計画の取消し

再生計画の取消し（民再189）とは、認可されて確定した再生計画の効力を失わせ、再生手続を終了させて、再生債権者表の記載額全額による個別執行を認める手続である。

1. 取消事由

裁判所は、次のいずれかの事由が認められる場合には、再生債権者からの申立により、再生計画取消しの決定をすることができる（民再189

①)。
　①再生計画が不正の方法により成立したこと。
　②再生債務者等が再生計画の履行を怠ったこと。
　③再生債務者が許可や同意を得ずに要許可行為・要同意行為を行ったこと

2. 取消しの手続

　再生計画の取消しは、全債権者に対する影響が大きいことから、民事再生法は、その申立について、一定の制限を設けている。
①再生計画が不正の方法により成立したことを理由とする申立（民再189①Ⅰ）については、これを争う機会が与えられていた再生債権者は申立ることができず、また申立時期についても一定の制限がなされている（同189②）。
②再生債務者等が再生計画の履行を怠ったことを理由とする申立（民再189①Ⅱ）については、再生計画の定めによって認められた権利の全部（履行された部分を除く）について裁判所が評価した額の10分の1以上に当たる権利を有する再生債権者であって、かつ、その有する履行期限が到来した当該権利の全部または一部について履行を受けていないものに限り、することができる（同189③）。

3. 取消しの効果

　再生手続終了前に取消決定が確定した場合、再生手続はその目的を失って当然に終了し、それに伴い、管理命令や監督命令も失効する（民再189⑧後段、188④）。

　また、再生計画取消の決定が確定すると、再生計画により変更された再生債権は、原状に復する（同189⑦本文）。これらの再生債権のうち、確定したものについては、再生債権者表の記載が再生債務者に対して確定判決と同一の効力を有することになり、再生債権者は、それに基づい

て再生債務者に対して強制執行をすることができる（同189⑧前段、185）。ただし、再生計画取消決定は、再生債権者が再生計画によって得た権利に対しては影響を与えない（同189⑦但書）。

4 再生手続廃止の要件と効力

再生手続の終結が、手続の目的を達して終了するのと異なり、再生手続の必要がなくなったり、再生手続の進行ができなくなったりした場合には、手続開始後、手続の完結に至らない手続の終了を行うことがある。このような場合を廃止という。

1. 再生手続の廃止

再生手続の廃止とは、再生手続開始後、再生計画がその目的を達することなく、手続の効力を将来に向かって消滅させることをいう。

2. 再生計画認可前の手続廃止（民再191）

①決議に付するに足りる再生計画案の作成の見込みがないことが明らかになったとき
②裁判所が定めた期間もしくはその伸長した期間内に再生計画案の提出がないとき、またはその期間内に提出されたすべての再生計画案が決議に付するに足りないものであるとき
③再生計画案が否決されたとき、または決議のための債権者集会の第1期日から2カ月以内もしくはその伸長された期間内に再生計画が可決されないとき

これらの場合、再生計画の成立する見込みがないため、裁判所は、職権で再生手続の廃止の決定をしなければならない。

3. 再生手続開始の申立事由がないことが明らかになった場合の手続廃止（民再192）

　債権届出期間の経過後、再生計画認可の決定の確定前において、再生債務者について破産の原因たる事実の生じるおそれがなく、かつ、再生債務者が事業の継続に著しい支障を来すことなく弁済期にある債務を弁済することができるようになった場合には、裁判所は再生債務者、管財人、または届出再生債権者の申立により、再生手続廃止の決定をしなければならない。

4. 再生債務者の義務違反による手続廃止（民再193）

①再生債務者が民事再生法30条1項（再生債務者の業務および財産に関し、仮差押え、仮処分その他必要な保全処分が命じられた場合）による裁判所の命令に違反した場合

②再生債務者が民事再生法41条1項（再生債務者の行為制限）もしくは民事再生法42条1項（営業等の譲渡についての裁判所の許可その他の規制）に違反し、または民事再生法54条2項（監督委員選任の場合における同意を要する行為の指定）に規定する**監督委員の同意を得ないで同項の行為をした場合**

③再生債務者が民事再生法101条5項または民事再生法103条3項（認否書作成および記載が義務とされている場合）により裁判所が定めた期限までに**認否書を提出しなかった場合**

　これらの場合、このような重大な手続違反をした再生債務者に手続を利用したことによる利益を享受させるのは妥当ではない。そこで、裁判所は、監督委員もしくは管財人の申立により、または職権で、再生手続廃止の決定をすることができる。

5. 再生計画認可後の手続廃止（民再194）

再生計画認可の決定が確定した後に再生計画遂行の見込みがないことが明らかになったときは、裁判所は、再生債務者等もしくは監督委員の申立により、または職権で再生手続の廃止の決定をしなければならない。

5 履行確保の手続

従前の和議法においては、和議条件の履行確保が十分でなかったが、民事再生法では、様々な履行確保のための規定を設けている。

1. 再生計画の履行を監督する機関

(1) 管財人または監督委員のいずれもが選任されていない場合には、再生計画の認可決定の確定により、再生手続は直ちに終了することになる（民再188①）。もっとも、この場合においても、再生債務者は、速やかに再生計画を遂行すべき義務を負う（同186①）。そして、裁判所は、再生計画の遂行を確実にするため必要と認めるときは、再生債務者または再生のために債務を負担し、もしくは担保を提供する者に対し、一定の者のために、相当の担保を立てるべきことを命ずることができる（同186③）。

(2) これに対し、監督委員が選任されている場合には、再生計画が遂行されるか、あるいは再生計画認可の決定が確定した後３年を経過したときに、再生手続の終結決定がなされることになる（民再188②）。そして、再生手続が終結するまでの間、監督委員が再生債務者の再生計画の遂行を監督する（同186②）。このように、監督委員による監督により、再生計画の履行確保を目指すものである。

(3) また、管財人が選任されている場合には、再生計画が遂行されるか、再生計画が遂行されることが確実であると認めるに至ったときに、再

生手続の終結決定がなされることになる（民再188③）。そして、管財人は、再生計画を速やかに遂行すべき義務を負うことになる（同186①、2Ⅱ）。このように、管財人による管理により、再生計画の履行確保を目指すものである。

2. 計画期間中の強制執行

再生計画認可の決定が確定し、再生計画の条項が再生債権者表に記載された場合、その再生債権者表の記載は、再生債務者や他の再生債権者等に対して、確定判決と同一の効力を有する（民再180②）。そして、再生計画により変更された後の権利が金銭の支払その他の給付の請求を内容とする場合には、再生債務者等に対し、その再生債権者表の記載により強制執行をすることができる（同180③）。これにより、再生債務者に対し、間接的に再生計画に従った履行を強制している。

3. 再生計画の変更

再生計画認可の決定があった後、やむを得ない事由で再生計画に定める事項を変更する必要が生じた場合、再生債務者、管財人、監督委員または届出再生債権者は、再生手続終了前に限り、裁判所に対し、再生計画の変更を申立てることができる（民再187①）。この「やむを得ない事由」とは、再生計画策定時に予測できなかった事由が生じて再生計画の遂行が困難になった場合などをいう（『新注釈民事再生法［下］』154頁）。再生計画の変更も、広い意味で再生計画の履行確保のための手段ということができる。

4. 再生計画の取消し

再生計画認可の決定が確定した後において、再生債務者が再生計画の履行を怠った場合には、裁判所は、再生債権者の申立により、再生計画取消しの決定をすることができる（民再189①Ⅱ）。これにより、間接

的に再生計画の履行を強制している。

5. 再生手続の廃止

再生計画認可決定確定後に、再生計画が遂行される見込みがないことが明らかになったときは、裁判所は、再生債務者の申立等または職権で、再生手続廃止の決定をしなければならない（民再194）。廃止をして、きちんとけじめを付けると共に、このような手続があることで、間接的に再生計画の履行を強制するものである。

6 破産手続への移行

1. 再生手続の終了に伴う職権による破産手続への移行

再生手続がその目的を達しないまま終了する場合、再生債務者の財産を破産手続によって清算する必要があることが多い。このような場合、裁判所は、以下のとおり、職権で破産手続を開始する。このような破産手続を牽連破産という。

(1) 裁判所は、破産手続開始前の再生債務者について、再生手続開始の申立の棄却、再生手続廃止、再生計画不認可または再生計画取消決定が確定した場合において、当該再生債務者に破産手続開始の原因となるべき事実があると認めるときは、職権により、破産手続開始の決定をすることができる（民再250①）。

(2) また、破産手続開始後の再生債務者について、再生計画認可の決定の確定により破産手続が効力を失った後に、再生債務者の義務違反（民再193）または再生計画遂行の見込みがないこと（同194）を理由とする再生手続の廃止、あるいは再生計画取消しの決定が確定した場合には、裁判所は、職権により、破産手続開始の決定をしなければならない（同250②）。

2. 保全処分

　再生手続廃止の決定等は、確定しないとその効力を生じない。そのため、再生手続廃止の決定がなされても、それが確定するまでの間、裁判所は、職権による破産手続開始の決定をすることができない。そして、その間に、再生債務者の財産が毀損、散逸してしまうおそれがある。

　そこで、裁判所は、そのような事態を避けるため、再生手続開始決定がなされた場合において、必要と認めるときには、保全処分を命ずることができる（民再251①）。具体的には、他の手続の中止命令（破24①）、包括的禁止命令（同25②）、債務者の財産に関する保全処分（同28①）、保全管理命令（同91②）、否認権のための保全処分（同171①）を命ずることができる。

　これらの保全処分は、牽連破産の開始決定をしないこととしたときには、速やかに取り消され（民再251②）、再生手続廃止決定などを取り消す決定があったときには、その効力を失う（同251③）。

3. 再生手続終了前の破産手続申立に基づく牽連破産

　再生手続開始決定があったときは、原則として、破産手続開始の申立をすることができないが（民再39①）、例外的に、再生手続開始決定の取消し、再生手続廃止もしくは再生計画不認可の決定または再生計画取消しの決定がなされた場合には、それらの決定が確定する前であっても、再生裁判所に対し、当該再生債務者についての破産手続開始の申立をすることができる（同249①）。職権による牽連破産を待たずに申立による牽連破産を認めることにより、円滑に破産手続に移行できるようにするためである。

　ただし、かかる申立にかかる破産手続の開始決定は、再生手続廃止決定等が確定した後でなければ、することができない（同249②）。

4. 各種債権の処遇

(1) 共益債権

破産手続開始決定があると、未払いの共益債権は財団債権となり（民再252⑥）、破産手続によらずに、随時弁済を受けることができる。

(2) 再生債権

再生債権は、一般的に破産債権となるが、再生計画認可決定の確定後、その履行完了前に、その再生債務者について破産手続開始の決定がされた場合には、再生計画によって変更された再生債権は、原状に復する（民再190①本文）。ただし、再生債権者が再生計画によって得た権利には影響を及ぼさない（同190①但書）。

再生計画によって一部弁済がなされた場合、再生債権であった破産債権の額は、従前の再生債権の額から再生計画による弁済を受けた額を控除した額とされるが（同190③）、従前の再生債権の額をもって配当の手続に参加することができる債権の額とみなし、破産財団に弁済受領額を加算して配当率を定めるものとされる（同190④本文）。ただし、当該破産債権を有する者は、他の同順位の破産債権者が自己の受けた弁済と同一の割合の配当を受けるまでは配当を受けられない（同190④但書）。

5. その他

破産手続への移行後における、破産手続開始申立が要件とされている否認や相殺禁止などの規定の適用については、再生手続開始の申立等を破産手続の申立とみなすものとされている（民再252）。

また、手続の円滑な移行の観点より、再生債権としての届出をした破産債権者については、一定の場合には、その破産債権の届出を要しないものとされている（同253）。

第6節 簡易再生・同意再生

1 簡易再生の概要

　一定の要件のもとに、簡易再生の決定の申立がなされた場合には、裁判所は、簡易再生の決定をすることとされ、その決定がなされると、債権調査手続を経ずに、ただちに、計画案の決議のための債権者集会が開催され、簡易かつ迅速な計画成立が可能となる。この場合には、債権内容の確定を経ないので再生債権者表には、執行力は付与されない。

1．簡易再生手続

　民事再生法は、通常の再生手続より簡易かつ迅速に再生を実現できる手続として、簡易再生手続を設けている。

2．簡易再生の申立

　届出再生債権者の総債権について裁判所が評価した額の5分の3以上の債権を有する届出再生債権者が、書面により、再生債務者等が提出した計画案に同意するとともに、債権調査および確定の手続を省略することに同意している場合には、裁判所は、債権届出期間の経過後一般調査期間の開始前に限り、再生債務者等の申立により、**再生債権の調査および確定の手続を経ない旨の決定（簡易再生の決定）をする**（民再211①）。この申立をする場合には、再生債務者等は、**労働組合等**にその旨を通知することが必要とされる（同211②）。なお、個人の再生債務者は住宅資金特別条項を定めた再生計画につき簡易再生手続を利用できる。

3. 簡易再生の決定

簡易再生の申立がなされた場合であっても、再生裁判所は、以下のうちのいずれかに該当する事由があると認めるときには、簡易再生の申立を却下しなければならない（民再211③）。

①再生手続または再生計画が法律の規定に違反し、かつ、その不備を補正することができないものであるとき（同174②Ⅰ）
②再生計画が遂行される見込みがないとき（同174②Ⅱ）
③再生計画の決議が再生債権者の一般の利益に反するとき（同174②Ⅳ）

4. 簡易再生の決定の効力

裁判所は、簡易再生決定と同時に当該再生計画案について決議をするための債権者集会を招集する旨の決定をする（民再212②）。

簡易再生の決定があった場合には、一般調査期間に関する決定は、その効力を失う（同212①）。

簡易再生の決定があった場合において、再生計画認可決定が確定したとき、すべての再生債権者の権利（約定劣後再生債権の届出がない場合の約定劣後債権および手続開始前の罰金等は除く）は、民事再生法156条の一般的基準に従い変更される（同215①）。

また、再生債権の調査、確定の手続を経ないことから、一般の再生計画に付与される再生計画の再生債権者表の記載に基づく**確定判決**と同一の効力や、**執行力はない**（同216）ことなどが特徴である。

2 同意再生の概要

　同意再生は、簡易再生と異なり、再生計画案の決議を経ないで再生計画の認可をする制度である（民再217①）。すべての届出再生債権者の同意を要することから、5分の3以上の賛成を要件のひとつとしている簡易再生手続より重い要件となっている（同217①）。この手続においても債権調査および確定の手続がないことから、再生債権者表の記載に付与される確定判決と同一の効力や、強制執行のできる効力などはない（同220）ものとされた。

1．同意再生手続

　同意再生とは、届出再生債権者全員の同意を前提とした上で、再生債権の調査および確定の手続ならびに再生計画案の決議を省略した手続であり、簡易再生よりもさらに簡易・迅速に再生計画の効力を生ぜしめるものである。

2．同意再生手続の申立

　すべての届出再生債権者が、書面により、再生債務者等の提出した再生計画案について同意し、かつ、再生債権の調査および確定の手続を経ないことについて同意している場合に、再生債務者等の申立があると、再生裁判所は、同意再生の決定をする（民再217①後段）。申立時期は、債権届出期間の経過後、一般調査期間の開始前に限られる（同217①前段）

3．同意再生の決定

　再生計画案が不認可事由（民再174②各号（3号を除く））に該当する場合には、裁判所は、再生債務者等による同意再生の申立を却下しなければならない（同217③）。不認可事由がない場合には、裁判所は同

意再生の決定をする（同217①）。なお、裁判所は、財産状況報告集会における再生債務者等による報告または民事再生法125条1項の報告書（裁判所への報告）が提出された後でなければ、かかる決定をすることができない（同217②）。

同意再生の決定が確定した場合の効力
①同意再生の決定が確定したときは、再生債務者等が提出した再生計画案について、再生計画認可の決定が確定したものとみなす（民再219①）。
②同意再生決定の場合にも簡易再生手続と同様に、再生計画表の記載に基づく確定判決と同一の効力や強制執行をなしうる効力はない（民再220）。

第7節 二次破綻への対応

1 二次破綻の要因

　再生計画が認可されても、再建ができずに、破産に移行するなど、二次破綻する場合があるが、その要因は、主として、破綻原因を除去しきれておらず、事業リストラが不十分な場合が多いことと、再生計画作成時に予想できなかった経済環境の悪化によることが多いと思われる。

1．不十分な事業リストラ

　二次破綻の原因としては、粉飾されている過去のデータを修正しないで、そのまま収益計画にとり入れてしまって甘い事業計画に基づく過大な債務を抱えてしまったり、従業員がリストラによって意欲を失い、あるいは仕入先や得意先の信頼の回復が得られず、経営者の能力に問題があるなど様々なものが考えられる。

　しかし、主たる原因としては、一つには、債務免除による財務リストラはできたが、事業リストラが不十分な場合が多いと思われる。特に破綻原因の究明が十分でなく、破綻原因の除去を徹底しないと過去と同じ道を歩くことになる。また、再生手続開始の申立によって売上が極端に減少するので、人的にも物的にも、これに応じて規模を縮小して利益を確保する体制作りと、事案の選択と集中をする必要があるが、これらが不十分なものもある。

2．予想できない経済環境の悪化

　そして、再生計画策定時に予想できない経済環境の悪化によることも

参考　認可件数と認可後の廃止件数推移（東京地裁民事第20部における通常再生事件の進行状況より）

	平成12年	平成13年	平成14年	平成15年	平成16年	平成17年	平成18年	合計・通算
認可	132	256	307	264	182	167	45	1353
認可後の廃止	18	39	31	12	6	0	0	106

出所：「民事再生手続と監督委員」（商事法務）314頁より一部抜粋

二次破綻の要因になっている。特に今回のリーマンショック後の世界的不況のような状況下では、正常の会社でも厳しいのに、信用を著しく毀損した再生会社は、非常に脆弱な財務体質を抱えているので、これ等の悪環境を乗り切るのは困難である。

3．和議より再生の方が履行率が高い

　なお、和議については、和議条件の履行率が非常に低く、これが弁済原資があるのに和議条件を守らないという疑惑のもとで、和議法ではなく詐欺法であると揶揄され非難された。しかし、和議条件の可決要件が議決権額の4分の3以上という厳しい条件下で、債権者の同意を得るために、相当高率の弁済率を提示し、過大債務を抱えていたために不履行に陥ったものが多く、不誠実なものはそれ程多くはないといわれている。

　これに対して、再生手続は、2分の1と可決要件が緩和され、取消や廃止等再生計画等の再生計画の不履行に対する手当ても充実していて、1％を切る弁済率でも賛成が得られるという債権者の意識の変化もあって、履行率と成功率が高くなっている。

4．類型による差

　また、再生計画の類型についてみると、清算型や早期一括弁済再建型や、長期分割弁済再建型でも、有力なスポンサーがつくと二次破綻は少

なく、スポンサーなしでの自力再建による長期分割弁済を予定すると倒産リスクが高まるといえる。

2 二次破綻への措置

再生債務者が再生手続開始申立後に二次破綻した場合には、申立の棄却、開始決定の取消、手続の廃止、再生計画の不認可、再生計画の取消がなされ、これらの場合に、破産に移行する場合と新たな民事再生の申立、または会社更生手続開始の申立がなされる場合がある。

1. 再生手続の終了の措置

再生手続開始申立後、順調に手続が進行すると、開始決定がなされ、再生債権の一般調査期間終了後に再生計画案が提出され、決議に付する旨の決定がなされてこれが決議に付され、可決と認可決定がなされると、その後に再生計画が遂行され、監督命令が発令されている場合には認可決定確定後3年を経過したときに終結決定がなされる。

これに対して、不幸にして、二次破綻して、手続が再生債務者の再建という目的を達しないで終了する場合に、民事再生法は、以下のとおり、折々につき裁判所が手続を終了させる決定をし、和議認可決定確定と同時に裁判所の手を離れ、和議条件による弁済の履行確保に問題があった和議手続を改正し、自主性を重んずるが、きちんとしたけじめをつけている。

(1) 再生手続開始申立の棄却決定（民再33）
(2) 開始決定に対する即時抗告（同36）があった場合の開始決定の取消決定（同37）
(3) 再生計画認可前の手続廃止（同191）
　これには以下のものが含まれる
　①決議に付するに足りる再生計画の作成の見込がないことが明らかに

なったとき

②再生計画の提出がないとき、または提出された再生計画案が決議に付するに足りないとき

③再生計画案が否決されたとき、または債権者集会が続行された場合に法の定める期間内（同172の5②、③）に再生計画案が可決されないとき

(4) 再生計画認可決定確定前の申立事由のないときの手続廃止決定（民再192）

ただし、これは、再生手続により債権者を拘束する必要がなくなった場合であって、二次破綻の場合ではない。

(5) 可決された再生計画の不認可決定（同174Ⅱ）

(6) 再生計画認可決定確定後の再生計画の取消しの決定（同189）

(7) 再生計画認可決定確定後の手続廃止決定（同194）

(8) 再生計画認可決定確定の前後を問わず、再生債務者の保全命令違反等の義務違反による手続廃止決定（同193）

(9) 再生計画認可後の再生計画の変更（同187）　これは手続の終了ではないが、二次破綻に対する措置ではある。

2．終了後の手続

上記の再生手続の終了後、以下の手続がとられ、移行した場合の取扱いが定められている。

(1) 破産手続への移行（民再248ないし254、なお民再190）
(2) 新たな再生手続開始の申立（同190）
(3) 更生手続開始決定の申立（会更248、249）

3．再生手続終了の場合の手続上の効果の帰趨

(1) 失権の復活

再生計画認可決定確定前の再生手続の終了の場合には、再生計画の効

力は生じないので、再生債権の届出を懈怠しても失権はしないし、再生計画の権利の変更の効果も生じない（民再176ないし185）。

これに対して、再生計画認可決定確定後の手続の終了の場合には、失権、権利の変更の効力が生じているが、再生計画の取消しの場合には、原状に復する（ただし、再生計画によって得た権利に影響を及ぼさない）。なお、再生計画認可決定確定後の手続の廃止の場合には、将来に向かって手続を終了させるだけなので、再生計画によって生じた効力に影響を及ぼさないが（同195⑥）、その後に破産手続に移行するであろうから、そうなると再生計画の履行完了前の破産手続開始等の場合には、再生債権は原状に復するので（同190①）、結局、失権した再生債権も復活する。

(2) 再生債権者表の効力

再生債権の調査の結果、確定した再生債権については、再生債権者表に記載されると、これは、再生債権者全員について確定判決と同一の効力を有し（民再104）、再生計画認可確定が確定すると、これにより強制執行することができる（同180③）。

再生手続が二次破綻により終了した場合も、再生債務者が異議を述べなかったときには、確定判決と同一の効力を有し、再生債権者は、再生債権者表の記載により強制執行することができる（同185、189⑧、195⑦、190②）。再生手続開始申立の棄却と開始決定の取消しの場合には、強制執行することができる旨の規定がないので、別に債務名義を取得する必要がある。なお、民事再生法190条は、再生計画認可決定確定後、再生計画の履行完了前に適用されると解されている。

3 債権者の二次破綻への対応

再生債務者が二次破綻した場合には、再生債権者表に基づく強制執行の申立、再生計画の取消の申立、手続廃止についての裁判所等の職権発動の要請、破産手続開始の申立等を検討することになる。

1. 再生債権者表の記載による強制執行

再生債務者が、二次破綻した場合には、再生債権者表の記載により強制執行をすることを検討する（民再185、189⑧、195⑦、190②）。

しかし、再生債務者が、再生債権の調査手続の終了前で、再生債権が確定せず、再生債権者表に記載されていない場合（同104）、再生債権者表に記載されていても、再生手続開始申立の棄却または開始決定の取消しの場合には、強制執行できる旨の規定がないので、別に給付判決等の債務名義を取得しなければならない。

また、再生債権者表に基づき強制執行しても、再生債務者が破産等に移行すると否認（破165、民再130、会更89）される恐れがあり、破産財団から放棄された財産に関するもの等、特別の事情がある場合を除いて、費用倒れになるので慎重に検討すべきである。

2. 再生手続の終了の申立等

再生債務者が、二次破綻する恐れがあるときには、個別回収よりも、集団的処理をするよう申立等を行う方が相当の場合が多いであろう。

そのため、再生手続開始決定につき債権者説明会で反対の意見を述べ、開始決定や再生計画認可決定に対して即時抗告し（民再36、175）、再生計画の決議に際し不同意の議決権を行使し（同172の3）、再生計画の取消しの申立をし（同189）、再生手続廃止について、裁判所等の職権発動を促す（同191ないし194）などを検討すべきであろう。

また、担保権を有する場合には、再生債務者との協定を終了させ、任意売却を促し、場合によっては競売の申立をするなどを検討することになる。そして、手続廃止等によって再生手続が終了した場合には、裁判所の職権や、監督委員、再生債務者自身による申立等を促し、あるいは自ら申立して、破産手続開始決定を得て、集団的に公正公平な最終処理に導くことも必要な場合があると思われる。

〔編著者紹介〕

池田　靖（いけだ　やすし）

　昭和21年生まれ。同44年司法試験合格。同45年東京大学法学部卒業。同47年弁護士登録。同52年三宅・今井・池田法律事務所のパートナーとなる。現在、ソニーフィナンシャルホールディングス㈱社外取締役、㈱三菱UFJフィナンシャル・グループ社外監査役。㈱京樽の更生管財人等倒産事件のプロフェッショナルとして活躍中。

民事再生法の実務　〈検印省略〉

平成22年2月23日　初版発行
　1刷　平成22年2月23日

編　著　者	池田　靖
発　行　者	土師　清次郎
発　行　所	株式会社 銀行研修社

東京都豊島区北大塚3丁目10番5号
東京　03（3949）4101（代表）
http：//www.ginken.jp
振替　00120-4-8604番　〒170-8460

印刷／株式会社木元省美堂　ISBN978-4-7657-4312-9 C2032
製本／山田製本
落丁・乱丁本はおとりかえ致します。©Yasushi Ikeda 2010 Printed in Japan
★定価はカバーに表示してあります。

　　謹告　本書の全部または一部の複写、複製、転記載および磁気または光記録媒体への入力等は法律で禁じられています。これらの許諾については弊社・秘書室（TEL 03-3949-4150直通）までご照会下さい。